山東大學——華東師範大學東亞寫本文獻研究中心階段性成果

顏氏家藏尺牘

上

（清）顏光敏等 撰
鄒西禮 整理

鳳凰出版社

尺海 第一輯・主編 丁小明

圖書在版編目（CIP）數據
顏氏家藏尺牘 / (清) 顏光敏等撰 ; 鄒西禮整理.
南京 : 鳳凰出版社, 2025. 7. --(尺海 / 丁小明主編).
-- ISBN 978-7-5506-4529-5
Ⅰ. K827=49
中國國家版本館CIP數據核字第2025SF1303號

書　　名	顏氏家藏尺牘
著　　者	(清)顏光敏 等 撰　鄒西禮 整理
責任編輯	徐珊珊
裝幀設計	陳貴子
責任監製	程明嬌
出版發行	鳳凰出版社(原江蘇古籍出版社) 發行部電話025-83223462
出版社地址	江蘇省南京市中央路165號,郵編:210009
照　　排	南京凱建文化發展有限公司
印　　刷	江蘇鳳凰通達印刷有限公司 江蘇省南京市六合區冶山鎮,郵編:211523
開　　本	890毫米×1240毫米　1/32
印　　張	26.25
字　　數	491千字
版　　次	2025年7月第1版
印　　次	2025年7月第1次印刷
標準書號	ISBN 978-7-5506-4529-5
定　　價	188.00圓(全二册)

(本書凡印裝錯誤可向承印廠調換,電話:025-57572508)

《顏氏家藏尺牘》原裝式樣

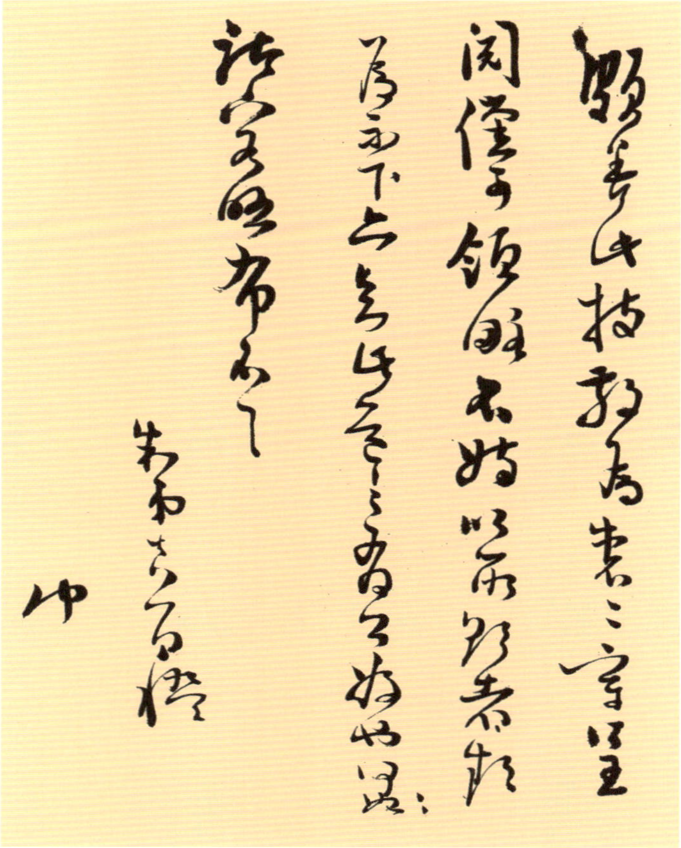

法若真手札

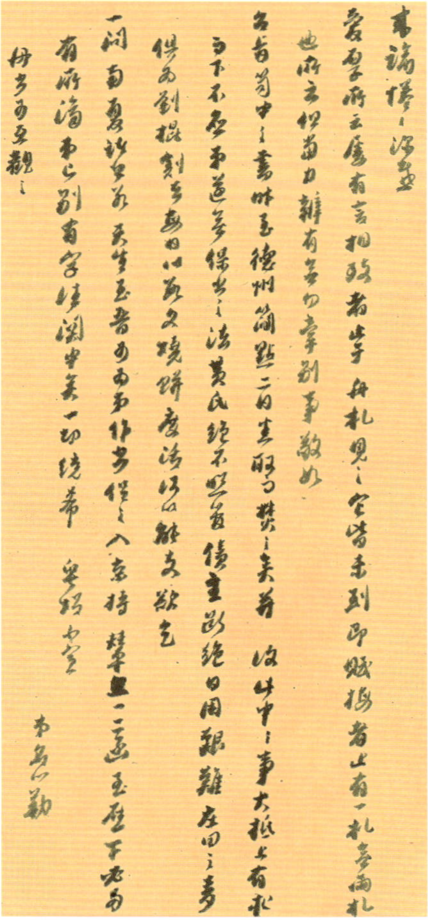

顧炎武手札

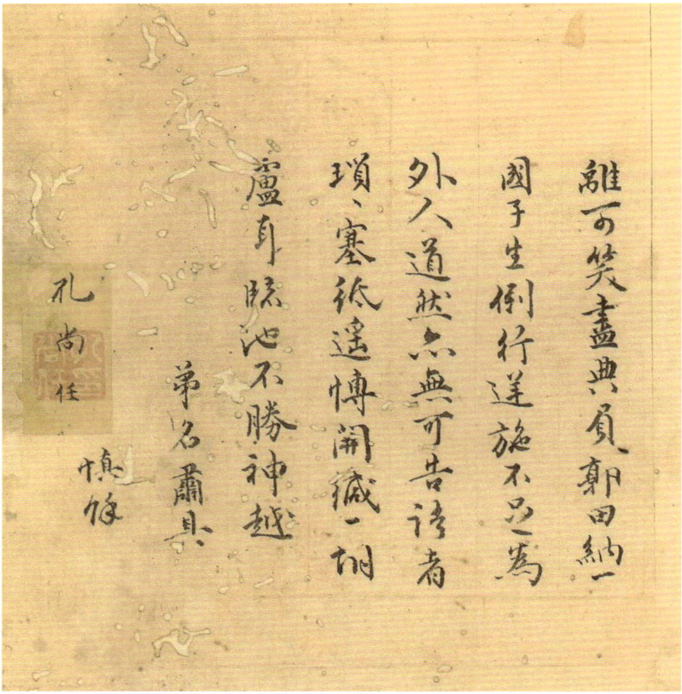
雖可笑盡典質郭田納一
國子生例行週旋不足為
外人道然亦無可告語者
瑣瑣塞紙遙傳聞識一湖
盧耳瞭池不勝神越
弟名肅具
慎修
孔尚任

孔尚任手札

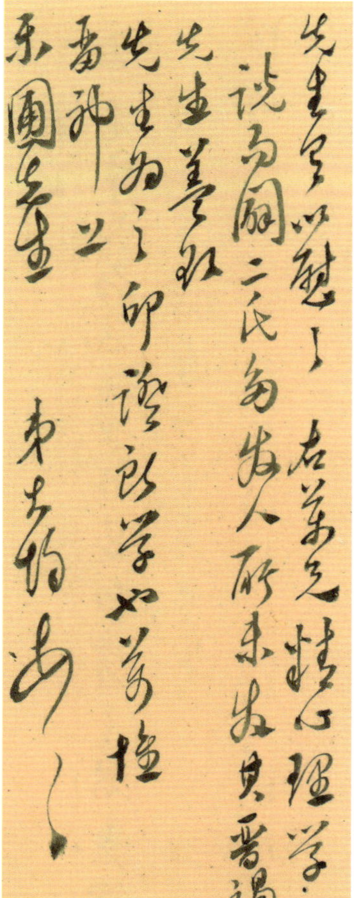

屈大均手札

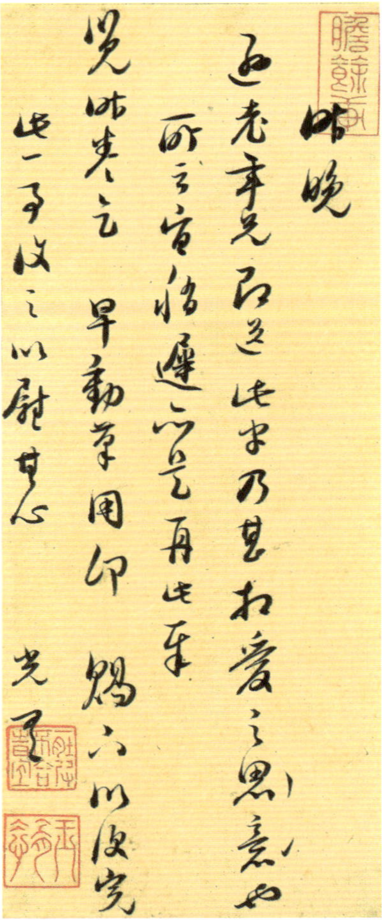

孫光祀手札

展鏡今飲畜呈
上呰筆粗踈不稱戴原本耳此可慶
雅玩囙以鎮宅名荷謝之老筆乃能如
老乞之以龜山二冊林亭相對不辯為三太傅衣
冠謝卯丘藝供箕之笑
老之之必目方題佛書和其版耳弟祥書
修々如老先生老年文兀

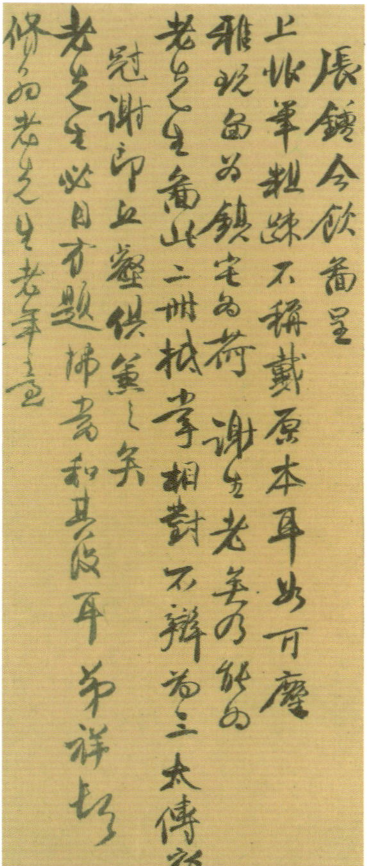

六士在我
公不自以為藝而居中人
望之如在丘上矣而吾儕
趙崔魏高�閩川守
名擄係
大敵田 先人諱口在廿一

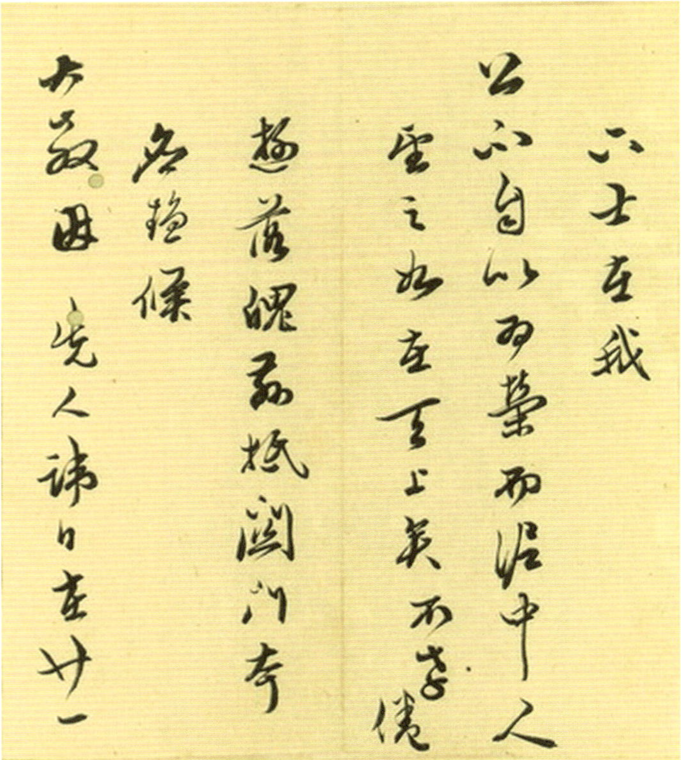

颜光敏手札

《尺海》第一輯序

要説起《尺海》的創設緣起，就不得不提到鳳凰出版社《中國近現代稀見史料叢刊》的導夫先路之功。作爲鳳凰出版社重點出版的大型史料叢書——《中國近現代稀見史料叢刊》（下稱《稀見史料》），二〇一四年至二〇二三年十年間，共出版各類史料一百二十八種一百七十八册，其内容以一八四〇年至一九四九年間稀見而又確有史料價值的日記、書信、奏牘、筆記、詩文集等文獻的整理爲主。應當説，經過十年生聚，《稀見史料》收録文獻不僅體量巨大，更形成了自己獨特的學術風格。例如，在這一叢書的幾種常見的史料體裁中，主編張劍教授、徐雁平教授、彭國忠教授顯然更鍾情於日記類史料，所以，在《稀見史料》中整理出版了七十餘種日記的基礎上，又推出了《日記研究叢書》。毫無疑問，日記的整理與研究是《稀見史料》的重中之重。

衆所周知，在浩如烟海的近代各類私人史料中，日記之外最大宗者當爲尺牘。《稀見史料》能在系統挖掘各類史料的同時，勠力於日記類史料的整理已實屬不易。同時，正是《稀見史料》在日記與尺牘這兩類史料所投以不對等的關注，纔促使我們考慮在《稀見史料》之外再推出一種以尺牘文獻爲主體的史料叢刊。如果説，《尺海》從《稀見史料》中獨立而出的内因，是主持者對日記與尺牘關注程度不同，那麽，學界對尺牘手稿文獻的重視則是我們啓動《尺海》的外因。

當下學界對尺牘有着「文辭、書法、史料」三重的關注視域，而「史料」無疑是這三者之重點。譬如陳恭禄《中國近代史資料概述》、馮爾康《清史史料學》、曹天忠《中國近現代史史料學》、嚴昌洪《中國近代史史料學》等書中，無不闢有專節來討論尺牘中的史料内容及價值。近十年來，出版界也積極回應學界的這一關注，在致力於影印出版各類公私收藏尺牘寫本文獻的同時，先後推出系列的尺牘文獻整理叢刊，如鳳凰出版社的《國家圖書館藏未刊稿叢書・書札編》、浙江古籍出版社的《近現代書信叢刊》、上海人民出版社的《中國近現代書信叢刊》等。凡此種種，無不説明尺牘寫本文獻的整理已成爲當下出版界的熱點話題，并漸次發展成一股應者甚衆的潮流。所以，我們在此推出《尺海》就不僅僅是種種内外因緣交匯的産物，更是一種廣義上學術預流的體現。

當然，在推出《尺海》之前，有必要對創設宗旨、收録對象、整理者隊伍作一申説。

首先，《尺海》將秉承「回到原信」的宗旨，專力於尺牘寫本的整理，力求爲學界提供更多包含歷史真相的第一手材料。進言之，《尺海》所收録尺牘的首要標準必須是「原信」。「原信」的概念就是胡適所説「尺牘墨迹」，其意義有兩重。一重是胡適所以爲，我們也深表贊同的「尺牘墨迹是最可靠的史料」這一理念，而這一理念的基石就是我們所見到的必須是「尺牘墨迹」的「原信」，而不是那些尺牘的刊本。「尺牘墨迹」作爲一種即時性的製作，其真實性與這一文獻本身是互爲表裏的。而那些意在公開的尺牘刊本就大有不同，作爲延時性的製作物，其刊行的過程中，極有可能對原文有所删改。如黄濬《花隨人聖盦摭憶》記載，有人購得曾國藩與其弟曾國荃尺牘墨迹三通，以行世刊本書校之，有一通未輯入，餘二通皆經删改，且爲曾國藩本人所删，其中一信删了一百零九字，且將「余亦必趕到金陵會剿，看熱鬧也」中的「看熱鬧」三字删去；另一信删去二十三字。這説明曾國藩知道這些家書將來必定傳世，一些對兄弟説的話不能讓外人知道，事先就作了删改。事實上，這些不能爲外人知之的「悄悄話」中或許正隱藏着某些重要的信息，這些信息甚至關乎我們對曾國藩的認知，不過經此删改，我們所看到的其實是經過修飾的曾國藩形象，并非那個真實全面的曾國藩。這是一種情況，屬於對尺牘内容進行有意爲之的删改。另有一種情況，則屬於無意爲之的錯訛，如聞宥與劉季平討論音韵的通信被胡樸安發表於《國學周刊》上，但聞宥讀後發現校勘不精，致信胡樸安云：「《周刊》所登宥與季平先生通信，訛字極多。而最不可通者，爲第二十行『以韵理言之』一句，之後尚有『阿音引喉張口。自宜以平上音爲多』二句。訛奪之後，文理實不可解，故望即飭印人刊正。」從這兩例可知，無論是有意的删改，還是無意的錯訛，這些刊行的尺牘就不能算是十分可靠的史料了。换言之，尺牘的私密性與尺牘的公開是一種天然的對抗關係，公開的印本或抄本從尺牘撰寫的角度也非即時性的行爲，因爲背離了尺牘的私密、即時這兩種特性，其最終的真實性能否得以實現是令人懷疑的。所以，《尺海》首要强調整理「尺牘墨迹」的原由正在於此。另一重是强調整理的是「尺牘墨迹」，特别是整理的「尺牘墨迹」最好是有公開影印出版。這是因爲尺牘整理出來後，可爲學界所用，但如使用者對整理文本存有疑問的話，也可與「墨迹」影印本再行比對。我們以爲，這樣的比對對於《尺海》也算是一種變相的監督機制。

其次，在確立以尺牘墨迹爲整理對象後，有必要對這一對象再作一梳理。此處的對象可分爲兩類人物來理解。一類是具有重要歷史影響的人物，如翁同龢、梁啓超、沈曾植、張元濟、鄭振鐸這些編有年譜長編或年譜的譜主，這些譜主存世尺牘已得到較多的關注與整理，但仍有一定的輯佚整理空間。與此同時，我們以爲，只有重要人物尺牘而缺乏相應往來的友朋尺牘的話，研究者所掌握的材料只是「半壁江山」而已，無論是相關的叙事還是解讀，其還原的歷史難免會顯得不够全面，甚至不够清晰。因此，《尺海》將會儘可能地挖掘和整理與第一類對象相對應的友朋尺牘，而這些友朋尺牘的撰寫者就是我們所説的或許并不重要，甚至已被歷史所遺忘的第二類人物。但作爲運用尺牘材料進行文史研究的學者，自然會關注往來尺牘的問題，或者説重要人物友朋尺牘的問題——擁有更多的友朋尺牘，并將之與譜主尺牘進行聯繫與對讀，就有可能擁有更全面的歷史細節，最終築起的還原歷史事實的大厦纔會更加堅固。基於這樣的認知，《尺海》在重視重要人物尺牘整理的同時，也會充分關注重要人物友朋尺牘的整理。

再次，需要説明的是，基於「原信」的概念，《尺海》要做成系列與規模的叢刊，就必須要有相當體量的「尺牘墨迹」以提供給整理者使用。按《稀見史料》每輯十種左右來計算，出完《尺海》十輯，至少需要百種尺牘。通過檢索，我们發現近年來所出版的尺牘寫本影印類書籍中，約有三十種頗具史料價值的尺牘尚未得到整理。同時，晚清、民國所出版的影印尺牘書亦有數十種左右有待整理。當然,更重要的是,在全國圖書館及文博系統收藏着超過百種的、具有重要史料價值的「尺牘墨迹」。所以,以每輯十種的體量來計算,目前有待整理的尺牘有着近五萬通的數量,這一數量足以支持《尺海》連續數年的出版需求。

所謂「巧婦難爲無米之炊」,現在有了足够的食材可做成「有米之炊」,那麽擁有一支能整理尺牘寫本的專家團隊則是維繫《尺海》發展的關鍵。事實上,尺牘寫本整理的不易之處,特别是筆迹出於衆人之手的友朋尺牘的整理難度,但凡整理過的學人都有所體會。至於這一問題的解决就不得不感謝上海圖書館創辦的《歷史文獻》集刊。《歷史文獻》自創刊以來,在整理上海圖書館所藏近代名人尺牘方面功績最著,二十年間先後整理公布了近五千通尺牘,極大地推進了學界關注與重視尺牘文獻價值的同時,更培植了一批識讀與整理尺牘的專家。如《尺海》第一輯的整理者柳和城、鄒西禮、魏小虎、丁小明、尹偉傑等人,都曾是《歷史文獻》的作者。當然,這一專家陣容隨着《尺海》持續推進還會不斷擴大。可以説,過去凝聚在《歷史文獻》周圍的這批尺牘整理專家正爲《尺海》得以啓動提供了充足的人才資源。

行文到此,筆者只是不揣淺陋,將《尺海》創設緣起、立刊宗旨、收録範圍、作者隊伍作一簡介,以期增進大家對這部叢刊的瞭解。筆者忝厠編務之列,固然頗勞心力,亦略知其中甘苦。尺牘寫本整理之難度是公認的，特别是《尺海》第一輯主要以友朋尺牘爲專題的整理，整理者會面臨諸多不同寫信之人的筆迹與寫法的識讀，這是尤其難上加難的挑戰。所以，在《尺海》第一輯面世之際，請允許我向參加整理的柳和城、孫海鵬、鄒西禮、魏小虎、吴欽根等諸位師友表示最誠摯的感謝！能在日新月异的當下，依然堅守在書齋中董理這些泛黄的尺牘寫本者，大都會有一份尊重先賢、敬畏文化的品操。在此，不能不提到已年過八旬的柳和城先生，他在承擔《張元濟友朋尺牘》的艱巨整理任務時，已出現視力不清的問題，爲了不影響進度，他最終還是堅持到交稿纔去問診。這一輯整理者中還有我的學生尹君偉傑與孫君嘉奇，儘管他們剛上手時還有些步履蹣跚，沉潛半載，已然可以獨立完成各自的整理任務，看着他們在尺牘整理領域邁步向前的身影，一種後繼有人的欣慰感油然而生。最後，要特别感謝鳳凰出版社對《尺海》的鼎力支持，從開始動議到每種選題的落實，每個環節無不傾注着樊昕兄與諸位編輯的統籌推進之力。當然，隨着學界越來越重視尺牘中的史料價值，相信會有更多的同道進入尺牘寫本的整理與研究隊伍，也期待更多的學者關注與加入《尺海》的事業之中。

目録

墨跡已佚之部

前言

尺牘之爲世人所寶，由來尚矣。《漢書·陳遵傳》曰：「（陳遵）贍於文辭，性善書，與人尺牘，主皆藏弆以爲榮。」自斯而往，搜羅、集藏以至刻印刊布名人尺牘之舉，史不絶書，毋庸枚舉。蓋尺牘之於文字也，或研討藝業，有助學術之發明；或紀事論政，可補史乘之未備。其於書法也，真草行隸，每因所擅而出；秀逸雄健，標格往往或異。其吐訴情悃也，衷曲繾綣，誦之增人停雲之思；其酬應戲謔也，雅飭多趣，味之足可會心一粲。其長札也，恢張宏肆，論析透徹而叙事周詳；其小簡也，閑雅爽利，言已盡而意無窮。方其發言吐辭也，了無拘忌，胸懷盡傾而性情畢顯，故前人纂輯尺牘，有「如面」「寫心」之書名；當其拈毫拂素也，心手兩暢，作字無意於佳而大佳，是以傳世法書名帖，每多尺牘手簡。捨此而外，其花箋之製作典雅，并印篆之鐫琢精妙，亦足可娱目怡心，疏瀹靈性。兼此數美且致趣種種，宜乎世之珍若拱璧也。

《顏氏家藏尺牘》者，曲阜顏光敏未信堂所藏故人手札也。光敏（一六四〇—一六八六）字遜甫，更字修來，别號樂圃，復聖公顏回之六十七世孫。幼穎慧，好讀書，康熙二年（一六六三）舉鄉試，六年成進士，除國史館中書舍人。會康熙帝幸太學，加恩孔、孟、顏、曾四氏子弟之官於朝者，光敏由中書授禮部主事，次年充會試同考官，歷吏部郎中，封奉政大夫、考功司郎中，世稱「顏考功」。考功博綜群籍，擅書法，長於詩，與尚書宋犖、侍郎田雯、國子祭酒曹禾、禮部郎中曹貞吉等并稱「詩中十子」。雅善鼓琴，精騎射蹋鞠。好遊覽，廣交海内名士，學者顧炎武、惠周惕，收藏家孫承澤，文學家王士禛，劇作家孔尚任，書畫家法若真，篆刻家程邃，名宦孫光祀，宰輔余國柱、梁清標等皆其契友也。著有《未信編》《樂圃集》《舊雨堂集》《南行日記》《顏氏家誡》等。

顏氏一門名重當時，除光敏外，其兄光猷、弟光斆皆於康熙間中進士，時有「一母三進士」之美譽。光猷官至刑部主事，歷升郎中，擢河東鹽運使，著有《易經説義》《水明樓詩》。光斆曾充浙江鄉試正考官，提督浙江學政，清白自勵，去任之時，浙人爲立「清德碑」。

顏氏昆季名望既重，光敏又位登樞要，所訂交者皆一時盛流賢豪，魚來雁往，尺牘積聚甚夥；及其身後，子孫亦堪承先澤，尺幅寸箋，寶愛弗失。至乾隆間，光敏曾孫崇槼倩學者桂馥裝池，都爲三十四册，另附題跋一册、姓氏考二册。就中尺牘計八百零二通，出二百八十五位名卿碩彦之手；題跋凡十二則，爲錢載、翁方綱、陸費墀、朱筠、阮元、何淩漢諸名公之手筆。清初耆宿鉅公之瑶情藻論、墨花手澤，於斯存焉；而當時之政事治迹、文藝翰墨暨聞人交際、習俗風尚，嘗此一臠，可知鼎味也。

崇椠既殁，顔氏後人不復能守，未信堂所藏尺牘輾轉歸於吴門陶梁之紅豆樹館，嗣後又入藏番禺潘仕成之海山仙館。道光中，潘氏迻録其全文，輯爲四卷，别附姓氏考一卷，彙入《海山仙館叢書》（民國間，商務印書館《叢書集成初編》所收《顔氏家藏尺牘》，即據潘氏《海山仙館叢書》本排印），而將尺牘原册持贈友人。自此而後，此册遷轉人間，未知幾人過眼、經手幾人；洎乎中華人民共和國成立，乃得復出，庋藏於上海圖書館，惜乎首册及名公題跋并姓氏考舊册均已亡佚，不知尚存天壤間否。餘存之三十三册雖偶有漫漶脱損，然什九全整，墨光印燦，彌益珍貴。

乾隆間，《四庫全書》總校官陸費墀跋《顔氏家藏尺牘》，曾云「昔宋曾宏父集諸名人與其先人翰札，刻爲《鳳墅帖》，藝林稱之。此册如入石，余願供氈墨之役矣」；道光二十一年（一八四一），書畫家羅天池跋斯册，謂其「所論當時事實，與國史互相發明，不特文翰之美也。泐之貞珉固佳，否則命侍史抄録成帙，付之梨棗，當與蘇黄尺牘并行」。是對此册之行世流播，前人代有厚望焉。

道光二十七年，潘仕成《海山仙館叢書》本《顔氏家藏尺牘》鍥梓行世，嘉惠學林匪淺淺也。此前羅天池對斯册「付之梨棗」之望，至此終得果遂矣。然核諸尺牘原件，刻本釋文實欠精當，魚豕叢夥；其訛舛情狀，非止一端：

有因原札手書字形疑似而致誤釋者。如將李日景第二札「来春返寓」誤作「来春返京」；梁清標第七札「吴撫吴臬……不盡願言」誤作「吴撫吴集……不盡願無」；何覲第一札「殊爲恨事」誤作「殊爲圯事」；孫光祀第二札「大爲快服」誤作「大爲快報」，第一四札「泰瞻（施天裔字）」誤作「東瞻」，第二〇札「率略不備」誤作「承略不備」；譚吉璁第二札「經旨中不載」誤作「雖旨中不載」；顧炎武第二五札「懸切懸切」誤作「懇切懇切」，第二七札「次即傳至李宅」誤作「須即轉至李宅」；王士禛第五札「叱名致候」誤作「以名致候」，第一七札「三扇欲付季用」，「季用」誤作「季角」；曹禾第七札「史子老」誤作「字子老」；田雯第四札「一切委曲斡旋」，「斡旋」誤作「幹旋」；倪會鼎第五札「匾聯」誤作「匾醎」，第九札「成茲遠業」誤作「成茲遠萊」；董俞札「都門」誤作「都川」；董含第四札「昨知當事邀遊九峰」，「邀遊」誤作「遨遊」;黄雲第一札「大約後日方得東歸」,「後日」誤作「復日」;王弘撰第二札「不敢以幼賤爲辭」,「幼賤」誤作「功賤」,第三札「知寧人臨,喜慰喜慰」誤作「知寧人温喜,慰慰」;侯杲第一札「殆無生理」誤作「死無生理」;釋興源札「知旌節近駐青溪」,「青溪」誤作「青涇」;成性札「必有遠超於荒榷者」,「荒榷」誤作「荒權」;路鶴徵第一札「妻弟彭念韋」,「彭念韋」誤作「超念韋」;吴元龍第十五札「容晤悉」誤作「客晤悉」;鍾朗第二札「因爲乞鄰」,「乞鄰」誤作「乞憐」;吴一蜚札「倘有簡點不到處」,「簡點」誤作「簡默」;沈廷文札「晉陟清要」誤作「晉陟清晏」;白夢鼎第一札「大函」「台函」之「函」均誤作「亟」;顔伯珣第三札「客况寂寥,善自廣爲可」,「自廣」誤作「自愛」,第六札「并逢不常」誤作「并運不常」,第九札「蓋以俞老至戚,且赤腸人」,「赤腸人」誤作「知物人」;顔伯璟札「亦須數月方可平復」,「平復」誤作「東復」;顔光敏第三札「佟老先生」誤作「修老先生」,第十一札「憂自弢藏」誤作「重自弢藏」;佚名二之札「雲樹之思,想兩地有同然也」,「兩地」誤作「易地」;佚名八之札「遂隔音問」誤作「遂隔音而」;佚名一〇之札「銘戢固非楮墨所能狀也」,「銘戢」誤作「銘載」,「究成急就」誤作「究成無就」;佚名一五第二札「未及詳答,恐擾台慮」,「詳答」誤作「詳盡」,「台慮」誤作「台意」;佚名一七之札「而筆墨之債,更苦堆積」,「更苦堆積」誤作「更蕪惟積」。甚而有將人名誤認者，如潘氏刻本中列「名顛」一人，據尺牘原件，「顛」字實乃草書「超」字之誤，等等。

有因原札作字模糊而致誤釋者。如將孫光祀第一八札「王婿回，知年兄近祉爲慰……年兄必聞而深念之也……閉目塗鴉」幾句，誤作「王婿叨知年兄近祉爲慰……年兄必聞而深愈之也……因目塗鴉」；程邃第一〇札「今日小扇，印文曾换字否」，「小扇」誤作「小雨」，第一八札「昨見其倣（仿）古妙甚」，「倣古」誤作「做古」，第一九札「若得儒宗指南琢磨，俾埋頭於林府」，「埋頭」誤作「理顯」，等等。

有因原札字迹潦草或冷僻佹異、難以辨識而臆測篡改者。如程邃第七札「擬明日候臨，一陳鄙蓄，探知未暇」，「探知未暇」實乃臆改之辭，原札中，此四字殊爲潦草，細辨之，當爲「探曆值函」；第一四札「諸容面悉」，「面悉」原札實作「嗣悉」；第一五札「先生藻鑒自精矣」，「自精」原札實作「自顯」；第二一札「文宗爲其郎君抱病，四路延醫」，「抱病」原札實作「危疾」；孔貞燦第五札「事非不忠」，「事」字屬篡改，原札此字頗罕異，冷僻費解……諸如此類，海山仙館刻本看似文從字順，然與稿本原件實相徑庭。

有誤釋古字或異體字者。如喬萊第一札「臨池北望，神與俱𨑨（往）」，「𨑨」誤作「遄」；李因篤第二札「偶得㕛（友）人刻送三紙」，「㕛」誤作「炎」；惠周惕第三札「歬（前）有札曾及此段」，「𡕞」誤作「二」，等等。

有因草書連寫而將二字誤釋爲一字、或將一字誤釋爲二字者。如顔伯珣第九札「匆匆未及矣，昆仲早晚入都」，「矣」字實乃「今其」二字之誤，故此句依原札應爲「匆匆未及，今其昆仲蚤晚入都」；阮濬第一札「不識……隨即奉報不一」，「不一」實爲「否」字之誤，等等。

有不解文意而篡改文字以求通者。如汪懋麟第五札「今日説當若何？乞示」，「説當」實乃「説堂」之誤。尤其倪會鼎第六札「其已刻之集」一句，原札實作「其已刻之《兒易》」。按會鼎之父元璐著有《兒易内儀以》《兒易外儀》，兩書合稱《兒易内外儀》，簡稱「《兒易》」；迻録該札者似不曉倪氏之書，遂將此句篡改爲「其已刻之集」。再如倪會鼎第八札「令友玉昆龍光載焕」，「令」字實爲「會」字之誤，「令」「會」筆畫懸殊，迻録者或不解「會友」有「富文才之好友」之意，遂篡改爲「令友」。此類篡改，文句通則通矣，然去原札本意甚遠，致使謬種流傳，誣誤匪小。

亦有純屬迻録剞劂誤植者。如顧炎武第七札「一二十種」誤作「一十二種」，第一〇札《赴東六首》「無爲料虎鬚」句之「料」、「旦起策青騾」句之「旦」、「勢挾風雨急」句之「挾」、「不忘恭敬辭」句之「忘」，分别誤作「埒」「且」「扶」「忍」，第二八札「持輦上一二函」之「持」誤作

「摶」；宋琬第三札「力賜主持」誤作「特賜主持」；程邃第一一札「草草暫謝」，「暫謝」誤作「就謝」；倪會鼎第八札「造晤」誤作「坐晤」；王九齡札「意旨清深」誤作「意者清深」；路鶴徵第一札「殊悵緣慳」誤作「殊深緣慳」；吴元龍第六札「聞駕今午有當事之席」，「今午」誤作「今年」；張錫懌第四札「大魁高掇」誤作「大魁高輟」；曹首望札「夢寐」誤作「夢寤」；李迥札「聚散之感」句，「聚散」誤作「聚首」；李漁第一札「澹園」誤作「澹圖」；張惟赤札「不盡神跂」誤作「不盡神跋」；馮遵祖第二札「瀝血飲冰」誤作「瀝血飲水」；孔貞來第一札「失盗一案」誤作「炎盗一案」，第二札「八閩人才」誤作「入閩人才」；孔興詔札「歲需」誤作「歲耑」；顔懋倫第四札「訪蔣丈」句，「蔣丈」誤作「文丈」，等等。

上述諸般訛舛而外，海山仙館刻本之尺牘釋文中，奪字、衍文及倒文亦時時有之，其數頗不爲少，兹不贅舉。

除却尺牘釋文，至如名家題跋暨姓氏考，即使原件已佚、無從比對，然海山仙館刻本中之明顯舛誤，觸目可見者亦復不少。如朱筠題詞中，將「武定」誤作「武言」、「嚴沆」誤作「嚴阮」、「德田雯」誤作「海田雯」；桂馥題詞中，將「張右丞」誤作「張在丞」。姓氏考中，田雯傳、趙執信傳均將「《名家詩鈔小傳》」誤作「《名家詩録小傳》」；董俞傳將「《松江詩鈔》」誤作

「《松江詩録》」；王九齡傳將「艾納山房」誤作「艾約山房」、「王户侍」誤作「王户待」；法若真傳將「溧陽」誤作「溧陳」；應撝謙傳將「少偕同志爲狷社」誤作「夕偕同志爲獨社」；吴農祥傳將「《流鉛》」誤作「《流鑑》」；席居中傳將「字允叔」之「叔」字空缺，代之以「□」；王曰高傳將「茌平」誤作「荏平」；范鄗鼎傳將鄗鼎子之名「翿」誤作「翻」；翁叔元傳將韓菼著作「《有懷堂文稿》」誤作「《有懷堂文集》」（按《有懷堂文集》乃田雯長子肇麗之著作）；梁清標傳將「上深嘉嘆」誤作「上深嘉歡」；譚吉璁傳將「棹歌」誤作「擢歌」、「製幡畫障」誤作「製幡書障」、「合攻」誤作「合迎」；李因篤傳將「利鈍互陳」誤作「利鈍五陳」；施閏章傳將「尚白」誤作「向白」；汪懋麟傳將「季角」誤作「季丹」；曹貞吉傳將「其詞寄托遥深」誤作「其字寄托遥深」；程邃傳將程邃之名「邃」誤作「燧」；鄧漢儀傳將「字孝威」誤作「字孝感」；趙執信傳將「迦陵」誤作「家陵」；伊闢傳將「劉庶常」誤作「劉受常」；錢芳標傳將「江蘇華亭」誤作「江西華亭」；程汝璞傳將「祁茂之」誤作「祈茂之」；高咏傳將「陳琰《曠園雜志》」誤作「陳炎《曠雜記》」；路鶴徵傳將「嘗同王含章客大梁幕」誤作「常同王含章客大梁幕」；曹重傳將「初家干溪」誤作「初家千溪」；耿願魯傳將「繆錦宣」誤作「繆綿宣」；魏麟徵傳將「《石屋詩鈔》」誤作「《石屋堂鈔》」；惠周惕傳將「《研溪詩文集》」誤作「《研溪時文集》」；張鵬翮傳將「塞六壩」誤作「寒六壩」；郭昌傳將「河南太康」誤作「河南太原」；王騭傳將「掎角」誤作「犄角」；范珮范璋傳將「上書」誤作「土書」；孔尚任傳將「尚鉝」誤作「尚鉉」；孔胤鈺傳將「胤鈺」誤作「衍鈺」；顔鼎受傳將「祁陽」誤作「祈陽」，等等。

再者，昔德畬之迻録刊刻《顔氏家藏尺牘》也，多有遺漏芟略。如原裝第九册於顧炎武尺牘之後，收有何紹基、阮元於道光十八年春所作題跋各一篇，發擿亭林詩作行實等事，有人所罕知者，殊有價值；潘氏或以此二跋非關尺牘，故棄而未刻。又原第十五册末收有葉闇尺牘三通、高歌尺牘一通，潘氏刻本止録葉闇一通，葉氏另二通暨高歌尺牘，并付闕如。此外原件中之信末用語，諸如「名心肅」「名單具」「名具正幅」「左冲」「左慎」「左玉」「慎餘」「裕後」之類，在古人乃作札套式，無關乎尺牘本旨，故潘氏略而未録；於今人則因隔世或不諳其意，觀之可知前代書儀。且不少尺牘原件於正文而外，時有添述或補注，并具作札時日；此類添補文字及落款日期，於詳究當時諸人交際之委曲、考定相關故實之本末，意義不言而喻，然刻本亦多芟夷未録，殊爲可惜。

昔桂馥記述《顔氏家藏尺牘》之裝池經過曰：「是役托始庚寅（公元一七七〇年）之秋，裝得八九册。運生（即顔崇椝）兩上公車，携來補入者三倍於初，故漫無倫次。」裝池既非成於一時，「漫無倫次」之憾，固所難免。如原第二册收有余國柱尺牘五通，第二十八册又收有余佺廬尺牘九通，據《姓氏考》「余國柱」條：「余國柱，字石臣，號佺廬，湖北大冶人，順治九年進士，歷官大學士」；又「西塞山人」條：「案湖北大冶縣道士磯，一名西塞山，即元真子所謂『西塞山前白鷺飛』、李太白所謂『西塞當中路』者。余佺廬相國生長大冶，故以此自號。」然則余國柱、余佺廬、西塞山人乃同一人也，海山仙館刻本未予辨析，釋文一依其舊，仍將余國柱、余佺廬作兩人分列。又如原第十九册之周在浚第三通後、李之粹第一通前之兩札，海山仙館刻本均繫於周在浚名下；然原件落款明署「晚阮頓首」「晚生阮頓首」，且其筆迹書風與周在浚尺牘迥異，則此二札顯非在浚手筆。其他「漫無倫次」之失——譬如錯簡，亦偶有之。

潘氏《海山仙館叢書》本既有上述諸種疏失舛誤，而後來商務印書館據其排印之《叢書集成初編》本，雖於姓氏考之文字偶有匡正，然就海山仙館本之衆多舛誤及疏漏而言，《叢書集成初編》本什九因襲，且就中又偶增新訛；故行世之《顏氏家藏尺牘》，實非善本。廿載之前，筆者曾獲上海圖書館允准，將皮藏該館之《顏氏家藏尺牘》原件加以理董，於二〇〇六年影印出版。影印本采用當時較爲先進之工藝彩色印製，頗能存真，可見尺牘原迹之神韻焉。當時影印之初衷，除俾斯册化身千百，以供讀者研賞其翰墨之妙、以遂前賢對其「泐之貞珉」之願外，亦有勘正傳世文本訛謬之意在焉，故影印本以潘氏《海山仙館叢書》本爲底本，據上海圖書館所藏原札一一校訂，除補録潘氏漏刻之文字、訂正刻本迻録之訛誤、理順錯簡及斷句標點外，亦對尺牘作者做了辨析釐正——如將稿本原件及潘氏刻本分别繫於余國柱、余佺廬名下之尺牘合編一處，統繫余國柱名下；惟原繫余佺廬名下者，有三通落款署名「古香」，且其中一札有「并州故鄉，未能忘念」一語。經查，清人以「古香」爲别稱、字號或室名者無慮數十人，然并無籍里爲并州之「古香」，未知此「古香」究係何氏？爲慎重起見，姑依其舊。

影印本雖於文字校勘不無小補，然當時宥於學力，對於海山仙館刻本之舛謬未能悉揭盡勘，若干疑昧仍未獲釋；且影印本出版已近廿年，今時已不易見到；兼之當初影印成本重鉅，印數綦少而價格昂貴，故傳布殊爲有限。今蒙華東師範大學丁小明教授垂青，擬將整理文字收入其所主持之《尺海叢書》，委付鳳凰出版社出版。際此殊勝機緣，筆者謹重新整理一過。此次整理，以影印本爲底本，剖列「墨迹存世」與「墨迹亡佚」二部，存者居前而佚者殿後。釋文一依原札之影印件，不再標注其與潘氏海山仙館刻本之異同；另附録清名家題跋、潘仕成海山仙館刻本序及《姓氏考》於後，以備參考。相較於近廿載前出版之影印本，此次整理，除彌補前者之疏漏并訂正其沿誤、釋解其疑昧外，釐正海山仙館刻本之舛謬者，無慮四五百處，而所訂補海山仙館刻本之遺漏脱捐及剔抉其衍文尚不計也。校讀清樣告蒧之際，謹向促成出版之丁小明教授并鳳凰出版社領導暨編輯同仁誠致謝悃！限於學識，書中容有爽失，敬祈大雅方家指瑕糾謬，匡予不逮，是所顒望！

鄒西禮

乙巳清和朔日於滬上

凡例

一　本書據上海圖書館藏稿本《顔氏家藏尺牘》之影印件整理。稿本原裝三十四册，另有名家題跋一册、姓氏考二册。现原裝首册暨名家題跋并姓氏考均已亡佚，此次整理，對於已佚之尺牘暨名家題跋并姓氏考，據番禺潘仕成海山仙館道光刻本迻録其釋文，附諸書末，以供參考。

二　稿本中之俗字、僻字、古字、異體字，酌情改爲規範繁體字；間或有例外，從其宜也。

三　潘氏海山仙館本刻成於百數十年前，其時尺牘原紙尚屬完璧，迻録上板宜乎有據，故稿本中漶漫殘損之字及偶見脱捐之文，依海山仙館刻本以［　］補出；至與刻本明顯不符之殘字，則代之以□。

四　稿本中原見於尺牘正文之下之雙行小注，以（　）予以標注。

五　潘氏海山仙館刻本迻録尺牘原文，魯魚帝虎，訛舛百出；即名家題跋及姓氏考中，舛誤亦所在多有。此次整理，對於尺牘原文，一依稿本手迹，匡正刻本之訛誤，并補完刻本之脱漏；至於名家題跋及姓氏考文字，因原迹已佚，核訂無憑，對其明顯之舛誤，予以徑改諟正。

六　海山仙館刻本流傳已久，爲學界所習熟，本次整理訂其訛誤既夥，然格於體例，不作校勘，唯於個别關係重大、影響讀解之處，略作注釋説明。

墨跡存留之部

孫承澤（三通）

之一

秋霽可喜。吾鄉之災，貴縣稍輕。家中有人來否？知闔宅納吉也。出署後，乞時過一譚。寧兄事若何？此時或無暇及此也。不盡。澤頓首。

之二

連未得晤爲歉。七日齋中瀹茗小譚，乞爲約譚舟老同過。前評宋大家文，極爲痛快；欲續爲商確，佇望佇望！名另肅。

之三

昨校定晦庵先生，極其精細，已一一改正；再以第二册奉覽，幸即賜還。理學先生詩，晦庵下惟劉静修先生極工，已選定，繕將完矣。寧有近息否？承澤頓首。

法若真（八通）

之一

説帖

原任江南安徽等處承宣布政使司法若真説帖：伏念真待罪兩載，拮据萬狀，盡爲他人作牛馬，若有一分一文自私自利，天地鬼神鑒誅。今離任之後，代上憲賠墊者，已罄變家産。尚有一二未完，無可再賠，不得不據實説明，仰求郎大人、金前司自行歸結。然不將事之原委説明，恐冒欺罔之罪，謹一一陳説。一：郎大人任内，發前司收寄賣黄豆肆萬餘石，至八年回京時，勒令變價解院，復差内丁守取豆價，因年久，内有耗折，并經承侵欺貳千叁百陸拾柒石，該銀壹千壹百捌拾伍兩；經承陳睿，無力賠補，遍揭通衢，有總督豆商之語，污蠛不堪，只得借動庫銀墊解，今庫項無補，無可代賠者，一也。一：郎大人任内，積欠倉米貳千柒百陸拾餘石，至八年回京時，差内丁賫册到司，諭令改入新收項下，候發價銀；及至回京，價仍不給，前米缺額，只得借動儲米抵完，又令左書辦取去銀貳千兩，銀米俱空；今儲米部行變價，應完米價銀肆千柒百叁拾玖兩零，虚懸無着，無可代賠者，二也。一：金前司任内，陸年柒月内，自領出庫銀壹萬捌千餘兩，至柒年捌月，始買豆壹萬叁千石到省，久泊河干，及詳明，奉郎大人憲批收倉，在船内即有霉爛，共計六千餘石；此時若勒買足報收，有失同官之雅，只得允從，使經承林植領出，易新償補；後林植身故，家貧不能賠補，軍需缺額，後官即勒令本司代賠，或在金前司良心不昧，不能不急爲措完者也。以上三件，皆遠年未完，并非本司任内之事，本司亦并不曾出結受代，今俱累及本司，淹滯江南，諒亦仁人君子所垂憐者。敬陳台電，如會郎大人、金前司，鼎言歸結，俾得生還，存殁銜結。謹説。

之二

趨叩未得晤謝爲懷。前見鄭石兄，道及老年翁思得秦篆，弟有一老友，頗善此技，敬爲製二章呈閲；儻可領略，不妨以所欲者頻爲示下，亦知此道之有公好也，何如何如？諸容晤布，不具。制弟真百稽。冲。

之三

許久未獲晤教，何日共移鄭兄處，得借高談一日耶？爲望爲望！前委大字，倩人勾出，其力不能如腕，聊以充數耳，敬報命。制弟真百稽。冲。

之四

許久未晤，正欲受教，昨忽接家報，有傷心之痛，病不能支，實不能侍長者，但肅此代謝，非敢言辭也。謹叩呈，不具。弟真頓首。冲。

之五

昨趨望大憙，未獲晤叩，容再領教誨。吉聯博笑。小弟真頓首。

之六

孤旅遠客到，忙忙數晝夜無停時，以食水起居，皆身親之，厨下無一使可能了此也；，適客去，得稍息，信手作數句，愧不能揚揄大雅之十一，其若之何？幸老年翁裁用之。令叔老年臺，尚容耑叩呈，不具。先此特報，并宥遲遲之罪。諸容面悉，不盡。制弟百稽。冲。

之七

別老年翁後，即以謁撫軍作皖城行。得之郵筒，附作庭年兄札，恐遲其中之説，先遣使上聞。亦有一札致徐公祖，乃爲弟交盤之役，祈其破格照拂，老年翁見時，當爲弟致謝之，感徐公祖之恩斯勤斯也，并祈老年翁代投之。統容歸去時登叩，不具。徐公祖札，閱畢封投。制弟百稽首。冲。

之八

錢塘雪旅，把臂言别，倏忽四載，其如此光陰何？弟以不然之白灰，自不入春陽之赤管。老年臺先生戛戛契刀，軒軒簪珥，而雪中之炭亦覺艱澀，江河日下，可怪也，亦可悲也，嘆息嘆息！自弟狼狽歸來，頓卧空山，炎凉萬狀，辛酸百結，欲再走長安，一番買老。仰二天之在層霄，憐一介之有知己，老年臺先生必有以指我於泥途落落中也。秋暮漸寒，年歲不登，脂車無資，須之來春，可偕長兒櫄同裝北發，趨謁崇階。以近奉截取之例，先具文投貴衙門，祈台鼎曲玉之。亦以王玉如年兄歸來，云前猶有軍機十八人無著落，後此者更無期，徒多往返耳。且戀戀者，櫄兒於己未徼幸後，即循廣東例券助，援納中行等衙門；本年十月初，即題册到户部，因執事金提塘茍派抖難，至今六年，不給庫收，以致未行。貴衙門近得龍需，老年翁大力轉求，又不能不遲遲以待望梅，俟有頭緒，更望台恩。先此長鳴，聊申闊緒，統希慈鑒。自愧空函，尚俟晤叩，不具。小弟若真百頓。冲。

拙畫將意，有如晤言，以當大噱。弟真再頓首。

李之芳（四通）

之一

日承枉顧柯陽，得領謦欬，殊慰飢渴。第以簿領塵棼，未獲一尋青霞仙奕之勝，良用闕然。山城蕭索，仍携兩卷畫圖，輕舟翩去，在老年翁雖爲韻事，使地主將何以爲情哉？清秋漸爽，近祉自佳，西湖山水間，有勝緣否？台旌東邁，當在何時？率裁奉候。所煩大作及物色諸名人，想荷留神，統祈即示。幸惟垂鑒，可勝神往！弟名另具。左玉。

之二

鞅掌戎旃，屢逢虛度，薾然疲役，自嘆勞生，知愛如老年翁，方當憐惜之不暇，而亦爲此稱觴世法乎？仰荷殷遥，佩服曷已！承示詩文，典贍風華，俾弟攘美，感何如之！諸友皆屬名下，弟願見有懷，已非朝夕，希老年翁代爲道意。湖上勝事如常，不無倦游之慨，便中容再致之。别教當俟酌奪另報。匆次勒復，未盡縷縷。弟名另具。左玉。

之三

班師北旋，兩省更番駐防，夫役艱繁，十倍於昔，小民竟無休息之期。顧此殘疆，殊增浩嘆！頃接翰教，得諗近履。二三執友，半載以來，不能爲湖山游屐增色，且人情奔騖，久已悉其概矣。承諭當爲留意，必須來[謁]而後酌定也。林生抵衢，自是端謹之士。餘具悉之。率復幸鑒，不盡。弟名另具。左玉。

之四

前承翰教，匆次附復，應塵典記。班師就道，比日近況何似？二三湖山主人，不致寂寂否？甚爲念之。前書所云林生，恐江干舟楫維艱，今特專人奉迓，煩老年翁轉致，幸即遄發。日有碑版文字數首，欲藉面商，久已懸榻待之矣。淳安留代，已即批行。率此惟鑒，不盡。弟名另具。左玉。

余國柱(一四通)

之一

貴役旋後，又有兩函，未知何時可到？造船之説，既在外定何衙門，此爲可以自主，但恐船增一事，而别累不減，須得督疏兩分，題明就裏，如議自易易也。白仲調年兄以海内名宿，得屬淵源，大爲吾道生色，乃以衆見差參，未得首甲，不獨我輩悒快，凡屬有心，莫不嘆惜！頃因别有端倪，未便遽歸，其令郎家居，恐有應照拂者，在台兄至性關切，自毋事不佞豐干耳。藉寄不盡。六月念五日。名另柬。

之二

客春小力南還，接手書，殊慰遠念。不佞沿途阻風雨，仲春始得從廣陵登車以北。過家兄滁陽署，知台丈有龍江之命，冀得中道便晤。兹因敝故友王雲川諱子龍，藉候起居。敝友於先朝爲寧南虎將，卧龍岡乃其故里，滄桑後，泛宅投綸，與不佞結鄰好廿餘年，而食貧特甚。此君重意氣、輕死生，然不曉筆墨、不解逢迎，台丈當另設一等以待之耳。途次如面，弗既。名另柬。冲。

之三

京國聚首，凡事正可商量，不謂不孝自孽深重，遽抱大痛，飲血南歸，遂易星霜。緣抵家之後，親友吊問，遠近陸續，今夏始畢。且敝邑又僻處山谷，無從一寄聞問。門下雅才練識，自是遠到之器，但輦轂之地，是非易淆，物力維艱，慎交游、惜日費，此其最要耳。不孝志氣益敗，清華絶想，邇爲先人無歸窆之善地，早夜疚心，意欲稍遲起復，以襄此大事，未卜可如願否？耑此聊當面晤。長安風景若何？有以示我。臨楮依依，不盡。冬月朔。名心肅。

之四

聞命之始，原擬中途可晤，不謂馳驅相左，又承存注，至今爲念。不佞於三月廿四入都，此月即可推補，銓部雖有復例之議，然局面闊大，頭緒繁雜，終成道謀。貴差較之别権，雖有豐儉之殊，安穩毋虞，則勝他處。六、七、八三月，方是良時。但滿公極宜調和，大約凡事寛一步、讓一着，終得便宜耳。分造漕船之説，即與司農商之，如有的着，另當遣報。王雲川之札，原非得已，高明必能體亮。目下家叔又索有一函奉候，亦不得不應，輕重亦在台酌，實屬親叔，自不得與王雲川同視也。同門卷已見。孫、白、張、萬四兄，亦已相晤，借光夥矣。役旋，匆匆率復，不及百一。

外一家信，是不佞至親李家的，煩即差一的當衙役送至伊家。又一字，係不佞寄蘆政程焦老，亦望即轉致之。又行。名另柬。冲。

之五

役還帶有寸復，想久入台照。造船之舉，已行外議，但得在外酌定之後，方從内料理，庶有濟也。家胞叔諱允明，以從家兄滁陽署便候台範，亦通家之誼不可已者，昨已從别函諄切及之，台丈古道人，定不待不佞之長言矣。率奏如面，弗既。名另束。冲。

之六[一]

長夏獲捧瑶華，深荷垂注，同心之雅，夢想時勞。乃未得耑馳尺素，寄問音塵，案牘紛繁，勞勞少暇，知能諒其冗劇也。銓曹叙遷，較復無稽遲之嘆，得教知即當榮轉，殊以爲慰。至若世人自異，徐公自常，但凛以夙夜之心，矢之靖共之節，正不必問之時勢。生之在此，不獨得失

[一] 以下九通，《海山仙館叢書》刻本繫於「余相國佺廬」名下。

去留置之度外，雖是非毁譽，總不以之經懷，既以此自厲，即以此爲左右告，想勿徑庭其言也。萊陽已入啓事，甚是可喜。此地因之得以脱然，善之報耳。貴門人尚未至。閩中烽烟初定，易爲恩澤，當事頗多故人，當爲先容。在執事門墻，自應一體關切矣。種種不盡，更容續布。令兄統此致意。西塞頓首。冲。

之七

今日已與法君言之，彼云正來會審，不及往看，已改沙、耿二君，又囑其并催。二君果定何人，即日往看，彼已唯唯矣，此聞。恕呼。冲。

之八

昨有字奉報，未卜入覽否？王師古立候詩綾致祝王夫子，想已就緒，望即揮擲爲禱，不一。不具。

之九

昨勞顧，未得迎晤爲悵。敝鄉舊學使魏子存，不佞骨肉交，此台兄所悉者。頃以生負充役之案，恐其相累，因向宗伯先生及朱、黄、高諸年兄，求其稍爲駁查，便可爲將來地。前因尊駕尚不入署，故未得奉聞；今駁稿已定，幸婉爲曲成，如不佞受賜也。如面，不盡。名另具。冲。

之一〇

頃承台教，即諄致之載老，據其回札云云，似未可必然，尊駕不妨明早入署，以候行止可耳。札附覽，不一。不具。冲。

之一一

連日以衙門會議，出署最遲，戎載老又未得晤，不知尊事已定爲否？何日引見？幸示以慰懸念，不一。恕呼。冲。

之一二

南北迢遞，問好疏闊。亦以冷署蕭寂之狀，如同僧舍，不能走一介於長安，以至關切如年兄，亦未及時有往復也，悵悵何如！諸事俱荷留意，古誼真摯，惟有感佩！萊陽卓舉，誠爲可喜，但得留爲後來之地，庶不負此日苦心耳。臬君邀恩格外，此種遭逢，古罕其比，無非台庇之所及也。頃因郵筒，聊附報言，未盡百一。外有小單，并州故鄉，未能忘念，幸賜照拂。容圖續布，如面依依。古香手勒。冲。

之一三

生倦翮趣飛，味同蠟嚼，所不安夙夜者，君恩深重，未敢負耳。然而江蘇繁難，殊出意表，兼以鶴老謝事，署篆片紙不行，四月積案，應批詳文四千七百餘件；又值秋審奏銷諸大案，俱集一時，刻不容緩。即使手批口答之劉穆之，當此亦當斂手而退，況生之碌碌乎！勉强清理，三月來寢食俱廢，救過未遑，至於飲冰在中，即勺水無值，不敢入口，不過自盡此心，未能仰答宸衷於萬一，又安有不虞之譽。凡所以爲知己告者，大半略瑕取瑜也。新秋競爽，閶闔風高，乘機而往，應不後時。長安倚重，生實泰巖在望，凡屬時政，統祈郵示，不必論與生之相關與否耳。子陵之裔，心許瓦全，不期制府首詢其踪跡，而舉國譸張，斷難終止，不得不就輕便一路。內有貴同宗，事實多端，若非見其名姓相近，竟不免於虎口矣。藉使肅復，依依曷極！古香頓首。左冲。

之一四

日來兩接手教，深感注存。楊玉老之波渣，非不知例，咨題原可并行，以玉老須題爲得體，故姑從之，有費清思。計典之局，停止已久，雖從前暫行一次，原止管明一册，諸體未備。今則加意求詳，雖不敢略，恐不免挂漏之偶涉，幸爲留意。倘得全邀包荒，皆屬台庇。有應略見之儀文者，不妨與姚岱老商及耳。崔兄已經吴門入閩，業付興泉數行矣。江表遠人，勺水爲戒，無可將念，虀鹽之餘，聊見此中況味，諒不我督也。凱旋之師雲集，匆匆率報，不盡百一，容圖續布。臨池依切。令兄統此致聲。古香手勒。冲。

杜恒燦（四通）

之一

周京舊地，文獻尚存，得老世丈輒跡及之，王風大雅，倡道同人，真一時之盛，駸駸可千秋者也。承教大作，洋洋多風，得初盛遺音，且楷法精妙，當奉爲奕世之珍矣。癭杯荷愛，莊生謂不材得全，弟知懼矣，并敬謝教益也。何日命駕牛頭寺爲十日談？弟掃徑以俟矣。復顏世兄同胞。三原道弟杜恒燦頓首。

之二

司左側一小樓頗潔，非酒家也，弟已携尊卷在此踟蹰，不敢遠勞至北門矣。昨書如抄竟，付小力也。弟燦再言。

之三

竟日論文，又得縱觀奥府，會城中如此清爽宜人之事，未曾有也。《太上感應經》乃弟從春月刻成者，以紙墨之資尚須將伯，遂不獲盛爲傳布，謹奉一部，爲旅舍寓目，未審可呈覽於先生長者之前，命工印施乎？刻板見在省中印工處矣。西果二種，并志寸心。榮發何日？今日尚過我耶？不一不一，弟燦頓首。

之四

手教至，諷誦再四，輒不勝情。弟土木形骸久矣，不意吾兄之能感人，一至此耶！東發何日？慎重加餐，努力名德，與道合真，他日弟當長跽下風，謦聆提誨，得長存於天地之中，幸矣幸矣！刻下渡渭抵三淮，携手河梁，遥遥何日，如何如何！遜來道兄世翁。弟杜恒燦頓首。

孫枝蔚（三通）

之一

昨一友邀飲秦淮舟中，至夜方歸。歸後因乏使，不能復至尊寓。聞有事相商，是前所托事否？讀大著，玩味不忍釋手，延年《庭誥》、之推《家訓》後，未易多得也。特奉還，前拙稿亦望擲下。弟枝蔚頓首。

之二

拙序於猬冗中成之，苦無佳語，又重違台命，謹書上。病人滿床，醫不離門，聞先生將行，竟不及一握别，幸惟鑒亮。修翁先生大人。功弟枝蔚頓首。

之三

數日因有亡弟之戚，匍匐喪間，是以遲答尊札，悚仄悚仄！承惠大刻，今日始得展誦，元氣渾淪，體格磅礴，求之古人，當在少陵、昌黎之間，餘子不能望肩背也，敬服敬服！先此謝教，評語一兩日間即呈上，不悉。功弟蔚頓首。

應撝謙（二通）

之一

前承命以《行樂贊》見屬，時無印章，又僕人甚小，懼有失誤，不便領歸。今作一拙言奉贈，聊致其意，不敢塗污尊卷以取罪戾，唯先生一笑置之而已。撝謙再頓首。修翁先生大人門下。

之二

夢思闕里，冀一登堂；喜遘光儀，來莅此［邦］。遠承世澤，用行捨藏；近徵忠孝，守義巖疆。居雲霄裏，家泰嶽旁。已從皇極，聿建三綱；更［列人］間，聊製七襄。今瞻之子，如愛甘棠；念昔陋巷，克己皇皇。豈意雲礽，百代流芳。像贊爲修來先生。錢塘弟應撝謙具草。

應禮璧　應度璧（一通）

敬啓顏先生閣下：伏惟先生復聖之象賢，斯文之樞斗。得誦先生所賜《樂圃集》，篇章之際，想見其人。前奉命家君，同沈、吴二世兄恭叩臺端，并附上《九容箴》拙文四篇求政；今早同敝友走領，適有客在堂，閽人難於傳命，不獲望見顏色，悵然空返。拙文如蒙先生不棄而賜之教，乞示期走領。敝館在賀衙巷内，去尊寓咫尺，謹佇立待命之至！修翁顏先生大人執事。年家期晚生應禮璧、度璧仝頓首。左冲。

吴懋謙（四通）

之一

余客遊曲阜甚久，因得交修來。時修來弱冠，才鋒馳騁，霆舉飆發，便令人退三舍。日同其大阮石珍倡酬，不啻百餘篇。暇相與瞻謁孔廟禮器，憑吊少昊元公之墟，極一時友朋歌咏之樂。修來每出語，必驚一座，余心儀之而心憚之。贈詩一語，有「君才方跋扈，余意已沉冥」。然修來静穆，不輕言詩。後舉進士，榷税龍關，復遇於金陵。適我友愚山至，出其《南苑扈從詩》八首，兩人讀之，瞠目嘆賞，爽然自失也。浸淫有年，陶冶成集，而見其五古之雅也，七古之雄也，五律、七律、七絶之精以練也。沉着痛快，壯采驚人，如隴西之射，飲羽没石；平原之書，透過紙背。字字從古人中來，而又字字不從古人中來。東魯風雅，代不乏人，荔裳淹通，阮亭英藻，方之修來之沉鬱偉麗，真堪鼎足觀止矣！雲間吴懋謙。

之二

日來腸紅甚，腰痛不可忍，不得入城，殊爲相念。當事歸否？别有事否？弟有小影，求題像贊，俱欲意中人。先生文章品望，爲海内第一人，不可錯過也。上與旁，皆可題，惟尊意。修翁先生。教弟謙頓首。

之三

來對如魯公透紙背，諸咏清新沉着，高貴不可言，謝教謝教！雨窗作得分韻二首，求政。弟酬應頗多，前「醅」韻可省矣，如何如何？樂翁長兄先生。教弟謙頓首。

之四

一病杜門，幾不能見我故人也。同人爲弟危者，十且八九。如此暑天，蹣跚簾幕間，尚未出户；今幸庇稍進食，接教，知念弟深矣。聖湖白雲，繚繞清夢，諸同人當一一致之。詢使知遊況頗佳，慰快之甚。俟秋候駕掃室，望早桂新開，以奉言笑。弟前一小序曾刻否？如刻，寄幾部來。有懷弟詩否？修翁先生。小弟謙頓首。

吴農祥（三通）

之一

《張鍾會飲圖》呈上，恨筆粗疏，不稱戴原本耳。如可塵雅玩，留爲鎮宅爲荷。謝生老矣，乃能爲老先生圖此二册，抵掌相對，不辯爲三太傅衣冠，謝郎丘壑，俱兼之矣。老先生必自有題拂，當和其後耳。弟祥頓首。修翁老先生老年臺。

之二

别後又復患瘧，台諭以寒暑中爲之，恐不足以辱命也，惟教之。小兒吴容，謹遣趨侍左右。

俞敷伯，今之史才也，老先生於鹽院祖臺處，乞提携之。外家兄吴楨、舍侄吴紫芝，皆寒家之俊也，望一體視之爲感。弟祥頓首。修翁老世臺老先生大人。

之三

小兒昨已奔歸，今晨趨柏臺試矣。伏冀老先生始終題拂，不盡。布衣弟農祥頓首。修翁老先生吏部相公閣下。

席居中（二通）

之一

不奉顔色者，已屢易星霜矣，仰企之私，如何可云！憶先生憩駕廣陵，猥蒙雲誼不棄葑菲，收之交遊之中，厠之座席之末，且辱玉趾惠然肯臨蓬蓽，於是得共銜巵酒、細叨麈論；酣醉耳熱，復爲刻燭聯吟，而高岑妙句，尚勒齋閣，則一時叨藉之盛，迨將感思無盡，念之念之！先生巍然人表，如岱華聳拔環區，爲時瞻仰；而銓選重寄，俾門墻桃李，弘列仕版。至若揚風扢雅，牛耳詞壇，更爲人士之宗。拙選一帙，亦藉光珠玉不小。近將馬首都門，當挾此帙敬呈，因以奉教於左右，則數年積懷，遂可少慰也。春水游鱗，便附尺素，兼以蕪句寫意，統爲寄正，唯祈藜照不吝，則遠人幸甚幸甚！賤名另肅。慎餘。

之二

雨雪載途，未得衝泥造晤，深爲悵歉！小照鄙陋無似，欲藉大言爲寵錫，安干珠玉，或不吝揮毫耳。拙刻將卒業，欲求佳稿爲陽春高唱，以光梨棗，幸即簡惠是望。外有俚句奉贈，容録呈，不一。修翁先生。制晚居中稽首。

林璐（四通）

之一

契闊登龍，於今四載。伏處蓬蒿，鬢髯如雪。南來仕宦，每問璐姓名，皆出先生之口，知提携教誨，感深刺骨。向拙刻另删定，付梓未成，曾許弁言，謬托椽筆。故人貧病，不能遠涉，倘有青眼處，還祈留神。拙稿一册奉覽。賤名單肅。

之二

早間賫稿呈政，欲面求教益，再行改削耳。憶前諭凱歌，戲擬爲之，或不須此，恐涉自獻之醜。詰朝當晋謁，以悉種種。晚林璐頓首上。

之三

拙作二首，欲走謁呈教，適有遠客枉顧，先送記室。野老囈語，不足道也，俟謄清再行删改可耳。昨懇元晏爲拙刻生色，先生能慨然乎？太翁傳叨列賤名，何敢損刻資，容面悉謝。晚璐頓首。

之四

昨醉後狂言，得無持布鼓過雷門乎？太老先生傳，乞發來手，當補作贊，三日内并《關侯祠記》同奉上。小序一首，求附末簡，稍暇當更作大篇，刻入拙稿，以榮布衣，何如何如？晚林璐頓首。顔老先生山斗。

杜濬（一通）

前拜台復，深感盛懷，而其人忽然數日不見，自失機會，殊爲可駭。豈弟之窮，固未易瘳耶？兹敢奉問先生門下，不識有可以爲弟地者，而弟但附一書，寄候當事，用成兩先生之美，則尤奇感也。第恐遲則遲矣，悚切悚切！連以酷暑，不敢作熱客，俟雨後少凉，即趨領至教也。不盡欲言。賤名另具。冲。

吴 綺（五通）

之 一

塵事猬毛，略無清晷，不遑造別墀下，豈勝歉仄！昨以薄物將意，不蒙全茹，反辱獎謝，真足負愧矣！兹有商者：吴門敝居二所，業着小价求售，其價值必待數日後方有就緒，綺則不能久候，欲先就道，奈刻下脂車乏費，敢於老先生處暫假拾金，濟此匆遽之需，當於渡江後，即部署奉還。素沐高雅，必不以鄙言爲河漢者，乃敢瀆之左右，幸諒鑒。不盡覼縷，臨穎主臣。侍名另肅。

之二

弟已還至曾氏河亭矣，刻下正在部署，未及過晤。當事一札，前蒙俯允，但小兒即日南歸，其事俱在邗上，必得持返相示，乃得拜惠也，望爲轉達。特此瀆修翁老年翁先生。弟綺頓首。

晤糧廳朱公祖，乞爲道弟嚮往之意。又頓。冲。

之三

連日避囂於清涼山寺，月中望遠，頗多清興，恨不得老先生同知也。今日水樓聽雨，始得從事筆墨，冀報台命耳。田公祖將返句曲，前事可否？幸鼎言以促之爲感。修老老寅年臺。侍綺頓首。

之四

吴會萍逢，正擬飽聆麈誨，而匆匆返棹，不及具杯酒以叙别懷，又不敢俗物唐突高雅，惟案頭小玩數事，謹貢之清閟閣中，聊資吟餘真賞，伏冀哂存，豈勝榮藉！不一。綺再頓首。

之五

適所言書院一事，非有他意，以田公祖當世大賢，不可失此勝地。資無多費，事可必傳，幸老先生商其可否，以示援納。既不可行，今奉一呈相换，餘兩事，并祈代促即發爲感。修老老寅年臺。侍綺頓首。

姜　梗（四通）

之　一

連日走候面謝，皆以公出不值爲悵。蒙賜瑶篇，并厚惠種種，感佩非筆舌能罄。明早的行矣，以措置行李之艱，心緒惡極，竟不能上和白雪，以表數年仰企之私，歉仄無似，希知己原而宥之。梗頓首頓首。冲。

之　二

渡江匆遽，不得走謁行館爲罪。衢州之往，想不宜太遲也。昔李青蓮曰「鑑湖五月凉」，又云「竹色谿下緑，荷花鏡裏香」，則知山陰道雲門寺，或可一枉高人避暑也。像贊即當草奏，决不煩苞茅之討。王父母下車，即詢及賤子姓氏，此爲徐崑山昆季所托耳，然亦不敢即爲趨拜者，以老先生龍門在望，梗忝有一日御車之幸，必須長者表揚介紹，而疲駑下乘，亦可登騏驎上櫪矣。昔縣官負米立雪，拜袁生僵卧之床；陶公伸足度履，屈刺史載酒之期。使當時莫有後先，必不能成古今佳話，故特遣豚兒渡江，求一尊札致之王父母，或可少冀其青盼，則玉成之德，真不淺細也。札中求謬爲稱許，云梗平日不能奔走趨承當事貴人，即冠蓋滿京華、交遊遍天下，而云梗倦遊，已唯貴人能式廬圖面耳。前書單内，尚失開《名臣奏議》一書，係一百本，此最要者，大約弟在敝鄉，先爲搜訪諸書。名單别肅。

之三

吴興陸氏，造筆名手，聞台駕至越，彼欲以佳筆貢之法書，藉弟一言爲介，希選其可者。若入京需用，亦不妨向渠多買。連日以諸公盛筵，故不敢唐突，俟清暇，當走訂看畫，至田家一飯也。梗頓首頓首。

之四

吴門：宋實穎既庭，住王府基。張適字隺民，住專諸巷，詩、畫、彈琴，爲江浙第一。佥侃字亦陶，住雙林巷，詩、文、畫妙絶。余懷字澹心，金陵人，寓吴門，老名士。姚文焱字彦昭，長洲縣廣文，詩文極妙，介長褐門人，張孟墩姻家。高簡字澹游，畫妙。楊无咎字震百，詩文妙絶，住閶門内，李子静姻家。王翬字石谷，畫爲三吴第一。徐枋字昭法，明壬午孝廉，高士，詩、文、畫皆妙，海内著名。馬長逸住羊山，元門坐功、人品高妙。以上詩公，凡相見，俱云姜梗鐵夫致意。

盧元昌（二通）

之一

小詩三首奉正，大作幸即擲教。外有小事相瀆：乞一札致婁父母，并煩尊紀，懇懇！得重懲爲妙。修翁先生。小弟元昌頓首。

之二

昨特走候，值駕山行，想佳咏必多矣。弟欲求一尊帖致史公，祈發小伻，荷荷！恃愛干瀆，容踵頌，不盡。修翁老先生。小弟昌頓首。冲。

紀映鍾（一通）

顔先生《樂圃集》題辭：讀《樂圃集》，知作者爲一代之詩人也。開卷多樂府古詩，峭然壁立，吐語高潔，已坐百尺樓上，酒酣睨八極，俗物都茫茫矣。至於命題有意，憶古情長，感物悲歌，一倡三嘆，古體之渾灝流轉，今體之秀逸絶塵，含情深厚，讀罷而几篋間尚殷殷留金石聲，安得不以此事相歸！金陵紀映鍾頓首具。

丁澎（一通）

《樂圃集》詩評：昔人稱孔北海爲先達，而其文特高雄，德祖次之，詩皆不與也，詩獨推子建、正平。甚矣詩之難言已！從來論詩家，侈口以古風方漢魏，近體追盛唐，然終屬描頭畫角，愈趨愈下，造建安、慶曆之堂奥者，寥寥若晨星焉。余且老，懶作詩，間作亦未必佳。嘗欲得海内雄材，沉博偉麗、獨踞一代之上者，竟不少概見。讀《樂圃集》，不得不於先生嘆服膺也。弟丁澎藥園僭筆。

張彥之（一通）

鴛湖王書城兄，精於星學，與苧庵、弘軒、梅巖俱舊交，仰重老先生令範，特過奉謁。公祖父母間，一噓揚之，彼叨庇不淺矣。修翁老先生大人。年家眷晚弟張彥之拜。

范鄗鼎（一通）

老年翁文章聲氣，夙甲海内，弟於蓬窗間作南豐北面者，既十年於兹。未之役，喜依末光，得慰飢渴；未幾匆匆言别，夜明總欲滿把擲，而不才者當面錯過，可奈何！頃見老年翁讀書鳳閣、稽古龍墀，此一佛六押，昔人所深賀也，宰相判官，真不愧王佐家風矣！每欲相羊左右，以道阻且長；適因家兄出遊聖鄉，敬此代候起居。附小刻求郢，不戬。弟名肅具。左玉。

王曰高（一通）

睽違教範，再易寒暑，雲樹之思，時切寤寐！老年臺以清班之選，暫膺権關重任，聊展經濟鴻猷，此乃踐台宅揆之先資也，欣企欣仰！迂拙如弟，自給假歸里，久戀山林，未獲通候；兹將入都候補，特令小价隨賀年兄南來，托代叩新祉。不腆附將，聊申輶悃，惟冀鑒涵。小刻奉覽。臨穎神馳。弟名另具。

史鶴齡（一通）

分袂倏巳半載，秋光清勝，想龍江烟月，盡入詩囊，殊不苦於韻地作勞人也。頃接手教，深荷遠注，停雲相望，正有同懷耳。使旋，匆匆藉復，餘情莫既，唯鑒不宣。弟名別勒。

吴正治（一通）

祥琴在御，景福維新，屈指還朝，掃榻以俟。乃接手言，尚稽良晤，可勝悵惘！然金風薦爽，履坦非遥，握手燕山，仍依依在旦晚間也，望切望切！不肖年復一年，總無善狀。惟是湖南底定，敝鄉已稱寧宇，六十老人，可以伸長林豐草之計，統俟知己到日，悉此衷曲耳。蘧使言旋，草此率復，不盡願言。臨風瞻企。名具端幅。

屠粹忠（一通）

别來迭更燧火，雲樹之瞻，時勤寤寐也。老年臺鴻才偉望，爲當宁倚重，邇聞靜攝，舉朝引領，未審何時命駕，以慰蒼生也？家叔事顛末，已悉左右，不敢多贅。但積弱之後，無能驟振，大急小絶所由來耳。承老台臺加意栽培，雖弗克如願，而愚叔侄銜銘，寧有既哉！亦惟有調和一法，作就地文章，庶直捷了當而已。不盡縷情，容圖嵩布。揮汗率復，神與楮馳。名另肅。

李日景（三通）

之一

弟於前月廿九日渡江，直至本月初三日始得長發。曾留數行，令小奴投上，不識入清覽否？弟自初十日抵濠上，一路爲風寒所中，舊恙復作，卧床又三二日。地不過三百里，别不滿半月，回望耿光，宛然天際，當不知如何之久且遠也。弟由都下方回里門，返棹江寧，想又是報命之候。龍江月色，渡口濤聲，不識擎杯摘韻時，亦念及白首李郎悠悠行路否也？豚子寄寓江干，異鄉孤旅，所謂窮人無告是也，百祈老親翁曲加青拂，深感長厚！病廢餘生，一日不填溝壑，決不敢負高誼於雲烟耳。料老親翁兄臺軫念梓里，必不忍膜置也。聞有觀風之舉，此江南諸士子之幸，所托陳奮飛、楊芝二生，并童子陳玉書者，萬望推分優列，榮感不啻弟身之矣！承惠詹父母一函，到即致之，極承深款，弟已將太翁任鳳陽縣事言之，渠忻然樂從；即新守劉親翁，弟亦力托，亦爲唯唯，老長兄幸速令人來學中遞呈，以副至孝。行迫率勒，諸惟心照，臨池不盡縷縷。長至後五日，弟景再頓首。冲。

家報一封，煩貴役送至小寓，再托。

之二

弟廿二日確行矣。昨匆匆走別，未盡所談，來春返寓，想又是老親翁報命時也。人生非麋鹿，何能久相守。洵夫所請教之札，不識便於相托否？侍教數日，確拙之性，或老親翁所稔知，非敢借一字作山水遊人態。倘蒙酌發，亦桑梓厚道也。卷册三件，係王生求售者，送覽。尚有畫屏二十幅，容過小寓取看。向拙稿，便中查擲，諸不及。弟景頓首。

之三

昨匆匆，以小力四出，簡駕爲悵。惠函領到，存之笥中，相機投之。若可不煩當事也，仍當郵寄，然老親翁舌上蓮花，已鏤肝刻骨矣。佳箋拜領，快甚，隴蜀之求爾爾，一笑一笑。中書君適值乏用，更感分惠多矣。昨所云寫字之王生，曾於江寧管糧二處，以他事夾責擬罪，恐老親翁不知其來歷，特密聞之。如欲令寫楷字，差貴役送之寫去，相接恐不便也。分俸極感至愛，第尊署清寒，祇有心領而已。今日尚有一席他出，若天雨則不能渡江，又在明早矣。率謝不一。弟景再頓首。

趙崙（二通）

之一

昨緣便鴻，附上八行，想已達吾年兄台電矣。賤恙至今尚未全復，皆以人情之薄、所遇之窮，鬱鬱使然。趙如松甚可用。遣价去，年兄與周年兄望石商行，知年兄骨肉關情，不待多贅，去价口禀可耳。弟名另肅。冲。

之二

別我年兄，不覺半載。弟即年兄，勿須再囑也。六月出都，炎暑馳驅，一路感瘧症，直抵三山未愈。昏瞶中，扶掖入闈，幸仗庇，所拔皆孤寒知名士。撤棘之日，歡動城市，捫心自慰，庶不負我兄知己之望耳。卷隨後即到，弟尚有小价去，諸可心照，不贅。趙如松甚得當，孔老親臺推吾兄之愛，不啻骨肉，謹此并聞。同署諸兄弟，隨後即有人到，年兄且勿道及可耳。此番文頗堪觀，年兄須亟力譽揚之。九月初二。弟名心肅。冲。

鄭簠（一通）

皖邸餘閒，屢得罄聆麈教，生平至願，何樂如之！春歸，過尊寓握别。冒雨尋山，二日始抵浮渡。山不甚高，而巖洞萃集；徑不甚深，而松篁陰翳。有關有廓，有橋有牗，皆是天然，不假人力。週遭不過十里，而丘壑無盡。兹山僻在荒陬，遊人罕至，宋歐陽公往訪山僧遠公者，山自兹始闢焉。山徑有三道，由華嚴寺入勝，始得綱領。寺僧號山足者，乃青原首座，瀟洒有致，脱堂頭習氣，凡入山，俾之爲導極佳。老先生挂帆江上時，由王家套不過半程可到，幸勿以紆道失之，晚簠敢勸駕。顧前出山，由陸路至廬州，三月廿六始得歸里，不意金斗程蕉六先生亟欲晚簠相會，遣价追至江寧，簠因其誠懇，不能固却，今將復往矣。前領老先生諭帖，已付記室矣。今因盛使來皖，便鴻附候，容面不既。臨穎曷任瞻馳。賤名另具。

翁叔元（二通）

之一

春明拜别，寒暑再更，鹿鹿塵坌中，遂成疏節，然瞻戀之私，無時不依座右也。叔元本無識知，奉命來此，畏懼滋甚。出闈後，擬遣一介祇候興居，逡巡未果，乃辱老師叔手書慰誨，兼荷隆貺遠頒，慚感何極！貴鄉人文之盛，實甲天下，前列諸篇，自謂得未曾有。榜發後，會城諸當事皆承謬許，謂輿口翕然，但不知都門議論若何？大約兢兢此心，可告天地，餘非所惜。惟才短識薄，或有遺珠，無所逃罪也。老師叔一代鉅人，衆望咸屬，幸不惜齒芬獎借，曲賜包荒，則感頌名德，永銜不朽矣！盛惠對使敬璧，率泐謝復，統希垂照，不一。侍名正具。玉。

之二

老師叔大作，近今以來，都無此種手筆，不朽盛事，捨此誰屬？續示十三篇，方焚香盥讀，少寬四五日，便當奉繳。承諭序言，實不能繪畫日月，或有思路可尋，當勉綴數語，不敢必也。先此復，不次。世侍生叔元頓首。冲。

高層雲（二通）

之一

曩者素車東指，相對霑衣，惻愴離情，較尋常分袂爲更切也。歲華荏苒，兩更寒燠。想老世叔先生松窗讀禮，著述尤多。且知牙緋即吉，不日還朝，肅迓前旌，佇傾積悰，其欣慰何如耶！世晚鹿鹿無成，旅懷蕭寂。前雖濫登薦牘，正恐素無根柢之容，未敢妄邀非分。近復議開史館，則朝夕從事，不幾束細腰乎？大抵隨行，一爲與試，以了此一局已耳。別諭自當爲知己者效，想譽望夙欽，有無藉於鄙言者矣。使旋藉復，不盡依馳。世晚名另肅。冲。

之二

潞河猶几席間耳，馬首一去，邈若山川，神溯雲亭，倍深勞結。昨偶至闕下，爲俗緣所困，片晷不得自由；乘間欲一覿清揚，乃竟未能適願，旋爲敝東促歸，遂不復走晤，殊怏怏也。二箋奉繳，冗中捉管，拙過巴人，如何如何！二老先生祈叱名，荷荷。晚層雲頓首。冲。

梁清標（一〇通）

之一

久未得相晤爲悵。舍親郝雪海，前遇恩應得封典，聞在貴署，其公子欲領取。舍親雖經身後處分，原非侵欺及貪墨之比，近又經特旨，褒其廉潔，准免追銀，或仍當領，幸惟留意。如有應商，亦爲酌議確當何如？餘晤悉。名另具。冲。

之二

頃舍甥極荷雅誼，謝謝！向有舊聯二三，皆蛟門諸兄書者，今煩大筆撥冗書之，或另有新製亦可。又内弟王子諒，以太常典簿新納主政，庭中亦求惠一聯，隨意書賜，妻弟感佩無極！并望早命筆，不一。名另具。

之三

昨屠兄來晤，翩翩佳士，不愧門墻，可喜也。解蘭石大破積習，爲近年學使所僅見，闈前不能考完，時也勢也，督疏請展期，亦無可如何之計。幸年兄主持，使竟其局，造福士風甚大，且足爲各省學使之勸。雖與定例不符，但今日破例之舉，亦不少矣，似不必膠執成説也，何如何如？解子家兄之及門，然亦公論非私情，并望轉致意勞年兄，切切！名心具。冲。

之四

家弟荷令兄年翁之知，佩曷可喻！兹又有鄉試敝同年金罍者，令江右之南豐，丁憂已久，任内經手未結，羈留至今始歸，服闋起文赴補。其遲延之由，文中已詳，恐貴衙門或有苛求，望門下主持。其人貧窘病困，沿途持鉢，始能北來，不能飽胥役之欲，明矣，所恃仁人能原其苦情也。不盡。名心具。冲。

之五

駱雷庵尚滯江都，聞經手無甚葛藤，而新令不接交代，向不佞曾面言之，未審何以留難至今？昨有字來，求門下草數行致之。旦夕即有公車者南回，望付一札來，切囑其早令雷庵歸里，亦仁人孝子錫類之義也。餘不一一。名另具。冲。

之六

睽隔兩經寒暑，停雲之誦，曷能已已！遠煩注念，寄以德音，知苫廬平善，慰懷可言！又見書法益進，酷似趙承旨，尤覘門下里居，勤於問學也。轉瞚即吉，佇俟握手。至見示家傳志銘，讀之忻慕，如睹尊公年翁風烈矣。扶溝、上蔡二令，前已面致撫軍。草草附復，并謝不宣。名另具。冲。

之七

歲月不停，别遂三載。令弟及使者兩寓手書，適值不佞有炊臼之悲，福過災生，煢煢孑影，衰遲遭此，殊難爲情，致未及與令弟年兄一叙情好，至今忽忽未能釋也。幸聞即吉非遥，握手可待，但迂疏如不佞，或旦晚拂衣，又阻良晤，未可知耳。吴越之遊，此時亦頗不易。吴撫吴臬，已草兩函寄上，吴藩昨已有先之者，越撫因舍侄在其部下，屢有相煩，不便又瀆，統惟心亮。承示詩集，甚慰渴思，近體尤望惠教。哀冗中，草草不盡願言。辱雅貺，并謝。期名另具。冲。

之八

十餘年來三經悼逝，即奉倩、安仁，無此慘酷也。自傷命薄，聽之彼蒼，若太上忘情，未能幾及。煩門下手啓篤至，佩之五中。屈指鋒車，脂轄有期，何復以足疾少稽？幸善攝早瘳，即圖就道可耳。扶溝不善作吏，中州人皆知之，今未審誣控何事，問來使，答以不知。王子厚云，此事已久，然究竟茫然，奈何？容另思所以致之，恐不能終保無虞也。臨筆馳切。期名另具。冲。

之九

僕迂疏無似，謬躋崇班，十餘年兢兢自謹，恐負先帝之知，而才術短淺，無善可稱，積罪叢愆，宜膺譴罰。歸里之日，荷諸兄古處之誼，榮施道左；戀戀逐臣，伏處田間已將一載，未嘗不服膺高雅也。前聞選入中秘，深爲忻躍！此席在今日稱仕宦捷徑，所至正不可量，惟門下勉之耳，此賀！僕固陋不文，拙集實爲災木，近已置筆墨高閣矣。門下之才，可并驅歷下，白雪樓當不專有千古。佳卷領到，望示新篇，以破山中岑寂，切切不盡。名另具。冲。

之一〇

里門三歲，時念故人，道阻且長，停雲曷已！中秋後勉驅入都，一拜闕廷。前度劉郎，觀桃如舊，而自顧年届始衰，顛毛種種，憂患之後，智慮摧頽，雖逐鵷行，已不堪世用矣。京邸冰霜，仍如羅雀，幸及門數子每相過從，獨門下遠隔江關，唯頻晤仲調白年兄一談，動定如面對耳。兹辱翰教，具悉雅注。金陵有濮仲謙，善製小竹器爲文房佳玩，其人已死，其器尚有存者。又見近人製小竹酒杯亦雅，望留意各爲購數種，亦齋中譚讌之助也。草復，不及縷縷。名另具。冲。

嚴沆（三通）

之一

別來忽忽，遂已月餘。離索之日，倍覺其長；入夢之途，彌增其遠。頃奉手教，忻慰均之。訊來役，知道履佳勝，乍晴天氣，興趣更多。僕一署蕭然，喜無塵事，儘可讀書，所恨精已銷亡，惛惛不記，整日埋頭，都無所得，可爲知己告耳。來人述諭，日内正在胸次往來，計非楮墨可達。初十後，當一入都門共計之。率復，不盡欲言。名另具。左餘。

之二

自到潞河，整日與藥裹爲緣，偶一入都，即困憊而返，未圖良晤，深切惓惓！兹有啓者：鄉試敝同門之子，遭家多故，流離不堪，今幸貢入成均，教習已滿，得考一正印，則其一家尚有苟延殘喘之望。僕生死關情，不得不爲呼助於知己，伏望俯鑒微忱，不同泛托。并非不肖私心，上累清聽，特爲垂憐而援引之，感且不朽。倘在同人案頭，亦祈特爲轉致。賤體小瘥，即圖泥首。伏枕草，不盡欲言。名另具。冲。

之三

北地早寒，秋風加冽；適館未謀，禦冬何計？言念旅次，不勝怦怦，不祇疏闊爲惓切也。新詩高渾肅穆，真得黄初以前風旨。近時作者，拾人牙慧，便付棗梨，而宗盟風雅，未布國門，亦詞場憾事也。故以薄俸爲倡，望早授剞劂，用慰同人，至切至切！弟沆頓首。

勞之辨（三通）

之一

分袂忽幾三閲月矣，想念之私，與日俱積。老年兄近况，必倍獲清勝。弟迂拙性成，别後絶無佳狀，唯存一矢公矢慎之心，無慚屋漏；而闈中任勞任怨，種種非筆所能盡。撤棘後，地方諸公因王師移鎮，奔命不遑，視吾輩一差，真屬贅旒。即往例，又格於廣文諸公，静候匝月，稍有成緒，然幾减半矣。弟刻下暫返里門，抵都之期，當在仲冬。先令小价輩於諸先生處，稍展寸私，百凡望年兄鼎力，一概包荒，感何如之！但小刻携帶爲艱，已會一肆中，恐一時未能入手，并祈婉言先爲道意。劉潛老處，亦有小札致之矣。前所委尊函，已面交蘭老，但此君未知何以作報章也。專此布懇，臨楮瞻切。弟名另具。左冲。

之二

葭灰應律，緌綫添長，正老年兄新祉方升時也。憶初夏奉擾佳園，快領麈教，轉盼又逾數月。弟每思捉筆苦吟，爲杏壇别闢作一首唱，但丘壑烟霞，弟亦有此錮癖。見老年兄金昆玉友，獨享此清福，不覺夢寐神遊。第恐風塵鞅掌之餘，率筆了此公案，反令泉石笑人，故逡巡藏拙耳。刻下三年之局，弟已報竣，雖當事者亦有雅意，但弟從來時命自安，且捫心亦無善狀，承知已注念，惟有中心藏之而已。奉祀三詳，俱已如命迅發，想簪花釋奠，可不誤佳期也。《試牘全集》，係弟三年心血所存，秋闈獲雋者，大率前列居多，謹以一册奉政；又一册乞致令兄老先生，均望有以教之。承惠多儀，謹登一種。使旋附謝，不盡瞻戀。弟名另具。左冲。

之三

承乏三年，備承教益，匆匆南發，離情别緒，楮墨難宣！至弟守拙才疏，當事之知，已屬過分，何敢萌一毫妄念耶！承諭祠生，謹如命頂補。諸生衣頂，近奉部文，通行嚴飭，新歲總未批發，既承來教諄切，當留至交代前，商所以報命也。台愛重叠，附謝不盡。弟名另具。左冲。

謹領款爵，餘儀附璧。謝。恭候台禧。年眷侍弟勞之辨拜。

董訥（二通）

之一

拜别時，過承至誼肫篤，感深五内，雖身居天末，無刻不神馳左右也。弟冒暑長征，曉夜馳驅，所過崇山峻嶺，皆人烟稀少，行路維艱。詎意抵滇，人情大變，皆外柔内險，落落難合。藩王既不照拂，地方毫無情意。蕭條萬狀，去國懷鄉，不敢爲年兄盡陳，恐增年兄之遠念也。弟仰年兄爲泰山北斗，望於格外周全，弟不敢忘大德也。不腆將意，托孫太夫子致上，幸賜涵納爲禱。别諭已多方求之矣，滇南無可取者，先托人於湖廣覓之，料自得當，必不負委也。諸夫子及諸同人前，皆不敢空函致候，愧悚無地，年兄晤時，亦不必言小力之入都也。敬候近祉，不盡神馳。弟名另肅。冲。

之二

别後忽忽居諸，星霜兩易。每憶向時共商風雅、握手相過，何可得也。邇來長安寓邸，景况蕭屑，竿牘久疏，乃辱瑶華先及。知年兄近履安和，讀禮席苫，孝聲洋溢，式於井里，傳諸京國，何快如之！青芻絮酒，方以未得趨叩爲歉，復蒙齒謝，益增愧汗矣。天氣炎蒸，尚惟節哀强飯，以膺景祉。臨風裁候，曷任翹依！表傳領訖，并謝。弟名另幅。冲。

喬萊（二通）

之一

同年同官，又復同志。四載長安，樂數晨夕，真極友朋之盛事！至於雲誼種種，感入心脾，雖襆被南歸，而依戀左右，實未去懷。外日蘧使遄歸，有失修候，不安之極，至今猶耿耿也。弟歸里數載，蹇遭横逆，疾病連年，又值先君大故，不但形神皆瘁，亦且逋負如山，非故我矣，奈之何哉！以至一切疏闊，雖至好如年兄，亦未得一申積悃，真無復人理者矣。近知年兄亦讀禮東山，理合匍匐奉唁，乃以縮地無法，不能如願，罪歉何似！祭章引意，惟鑒宥之。刻下聞舍侄自盂縣歸，取道東平，遂爾被盜，亦不幸之極矣！而當事者反以打詐爲辭，希圖諱盜，真亦無良之極矣！青天白日之下，稍有人心者，忍爲此乎？幸賴年兄力主公道，加意照拂，弟可恃以無憂，而高厚之愛，銘之五中，没齒不忘也，耑力奉謝。但此事已至於此，贓物未可必得，不如捨之，但得脱然速歸，則佩台愛更深矣。一切皆恃福庇，非筆所能盡也。臨池北望，神與俱往。恭候孝履。禫年眷弟喬萊拜。

之二

骨肉兄弟，離群七年，飢渴之思，如何可言！屈指今秋，定當聚首長安，而東山絲竹，何久戀耶？遠接手教，深感注存。弟以譾陋，濫叨曠典，所惜者，升六不與題薦，蛟門薦而不試，椒峰試而不得，若子綸，則可得可不得，無甚關係矣。年兄山居多暇，著作益富，何不賜教一二？曩日升六言，年兄欲索同人詩扇，敬以五扇奉寄，拙刻附覽。近以試事，勉力學賦，尚有賦稿數十篇，目下授梓，容另請教。銓曹日新月異，深望年兄主持，幸蚤至爲快。令兄老先生何日可到？近有論俸之説，似亦不宜遲遲也。郭子抑已從水路而來，尚未到也。使旋，匆匆奉復，不盡欲陳。臨池依依。弟名另肅。

何觀（二通）

之一

不奉教言，忽更四歲，闊别之衷，與時俱積。拜承手札，如映玉山，兼惠鴻篇及篁上新作，齋盥三復，煩襟頓滌，殊倍於空青在握，豁我病眸也。訊使者，知年兄即吉以來，道履嘉勝，日與竹林棣蕚，怡怡一堂，自多樂事。淹蹇如弟，杜門數載，苦狀百端，不意中復遘牙角；近雖彼傖悔禍，甘爲輸服，而結局尚不知何如。亦亟思赴補，但資斧不充，未有定期，我年兄榮補在即，不審能勉力爲尾附否耳？近稿書便面請教，非敢以燕石而酬隋珠，亦用以志别緒也。盛价事，悉之其人口中。佳箋如命復上，但段友久患癱症，不能捉筆，殊爲恨事，如何如何？四年伯、大年兄不及專函，統希叱致。弟觀頓首。冲。

之二

遠承年兄及諸年兄遺奠，榮被殁存，鏤刻之私，百喙莫悉也。仲夏過珂里，假榻高齋，日侍年伯杖履，并領四年伯暨大年兄提誨，誠勝十年面壁。每道及年兄分香帝座，不啻天上人！若弟泥首風塵，前途若漆，正不知税駕何所耳。癸卯拙卷，久以飽蠹，承諭勉索一册呈上。畫稿皆爲覆瓿之用，不知尚有存者否，喪次不暇搜括，容過此檢出馳獻也。貴長班至，以荒僻故，殊深輶褻，統希鑒原。舍弟囑筆致候興居，并謝存注。餘情縷縷，尚容嗣布，不盡。弟名另勒。慎餘。

鳳凰池上，定多佳什，便中寄示一二爲望。再啓。

孫光祀（三七通）

之一

朱嵩老鄉賢咨到此，朝野之所推重、年兄之所熟悉者，乞鼎語轉懇［劉］潛老年翁，賜之仁拂，［想］自樂成其美，不佞仍［當］親趨鳴［謝也］。草此奉瀆，諸容晤頌，不一。光祀頓首。冲。

之二

山公缺速，皆出年兄妙用，大爲快服！但無人乎選司之側，恐無留心催促者；今早啓奏，又未見漢官，想年兄必當尋常事托之，乞再代致鄙意一囑，求其早早移詢，則佳甚矣。餘晤悉，不一。光祀頓首。冲。

之三

敬問錦囊，想大佳矣。今有商者：此時正甫、澹庵，俸在第一第二，可得之於最早報滿者。昨澹庵來説，乞年兄即作一字與楊公祖，只云早早報滿最便，宜在十一月初旬投册，稍遲無妨。據貴衙門定例而言，自可信從，不必言及正與澹之説可也。倘得今晚賜下，與澹一看，再交提塘爲便，此澹所懇求而深感者也，候候！賤名心肅。

之四

自違教益，忽已年餘。不佞此中忘年之友，兹重、諫臣而外，闃無其人。每有緩急欲商、憤懣欲語，環顧四旁，無由可道胸臆間事。眷懷年兄，不能不增離索之感也。不佞客春以宦量已盈，時局中無着足處，冀欲息踪田里，引例言歸，而獲上未能，徒滋罪過。今惟隨俗偃仰，耐此容容，然而桂珠之呼，時復相累，公私之際，况味不佳。計年兄明年春夏之交，便當脂車入春明，庶藉以浣慰積渴；言念爲勞，蓋跂予望之矣！大雛幸售，皆叨大庇。遠承佳貺，感何可言，敬此言謝，兼候孝履。捧玩手翰，書法更覺精進，秀逸之中，結構森嚴，點畫有姿，正側有勢，造微入妙，可以名家矣，珍服珍服！草此布衷，不盡欲吐。其已復令兄者，兹不復道，以當言者，不必再及也。諸唯心照，真切真切！光祀頓首。冲。

之五

去歲承特使遠涉，重以腆貺，金石至誼，感佩弗諼！念年兄即吉在近，日望車騎早入京華，計夏間可炙光霽，忽接手教，藹若晤言。詢令兄年兄，得知近履，爲之浣慰。若南遊，亦事之可行者，但入都亦似不可太緩。近日人情凉薄，時勢又復不易，恐往返三五月内，未必能盡遊興，惟年兄酌之。吾鄉苦逢祲歲，今遣大臣賑濟，恐又多一番支應，未必有救於饑荒。聞雪後糧價頓減，或民心可以少安耶？命草三札，奈兩轄俱無交誼，一函寄之俊升，亦不足爲年兄重也。

匆次奉復，兼候闔府納福，并祈轉致大年兄及令叔年兄，道馳切之意。盱惟心鑒，臨啓惓惓。光祀頓首。冲。

之六

日來切望年兄至京，冀得良晤，慰同心互相依倚之私。今聞脂車未果，悵歎殆不可言！想業已轉假，自當有數月之留，明春北上，似無容再計也。今省中上《編檢較俸疏》，此翁寶林倡率博學所爲。令兄世兄不知前俸多少，如早到，尚可在博學之前；若來〔一〕，則坐讓三四十人，如之何其可也。今年吾鄉厄運，海眉、龍河同時被斥，不但齊魯無色，抑且正人短氣。不佞區區老憊，其僅存者，幸耳。歸去無策，此中又落落孤立，資斧之計亦日漸衰減，正俟知己指示商確，以破岑寂。即煩轉致令兄，當命駕遄來也。駿聲已請告，此時卧雲在彼，不佞即當於家函中囑其訂交，想到時必肯照拂，度不減於駿升也。扶溝尚不知其事，容寄愬子濂可耳。拙書附

〔一〕此處顯有脱漏，《海山仙館叢書》刻本於此補一「緩」字。

笑。草草布復，并候福履，統惟心照，馳切馳切！賤名另具。冲。

之七

別後忽近一月，輒有離索之思。世兄入佳勝之地，想更添許多興會耶。貴門人遂作榜眼，舉朝羡其丰姿，真爲可喜。若非有人稍梗其間，已爲狀頭矣。順羽奉聞，并候新祉。法黄老先生，吾省大賢，可以言交，其餘同鄉之爲監司者，未可輕語肝膽也。有一帖欲寄楊鄂州，彼到任聞在四月初十，煩世兄早覓便羽寄之，再作一札更妙。廖含章忠厚有餘，罹此無辜，殊爲可憐，偶念及之，故以爲此爲意外之道地，不必令含章知也。馳切馳切！光生頓首。冲。

之八

世兄榮發後，計日抵珂里，修定省稱家庭之慶；計日抵金陵，攬雨花秦淮之勝，甚爲此行稱羡。然風晨月夕，同人離索之感，亦不能不繫於中也。晤行清徐公祖，想歡然慰故舊之思。

法黄石先生已謝事，料情况寂寥，不知交代有甚葛藤否？甚爲念之。世兄早晚相見時，爲不佞道意。貴門人爲學山年兄讀卷，同心共贊，遂得大物，誠爲可喜。張兄亦三立卷頭，雖諸君所核，故稍後之，然而亦不低也。此中事亦平平，艾長老及敝師同入少宰，澹餘爲陪，亦增吾鄉氣色，然忌之者多矣。貴房卷已見惠四部，謝謝！銅事宜商確至妥，一則滿公情愿，一則衙役不争，然後可行。如欲行之，先期寄信，以便預籌可托之人也。購訪厨役夫婦，更急於丫，惟留神爲感。晤敝館師馬夫子，其意何如？不佞字中微有所言，而語不甚明，不知解否？昨季滄韋召對，又肆雌黄，亦不知其聞之否也？附懇：江寧有一守備鄭建功，係一表侄，昨見報被參，恐無一相識之人，乞稍稍照拂，倘得稍輕，感勒無量。馳切馳切！四月十四日，光頓首具。

之九

昨貴班役之南，付數行候興居，距此數日，不曾記號；今尊札有號，甚便也。所云先一字，尚未之見。榮任之後，當與滿洲意氣相合，而又當使之有一種敬服之意；而御衙役，則更當使視之與滿不同，於正大中寓精詳，不能欺蔽，則關務易辦、政譽益翔矣，何如何如？銅斤事，使舍親略買，大約亦得八分，此係偶收，不知將來買成否，故不敢多買也。藩臺回信不多，却無清數，不曾復問，俟有確示，始敢實實布置耳。寶源尚未停，仍有此意，但終無確説耳。徐公祖留意可感，意者其在冬間乎？彼丱而此釵，亦望世兄之留意也。兩口厨亦求留意。貴宗家報，即日送去矣。如晤督，不爲密語則已，若欲問在上前萋菲之人，則滄葦者是。彼昨又言一次，所揚者淮帥蘇馬，而抑者吾師，不可不防也。如不密問，則不必言，滿性多疑，恐反爲無益矣。一切事宜，統候手教遵行。馳切馳切！四月廿六日，光生頓首。冲。亦二號。

之一〇

前貴班役及差上回音，想久入清覽。得貴宗處送到手教，藹如面語，慰慰！所謂税尚未多，此中詢之知者，云四月至十月，乃盛時也。龍江造漕之説，昨問高弗若少司空，尚不知其事，亦未別查。近有兩次字問施泰老，迄未回示銅斤清數；昨其令郎見拜，云即有亦不多也。金陵江山秀麗，可助詩情，佳咏必多，可擇其最關風物者相示乎？西清諸君，近況平安，已致世兄相念之意。惟内升不果行，而鄴老又新與柏公爲大敵，勝負殊不可必；將來諸君，日在其耳目之前，是以難處之局。屺瞻兄在鼎甲中，聲譽甚佳，又甚篤淵源之義，皆推台分，誠函丈下高座也。想間中尚有臨池工［夫］，楷［法］已精者，不宜間斷，似漸［宜肆力］行草，訪問佳帖，不妨多購也。草草奉復，并候近祉，馳切不一。六月三日，光祀頓首。冲。

之二

月餘無往來之信，懷思甚爲馳結，得一手書，欣如對語。偶恙而愈，定復大健。計此時來商鱗集，公務之暇，領略鍾山淮水之勝，賦詩紀事，誠足樂也。徐公祖至誠君子，知其必爲留神。所煩婢、厨，二者均不可少。厨有婦，始爲可久，良是，不妨緩之，總是世兄還京時，帶至爲便耳。允老爲人無情，大不可交；蘆蕉譎甚，亦不可與深言，且不宜以脱略取忌也。鄭弁之弟，既知吾輩之厚，恐急難中有稟相通，宜諭令勿然。形迹不可不慎，相機暗中一爲之足矣。買銅無多本，僅發二百金，算來竟在八分二三釐間，不知購者虚實若何；且其中康熙錢甚多，除此餘錢無幾，可奈之何？若鎔之，則其工、其地，又費商確。東藩存銅不及萬斤，其餘皆辦買之數，恐將來衙役怨不經手，於交局時通同駁勒，俱應預爲籌度者。水脚尚未知所需若干。此已買之銅，乃京内外價，尚未試吾鄉貴賤，大約不佞自揣力量，可任三四萬斤，多則不能。其買銅批文最要，所托者非一路，須各付一張，始不虞盤詰耳。近貴宗藩伯，先施投交，其人經濟才也。草復，兼候近祉，馳切馳切！七月廿九日，光頓首。冲。

之一二

買銅之信，前已寄去，記係前月，想此時將到也。寓京數年，始得循補，非補後則不能謀退局，故爾癡等若此，不知者以爲難退易進之小人矣，言之可發一笑。承遠貺，感謝感謝！銅限定報滿後，兩月全完，立法甚嚴。今鄭澹庵被參，正在此講説，甚苦京内外全無采買處。昨汪茗文已完，連脚價遂費至每斤一錢，亦係自買，覺其太多，俗前所收銅，約每斤八分二三釐。聞藩司原價，亦有八分，尚未問其清數也。將來意欲承買四萬，爲世兄分勞，多則不能。定於運至德州，或問子綸閒屋，或煩金父母借地，俱無難事。今連藩司者，已將近二萬，期於明年二三月買完，在德州等候。連脚價似每斤得八分半光景，多亦不至相懸。如有餘剩，算清存繳。如世兄有爲生代買之物，照數扣留可也，期比他人稍省，始慊余懷耳。其餘十月上旬到此始便，恐往家轉發費事，欲與泰公祖對支，若彼計費一到，則不能對矣。買銅執照最要，留意留意！季報册投部科，其官禮若干、司役之費若干，宜密示一數，以便詢問，看其得實際否。今即向若老及震生一言，容知數後，仍當一對，甚便於後來也，何如？易、澹兩處，當轉致相注之意。書辦用土著，不過紙上具文，大略防人相挾，離關二三十里，亦可用，當取地方官印結爲妥耳。鄭弁委係表侄，若見署臬，乞轉致云。不佞原料既係鄉里，遇赦之事，儘可從寬；又經世兄鼎吕相囑，知爲舍親，定當稍存情分，不意嚴駁若此。不日當求海眉親家字相懇，早做一情，不意〔一〕盛德陰隲之事乎？十月内，當到一江寧知縣吴汝亮，係敝同年最相厚者。其人才品，綽可勝繁邑之任，但今之爲令甚難，惟世兄凡百提撕卵翼之，至望至望！廖含章忠厚好人，代人受過，可憐！想可遇赦保全，但未必有昭雪之力耳。石竹齋最上等印色，求寄三四兩，分外多盛印油兩餘，欲備用，以有最好印色將乾也。詳悉布衷，不覺過俚，惟心照，不一。馳切馳切！八月廿六日，光祀頓首。冲。

〔一〕不意：「意」字應係筆誤，當作「亦」。

之一三

奎言不叙。今買銅連濟上者，已得三萬四千餘斤，其餘四下采買，據言頗難，然愚意欲足四萬之數，不敢食言也。但廢錢内多有康熙字者，吾輩雖申飭之，亦不能查，恐不能不費調停耳。對銀須紋，泰老將來，有人在此驗收，即换廢錢，亦論成色也。在京收銀，在濟南發銅，銅秤自不得輕。恐早運至德州，無人看管，須得買完，與貴役剋日在交兑，始爲妥便。意此當爲明年正二月間事也。女子可得其人否？或一或二，亦不必多，惟厨子夫婦要緊。昨徐公祖代買小厮二名，甚感，但其一甚小，不能學歌，如世兄覓有年十二三以上、十六七以下，貌美而喉清者，爲購一人。其用價若干，自并厨婢銀同扣繳上。然此一宗猶可緩，必佳者乃妙耳。草此寄復，不盡馳切。十月十二日，光祀頓首。冲。

之一四

若晤法黄老致意，寄到兩札俱見矣。前説已致澹修，其所云續送到使用一項與部授受，生從不諳，萬乞別爲專托，生效奔走可耳。前賫差回，付有報章，想已入覽。今盛使到，兑銀三千四百，業已收明。法馬較此中行使平等，每定輕五錢，其銀足紋者十之七八，餘亦九七八色。在兑客中，此爲上乘，度俱可用，所差無多也。但泰瞻之萬餘，爲臨清關逼去，未免又費零星湊買。與來使相約，期與明年四月中運抵德州，不敢少怠。錢銅萬不能檢點一律，待先與工部商之，或如何收錢，或何樣廢銅，或須鎔鑄，如其所言，庶臨時不致刁蹬耳，自隨時有信報聞。法馬已增印記，樣銀未曾索看。邢命石會票，約蠟中交兑，法馬成色，交後另報。銅批存之，分發俟親繳可也。劉周奠儀，俱送訖。所謂投工常例，詢來役，與内數相合，據云甚妥，亦不便再查。讀新詩，如相晤語，慰慰！印色甚佳，謝謝！吴海嶠年兄計已上任，其初政，可教者，幸開誠示之。生近况如常，更覺酬應忙迫，全無臨書之暇，此其所不樂也。役旋，草此奉復，并候嘉祉，馳切馳切！十一月廿一日，光頓首。冲。

之一五

獻歲後有一信，由徐行老公祖函中寄去，不知已達記室否？不佞二月内大爲駁雜，背生一毒，數日間幾至委頓。今幸仗庇漸愈，目下作膿生肌，可望無事，然近况亦良苦矣。買銅甚難，然不敢不勉。托泰老公祖者，業已催之，彼有耑差，不敢久誤。其餘托親戚，有就近地采買，此時尚亦無多，俱約至四月彙送德州。果能如期則妙，若德州則不能購，將來不能在四萬之上也。銅價俱照八分半發訖，九分之説，且不必言，若將來運德脚價不足，自酌量算之可耳。購人承世兄如此留心，感感！新差不知爲誰？以病中不令傳知，恐一聞外事，不便於賤恙，醫者之言若此。見手教，待海、翕諸兄來看時，即托轉問，而囑之入都，亦不必太遲；若慮稍稍過限，路中取下一印結亦妥。鄒父母乃多事之人，與生頗厚，見時當言之。伏枕奉復，不覺溢幅，諸惟心鑒，馳切！二月廿九日，光祀頓首。

之一六

久無便羽，疏於寄候。遥知近祉清勝，念之馳結。公餘詩興若何？猶有臨池之暇耶？兹小女之僕上京，特詢福履。因前月接邵長班一稟，云王婿保舉疏於初旬到部，有「湖撫王題爲興山知縣，清廉愛民」等語。彼時欲遣人達知年兄，想爲日已久，部覆已定，故爾聽之。乃彼任中，至今無一信至，不知是真是假，殊爲增悶，懇祈留神一查。如已經覆准則妙，倘有别説，或係虚傳，亦求詳示，以慰懸懸，至懇至懇！并祈致意令兄，道相候之誠。草勒不備，惟心照爲禱，真切真切！光祀頓首。冲。

之一七

伻回，接手翰，具悉近祉爲慰。王婿保舉事，十月間，楚撫始批允，待督至會題，費如許工夫，今又停例，尚未見貴部覆疏云何。若保過與未保者無異，則前案可以寢矣。泰瞻公祖陞去，吾東大失所恃，近日省中光景，漸不如昔。往年地方要事，此公猶肯直言，吾輩公言，猶肯相信；而今而後，地方官與士夫交情廢矣，安得有正人之論，入當事之耳耶！履端將屆，年兄榮納新祥，棗餅野味，不足以佐辛盤，見意而已。致意令兄，恕不耑函。統惟心照，馳切馳切！光祀頓首。冲。

之一八

王婿回，知年兄近祉爲慰。愚自二月病目，至今百日未愈。不但眸子眊焉，抑且睆而視之，既無望於離婁之明，豈復能知西子之美。惟眼前茫茫無際，足下倀倀何之耳。可笑可憎，年兄必聞而深念之也。茲敬懇者：敝同年孟鏐，壬午舉人，見任濟寧學正，歷俸已七八年，計此後陞期不遠。乞年兄爲之及早留意，斟酌於遲速上下之間，或内而國學翰詹，或外而邑令，可免於遠醜者，兩路皆可，寬其途以便轉移。最怕者，恐淪落教授一席耳。彼有《毛詩》，業已驗貯，惟年兄之所用之，可應時而奉也。今老同年之在仕途者，鄴老之外，止此一人，甚爲關切，不得不求年兄之仁拂也。至禱至禱！閉目塗鴉，字多難辨，然而不敢倩書。諸惟心照，馳溯不一。又四月十七日，光祀頓首。冲。

之一九

數日前有小箋上候新祉，想達典籤。此時小伻尚未歸也。玆敬瀆者：藩吏趙運隆，賚計册至京，其人乃舍親也，特令專叩臺端。彼雖明白謹慎，然初膺此任，恐有未諳，萬祈年兄百凡慈拂，賜之指示，或命紀綱導引之，俾得善爲竣事，免於過失，借光多矣。至懇至懇！伏惟心照，臨啓依切！期光祀頓首。冲。

之二〇

久未作書寄候興居，馳慕不可言。八月見令弟高發，喜極距躍。家門積德之報，如是不爽，夫人奈何而不汲汲爲善也。自世兄復綜銓管，遂覺吾鄉人情平風静浪，萬頃波瀾，俱成安流，爲政豈不在人哉！不佞今年心緒最惡，益覺衰老，雖勉强消遣，與自然者終不相同，糊塗過日而已。敬候令兄納福，恕不另啓，祈致意。野味二種，聊佐辛盤，希笑存之。率略不備，諸惟心照，翹切翹切！光祀頓首。冲。

之二二

昨晚備語劉役，今早即往叩見年兄，候至入署而回。所言前後事，已洞記之。云歸即悉陳，求所以報命也。如仍欲面諭，乞使一人呼之，明日想當令投册耶？附此先聞。光祀頓首。

之二三

午餘敬候榮陞，幸勿他往，且帶陞資一千爲望。啓修來世兄。弟光祀頓首。

之二三

十三日小酌餞子相，乞年兄早臨圍談，敬此預啓。修來世兄閣下。光祀頓首。

之二四

連日未得晤教，慕甚。寶應令舍侄孫蕙，以卓異應領袍帽，不知若何領法，乞示知，以便遵領。容謝，不一。光祀頓首。

之二五

忙中有污佳扇，繳上一笑。近作附請斤政。外具扇一柄，煩賢侄大筆。又聞送梁大宗伯詩，悲壯爲諸公中第一，乞用別紙録示一覽爲感。光祀頓首。

之二六

濟上寄到一字，想爲季霖之札，敬奉上。再乞發一回單，答泰瞻施公祖。餘晤悉，不一。光祀頓首。

之二七

恭喜想已啓事耶？昨始見易老，適甚乏，其告匱不如爲少宰時，遂未便言及也，餘亦尚未得當，奈何？暫聞。光祀頓首。

之二八

連日未晤爲歉。馮老先生欲賢侄書扇送之，昨日又問，當早覔一佳扇寫送也。光祀頓首。

之二九

少宗伯曹澹老年兄一扇，求楷法爲寶，乞乘興爲一書之，借光多矣。餘晤頌，不一。光祀頓首。

之三〇

敝門人爲其母求節壽詩，猝不能得句，敢借鴻章，以文固陋。希撥冗一作，被光多矣。容晤謝，不一。光祀頓首。

之三一

陸義山尊人壽詩，愧儉腹不能成咏，乞賜鴻章，以光盛舉，感不可喻矣！如作律詩一首，更妙！容謝，不一。光祀頓首。

之三二

大雨後尚未一晤，想貴寓亦不愧屋漏耶？曾記昨年，有獻醜拙文一册，内有《墨義窗稿》，今妄意入選，乞尋賜一查。光祀頓首。

之三三

世兄得士之喜，尚未趨賀。貴房止見首卷，其餘有録出者，乞示一覽。又敝門人及親知落卷，即乞查賜，以速爲感。容謝，不一。光祀頓首。

之三四

數日未得晤教爲歉。先奉托查平陰縣援納貢監程焯，不記已送監否？乞示。再懇者：如世兄有擬吾省題，乞示一觀，甚感。光祀頓首。

之三五

小札并近作一帙，乞轉致余公祖求正。不敢往拜，并祈諒之，當於闈後投之爲妥也。光祀頓首。

之三六

昨晚遜老年兄即送此字，乃甚相愛之意思也。所云宜稍遲，亦是。再此奉覽。昨卷乞早動筆，用印賜下，以便完此一事，復之以慰其心。光具。

之三七

前走謝，未獲晤教爲歉。今柯岸初都掌科委作太夫人壽詩，捉筆不能成句，萬乞年翁不吝鴻章，代作一首，感之不盡。至禱至禱！光祀頓首。

陸祚蕃(一通)

龍門千里,信使殊疏,唯西望紫雲,時深懷結!茲荷老年臺不我遐棄,翰貺遠加,渥甚殷情,彌慚疏節矣!本擬馳候興居,緣知榮發在邇,尚期耑介長安,布展賀悃。寵錫敬拜一種,心佩明德無窮[矣]。別諭謹心識之,憑穎感切!弟名單具。慎餘。

周襄緒（一通）

山莰接袂，信宿荒齋，嗣伫王猷雪棹，再叙離索，而征帆迅渡錢塘，不識台旌何時北指也。日緣冗雜，未獲走别江干，耑伻馳送，懷念依依！貴通家處叨及齒芬，定當雲誼關切，謝謝！宅報已囑小傔携送矣。弟望後將有閩行，前諭楊札，未審可及帶去否？如有緘發，不敢浮沉也。朔風珍重，憑楮不罄。弟名另具。冲。

陸　棻（五通）

之　一

適間奉叩，不值爲悵。敝咨郭扶老以保債事，復結訟於司寇之庭，一二日内，未能入署。乞年兄爲之包荒，感荷推愛匪淺，扶老自當面頌大德也。特此布懇，不一。修老年兄大人。小弟棻頓首。

之　二

弟寢疾數日，今早始能啜粥。尊恙想已霍然耶？前札至失答，又不獲奉候爲罪。家兄館事，仍望年兄玉成，不敢以煩他友也，可否，幸裁示之。修老年兄大人。小弟萊頓首。

之三

偶過沈康老寓齋，得讀瑶章，知爲謫仙後身，敬服詞壇領袖矣，未識肯慨賜一册否？春風蕭寺，名卉奇松，近咏必盈箱，并求惠教。舊刻數葉，自慚鄙俚，引玉爲勞，不敢藏拙。錦旋何日？尚容趨送。小弟萊載拜。

之四

偶有舍親到寓，不能趨叩。若佳章可以賜讀，甚快甚快！否則明早當造尊齋也。修老年兄大人，小弟萊頓首。

之五

今歲同年壽分皆已不出，蓋因舊年一週，彼此往來已遍，弟亦不敢獨異耳。王夫子杯分，仍祈補足何如？候候。修老年兄大人。弟菉頓首。

譚吉璁（二通）

之一

來諭領悉，明日出署，即到彼奉候也，特此復。原札附上。弟吉璁頓首。冲。

之二

《春秋》題，從來二單二傳，至傳題，皆兩比，從未有一句者。蓋石門與胥命瓦屋合，若與別合，經旨中不載也。順天新榜，舊例必已查確，乞明示，切感切感！特此。甯母節無傳，主尊王通貢，向爲《左傳》題，今不用矣，并及。弟璁頓首。冲。

李楷（四通）

之一

詩序：聖賢删詩，其作詩蓋甚寡，尼父《龜山操》諸篇，復聖未聞也。予讀孝廉詩，感神明之胄，時中之學焉。古無律詩，而後世有之。宋儒有言，孔子未免應舉，然則家訓可作，詩亦可爲。孝廉工於詩，而尤絶口不談詩，視矜夸學杜之輩，汗背沾濡，此先聖之不伐善、不施勞，人之所不能及者也。七律在唐人之間，恐唐人亦有所不及矣。河濱李楷草書。

之二

尊照并大集，草草題就，深愧不文。小册反叨高咏，真抛磚引玉矣，謝謝！梁溪錢礎日兄，諱肅潤，即秦對巖太史受業師也，有《古文瀫》之選，將次成書。其館在敝府楓橋，得便一訪之，何如？率復不莊。名單具。冲。

之三

先生見贈之詩，奉爲至寶。呈序時未見此柄，所以未謝。今大作已梓，拙言無所用之，正欲暢言尊撰，區區急就，戔戔短章，何足存覽。場前以小兒考試，當至青門，别爲弁跋表章作者。小巫神盡，不敢不勉耳。方伯公祖愛我，然不敢恃愛而作不通之事。前以董畫供清賞，此畫原主，乃一不通世務之人，且將官也，以爲畫係家僮盗出，康國泰原以寄賣，與價買到，二年餘矣；告赴長安，斷給原主，畫在署中，懇求擲下，異日負荆請罪，不一。弟名單具。冲左。

之四

昨面請大作，幸可備示。今者爲五言古詩，以將嚮往，倘肯和我爲感。尊作容以小序上也。修來世師表。楷頓首。

李嗣真（一通）

報國分袂，屈指四月，每一念及，恍有塵世之隔。則以弟與年兄，情義之感真如水乳，雖一日三秋，而況四更蓂莢也耶？歸來窮愁落莫，無一善狀，鷄啼蛙吟，皆引愁緒。獨是飲食夢寐間，常有一頎然而長、輶然而笑之人，如爲晤對、如爲嘔歌者。動静言語，心能貌之，即弟亦不自知其所以然矣。閑中欲爲歌行一首，以紀吾兄弟遇會之始、忘形之雅，以及思念之切。拈髭搜韻，而愁懷亂之，迄今未成。如漾空遊絲，引緒不及數尺，而微風斷之，終無尋常之觀。如此景況，良可慨矣！及静中微思，求其所以之故，不過一窮，遂能造詣至此。古人云，詩必窮而後工，何弟遂窮而至於無也！吾兄近況，不知何若？想米珠薪桂之場，亦未必不至攢眉矣。老嫂到否？卜居何所？近日有何善狀？便中望示知之。陝中貴同宗，曾求幕中人，歸與家君言之，意欲一往，求吾兄一贊其間，不知可否？如稍可爲之，望老兄極力慫恿爲妙也。如貴同宗有概允之意，其中周旋，亦望吾兄先爲之地。蓋泄柳申詳，所以安身之道，應如是耳，想年兄亦必代弟爲謀也。相望之意，累紙不盡，旅次匆匆，不勝神往矣。敬上修翁顔老年兄閣下。弟李嗣真頓首拜。

吕　綵（六通）

之一

兩次污素糸，方悚仄未已，復承重委，敢不赧面報命，但恐有損諸葛公盛名耳。明蚤書就，來取可也。佳什已得杜髓，游夏烏能贊一辭哉！示我指南矣，佩服佩服！晚綵頓首復。

之二

連爲病縛，不得過晤爲恨。三舍弟已於初十南旋矣，過蒙寵賜，感甚感甚！兹有友人張兄，工部咨文已於十四到貴部，祈推分蚤咨送監。天寒，貧生思歸心切也，囑切囑切！容面謝，不既。前孔生已邀照拂，并謝。顔老爺。豀晚頓首。

豀今寓報國寺舊寓馬公處。

之三

出場後，賤恙更劇，遂不得趨謝也。尚有要言奉商，俟遲一二日再面悉。兹以敝友人之子入雍，聞今日户部咨文到貴部，求推分即命書役移咨，蚤一日，則見台愛矣。容面謝，不既。豀頓首。

之四

屢造謁，屢相左，耿歉耿歉！豀今以乏資難歸，暫完館事，館在城内王府二條胡同筆帖式王名信家。豀之屢屢奉叩相商者，無他求，爲謀一讀書地。新正後，諸學使俱换，能於新公處一薦，得借看卷理我舊業，則感德寧有既耶！秘之秘之！此啓。晚豀頓首。

之五

向爲吕年兄奉懇當事一函，因吕年兄行迫，未得就緒。昨又有字來索，祈年翁便中即爲草出，一可完繇口面，二亦可少爲年翁生發，幸慨賜爲荷。繇十三蚤必行矣，再圖晤謝，不盡。倘恐有誤，繇當立字爲質也，其名空之，再填可耳。修翁老年翁。繇頓首。

之六

在都屢承厚愛，感感！出都時，曾兩辭台階，并求當事一函，想尊冗未得慨發；後匆匆策蹇，弗獲面别，至今耿耿。法帖釋文，向未録完，笥中又檢得一册，附寄去，其餘當另呈也。行人甚迫，不多及。令兄先生，幸叱名。十二月初六日，繇頓首。冲。

譚吉瑄（三通）

之一

今日當往拜，并看令叔先生；聞今日大駕進城，故復中止；明日上行李，想亦不能來園；十七日無事，同令叔先生來，聚談半日，亦快事也。天涯知己，會晤良艱，知有同心，故不敢以套帖奉請，定當笑而諒之耳。何如何如？此上季翁先生、修翁親臺均覽。小弟瑄頓首。

之二

旬日不辱過臨，想望不已！命老傳愛諭，想已達之徐公祖乎？今姑看其自處若何，再當以字往聞耳。向所云詞林胡璞老，欲求允老相爲之意，爲其有北山翁淵源之自也；親臺常相見，仍求一言先達之。弟畏熱不能往晤，即拜之，亦未必即會也。何如何如？今因清源柏老親翁，慕高雅而請教，敢以字聞。天涯戚里，一見如故，轉覺弟言之爲多也，一笑。暑瀉草草，幸亮。弟瑄頓首。

之三

弟自初三日擾回，即重傷風，鼻塞痰嗽，至今尚未豁然。是以聞令叔先生違和，未得躬候爲罪也。因思令叔既來，當爲設處歸資。仍以前日勞帖所送之程舍親一事，再煩一札致之，願照許虞老之數，爲令叔車馬之費，此亦不勞而得之也。弟亦可自往一囑，特爲尋事不出，巧爲親臺一力耳。如可行，乞呼舍親入内，細商行之；若公冗未暇，可命趙掌家持尊帖來舍，當面議妥確，而後入告，斷不浪漫從事也。何如何如？令叔若愈，祈過舍一歡，幸致聲。附香圓八枚，用見同香之意。弟瑄頓首。

黄 垍（一通）

接手教，知老年伯捐館舍，可勝震悼。尫羸之餘，不能趨吊，亦未遣一价少伸鷄絮之誼，殊覺愧懼交集也。伏讀行述，撫膺嘆服。老年伯生平慷慨忠孝，真足千古；且子姓繁多、簪笏濟濟，天之報善人可爲厚矣！孔老年翁以聖裔高賢，爲東方師表，墨人士仰賴實多；世兄亦復英年磊落，是皆欲數共晨夕者。惜病卧蓬蒿，不敢辱先生長者之駕。然令德高風，子弟輩且口道之矣，容小愈，即當負笈請教也。壬子秋，蒙年兄遠惠詩箑，未獲答和，今復垂清問；五年之内，兩承慰藉，而狼狽如初。感念疇昔，惟有伏枕浩嘆而已。弟病中無所事事，里曲巷謡，聊以自遣，乃令大巫見之，已使我頹然喪氣，而猥云必傳，得非愧我乎！年兄讀禮家居，暫終喪制，公孤重望，朝廷方虚左以待，千秋之業，是在今日，弟且拭目俟之矣。蕪詞一闋，書箑呈教，惟斧削之，便中賜和爲感。臨楮曷勝馳結！弟名肅具。慎餘。

黄敬璣（三通）

之一

小兒歲内過擾郇厨，深爲感勒！當兹春光明媚，知新履佳勝，愧病軀家食，不能共領略長安花柳耳；倘秋間得愈，即當躬侍言笑也。兹因蜚公丁年翁之便，率勒奉候。蜚公與弟相知最深，今違限數日，恐有未便，乞親臺多方維持，即弟身受榮賜矣。又聞前歲誥封，已有頒行者，仍祈留神爲感。草草空函，幸惟台鑒。臨穎北望，不盡欲言。賤名另具。左慎。都中凡事，俱祈照料，又言。

之二

玉律乍回，椒觴初獻，親臺茂祉誕膺，百福駢集，不蔡可知也。弟以十年客寄之身，今得度歲里門，聊可自慰，但遥瞻燕門紫氣，未免時切顒注耳。兹因唐帝老北上，附此奉候。帝老有事都門，倘可爲之周旋者，祈親臺多方指南。至於長安一切事，有可相聞，乞頻爲示知，俾草野閑人，得與聞京師近事，感佩無量矣。蓋總河李提塘處，有弟報本，可以頻爲郵致也。總河清正和平，一切體統，俱循漢人舊例，東土自此有福星矣。附聞，不悉。賤名單具。冲。

之三

兒輩入都，叨蒙雅愛，奈不才有負栽培何！弟擬今歲北行，而又以小恙滯留，明春當面領大教也。兹因羽便，率候近禧。兒輩落卷，借仗鼎力查寄，其中或有小費，亦祈親臺代用，即奉償也。連後場查出更妙，如止前場亦可。草此奉懇，統惟丙照，不悉。

東野雲鵬（一通）

寒門幸叨帝眷，恩至渥矣，而諸務周全者，實出自老親家培植，以湊成一代盛典也。前拜讀瑶翰，深感垂念，銘刻高深，曷云所報耳。小兒赴都多日矣，凡部疏議定之事，想已妥就，但祭田一事，本省藩司甚屬掣肘：其所撥之地，盡係水窪山岡、千年不茅者，若不乘今煩爲改撥，恐致後流爲虚具。至於修廟估計之物價，與附廟户役之數額，俱尚未有定論。總之弟族蕭瑟，諸道所司，一無以應，故致施發遲遲耳。惟望老親家終始周全、鉅細照拂，則老親家之弘仁大義，當與盛世之殊恩，并垂於千萬祀，而子孫實世世受其賜矣。肅此布懇，不盡欲言。臨池曷勝瞻溯之至！名正肅。冲。

魏煜如（一通）

久未覲芝眉，五内殷切，梟趨莫由，徒深葵傾耳。恭聞親翁德望日望〔二〕，賢聲茂著，金甌之卜，應即在指日間也。兹因犬子入監，躬叩崇墀，其一切事宜，伏乞多方指示，曲賜玉成，骨肉至愛，當永矢弗諼矣！附具八行，恭候鴻禧，不盡闊悰，統希睿照。臨穎無任馳依。生名正具。左玉。

〔二〕 德望日望：後一「望」字，海山仙館刻本改作「隆」。

顧炎武（二九通）

之一

仙舟一晤，良豁積懷。王程靡及，不獲攀留信宿，以罄願言，猶爲耿耿耳。所寄書板，乞付去伻。《家訓》如命勘正，容於秋仲入都面奉。率此附候，不悉。弟名正具。冲。

之二

弟向日録有《古今集論》五十卷，頃宄李劉年翁延弟至署，删取其切於經學治術之要者，付諸梓人，名曰《近儒名論甲集》。因此淹留，尚有旬月。如貴地友人家有鄴架之藏，欲一就觀，且得以晤言講習，尤幸事也。日下欲借《唐荆川稗編》第一套抄録幾首，未知可轉覓否？大小阮才名已達之當事，如便中至郡，可投一刺，極相企慕也。新詩并乞惠示，以便奉揚休譽。燭下草此附啓，不盡。吉人、超宗兩社翁，并希叱致。弟名正具。冲。

之三

去秋得接光塵，恨首路匆匆，未獲信宿之留，以聆微言而商大業。至於四方同人，遥相問訊，無不仰贊鴻才，以爲今代復有知十之姿、庶幾之品也。仲春偶過兖署，未得親詣闕里，再侍雅譚。專伻賫所刻《韻譜》，呈正大方。至前日所留《詩本音》稿，係未改定之書，其中有舛誤者，姑寫二條附上，閲過粘卷内付還，它日當携全書奉觀，更求指誨耳。率爾未盡。弟名正具。冲。

之四

弟以今六月至雁門，時李君天生自關中來，言修來社翁在方伯署中，不多會客。初秋入都，而敝鄉沈繹老亦自關中來，交相推許。計太華、終南之勝，二崤、函谷之阻，周、秦、漢、唐之迹，并已收而載之行笈矣。山史兄及楊、王兩敝門人，并得一見否？石珍社翁想閉户著書，卧遊五嶽，胸中當别具一丘壑。而鴻文大製，日新富有，則兩君固并驅中原矣。弟頃至岱下，俟主人之歸，即過兖郡。先此奉候，并問秦中諸子消息。所留《詩本音》，乞付下，已大加删改，將以新本就正也。諸容面悉，不既百一。弟名正具。冲。

之五

老年臺既晋秩寅清，而令兄復駿蜚東國，凡在知己，莫不欣忭！弟以訟事未了，尚缺叩賀，兹有德州方山謝年兄入都，附此申候。方山爲内院清義公之冢嗣，翩翩文雅，更能熟於古今，少年中鮮其儔匹。屬以蔭職赴部，一切仰祈照拂。緣弟夏秋主於其家，昕夕對譚，心所歸依，唯在門下；至於居官涉世之道，亦望時時提命。貴鄉才俊，可爲後勁，不俟弟言之畢也。冬杪圖晤，不悉中懷。弟名正具。冲。

之六

在都時，極荷惓惓之愛。今姜元衡扳及弟名，具題請旨，弟已赴濟南投到矣。先有一札致譚年翁，業詳此事始末，念知已聞之，必倍懸切，謹此布啓。前沈天甫所指造陳濟生逆書，有序有目，有詩有傳，原狀稱共三百一十六葉。今元衡所首之書，無序無目無詩，止傳一百餘葉，知部中原書已毁，删去天甫狀中已經摘出者，稱另是一書。據元衡《南北通逆情由》一揭，欲借此書另起一大獄，而羅書内有名之三百餘人於其中，以翻主僕名分之案。不知就此百餘葉中，篇篇有濟生名，則即此一書之明證也。奉旨爲沈天甫指造之書，即已故之陳濟生尚屬誣罔，而况餘人乎？弟敢不惜微軀，出而剖白此事，尤望大君子主持公論。此札仍乞傳與譚年翁一觀，并以告諸吴越之同聲氣者。《廣韻》留程宅候取，不盡。弟名另具。三月四日。

之七

康熙七年二月十五日，在京師慈仁寺寓中，忽聞山東有案株連，即出都門，于三月二日抵濟南，始知爲不識面之人姜元衡所誣。姜元衡者，萊州即墨縣故兵部尚書黃公家僕黃寬之孫，黃瓚之子，本名黃元衡。中進士，官翰林，以養親回籍，揭告其主原任錦衣衛都指揮使黃培、見任浦江知縣黃坦、見任鳳陽府推官黃貞麟等一十四人逆詩一案，于五年六月，奉旨發督撫親審。事歷三載，初無干涉，忽于今正月三十日撫院審時，稟稱有《忠節録》即《啓禎集》一書（元衡口供：《啓禎集》二本，皮面上有舊墨筆寫「忠節録」字樣），陳濟生所作，係崑山顧寧人到黃家搜輯發刻者。咨行原籍逮證，據其所告，此書中有黃御史（宗昌，即坦之父）傳一篇，有云「家居二年，握髮以終」，以爲坦父不曾剃頭之證。有顧推官（咸正）傳一篇，有云「晚與寧人游」、有云「有寧人所爲狀在」，以爲寧人搜輯此書之證。不知此傳何人授稿、何人親見、刻板見在何處、此書得之何方，而就此「握髮」一語，果足以證已故二十餘年黃御史之不剃頭否？就此「與游」二語，果足以證寧人之即顧寧人、又即搜輯此書之人否？且讀邸報，此書已于六年二月曾經沈天甫出首矣，請略言之：

昔湫郡有陳明卿先生（諱仁錫），以壬戌探花，官至國子祭酒。好刻古書，有《資治通鑒》《大學衍義》等書一二十種行世。其子濟生，亦好刻書。濟生已故，有光棍施明者從海外來，與沈天甫等合夥僞造此書，假已故陳濟生之名，而羅江南北之名士巨室于其中，以爲挾害之具；又僞造原任閣輔吴甡一序，以騙詐其子見任中書吴元萊。奉旨圈議，部議：書内有名之人共七百名，内有寫序寫詩譏傷本朝之人五十餘名，合行查究。奉旨：沈天甫、夏麟奇、吕中、逃走之施明、未來之吴石林及代主控告之葉大等，合夥指造逆詩，肆行騙詐；雖稱逆詩從海内帶來，茫無憑據。又云編詩之陳濟生，久經物故；而從海内帶詩之施明，又經逃走。此等奸棍，嚇詐平人、摇動良民、誣稱謀叛以行挾害，大干法紀！爾部即將沈天甫、夏麟奇、吕中、葉大俱行嚴審，擬罪具奏；逃走之施明、未來之吴石林，俱着嚴行緝拿，獲日，也着擬罪具奏。刑部審得沈天甫等供稱：騙詐吴中書銀二千兩，未給；將此書出首，欲圖三品前程是實。奉旨：將沈天甫、夏麟奇、吕中、葉大四人，于閏四月二十二日押赴西市處斬。施明、吴石林緝拿未獲。今元衡所首之書，一百二十餘葉，與沈天甫之三百一十六葉者，雖删去頗多，而詩即《啓禎》之詩，傳即此詩之傳，編造之人即陳濟生，其爲一書，不問可知也。恭繹明旨，不直曰編詩之陳濟生，而加以「又云」二字，「又云」者，據沈天甫之所云，是已故之濟生。聖明猶燭其誣罔，而元衡欲以此牽事外之人，而翻久定之案。其《南北通逆》一稟云：「據各刻本，山左有丈石詩社、有大社，江南有吟社、有遺清等社，皆係故明廢臣與招群懷貳之輩南北通信。書中確載有隱叛與中興等情，或宦孽通奸，或匹夫起義，小則謗讟，大則悖逆。職係史臣，宜明目張膽，秉筆誅逆，故敢昧死陳揭。逆刻種種，罪在不赦。北人之書，削我廟號，仍存明號，且感憤乎鴟張，虎豹乎王侯；南人之書，以我朝爲東國，爲虎穴，以僞王爲福京，爲行在。北人之書，曰斬虜首（黄培刻《郭汾陽王考傳》中，有「斬首四千級，捕虜五千人」，乃子儀敗安禄山兵紀功之語）、擁胡姬、征鐵嶺（黄培詩有云：「怨女金閨裏，征夫鐵嶺頭」）、殺金微，又有思漢威儀、紀漢春秋；南人之書，有黄御史握髮一傳，又有起義、有舉事、有勸衡王倡義及迎魯王、浙東王、上益王等事，又有吴人與魯藩舟中密語，又有平敵將軍、有懸高皇帝像慟哭及入閩、入海等事。北人之書，有《含章館詩集》《友晋軒詩集》《夕霏亭詩》《郭汾陽王考傳》；南人之書，有《啓禎集》（即《忠節録》）、《歲寒詩》、《東山詩史》、《仿文信國集子美句百八十章》。其北人則黄培所刻、十二君唱和序跋等人；其南人則《啓禎集》所載，姓名籍貫俱在刻本中，約三百餘人。」是元衡之意，不但陷黄坦、陷顧寧人，而并欲陷此刻本有名之三百餘人也。不知元衡與已斬之沈天甫、逃走之施明何親何故，何以得此海内帶來之書，而前唱後和，如出一口？其與不識面之顧寧人、刻本有名之三百餘人何讎何隙，而必欲與黄氏之十二君者一網而盡殺之？推其本意，自知以奴告主之罪，律所不赦，欲别起一大獄，以陷人而爲自脱之計，遂蹈于明旨所謂「嚇詐平人、摇動良民、誣稱謀叛以行挾害」者而不覺也。天道神明，不僭不濫，今于三月四日，束身詣院投到，伏聽審鞠。至教唆陷害，别有其人，尚容續布，統惟詳察。江南布衣顧寧人頓首。

之八

魯公書《家廟碑》《多寶塔碑》《争坐位帖》，俱在西安府學，俗所謂碑洞者；其所書《郭敬之家廟碑》，在布政司内；《奉使蔡州》題字并石刻像，在同州；《臧懷恪碑》，在三原縣。碑洞中石經及漢唐字，但有錢即可買，不必用官府；惟各州縣古碑，非官府不能致，然多是唐碑。惟郃陽漢《曹全碑》極佳，其它若麟遊之《九成宫碑》、長武之《虞恭公碑》俱佳。若多印得《曹》《虞》二碑各一幅見惠，最感！

之九

申鳧盟名涵光，永年人，太僕公之長子，今庶常隨叔之兄也；，太僕公甲申殉國難。路安卿名澤濃，曲周人，故總漕皓月公之子，聞近日亦在府城住，如不遇，此書即留申宅。孫徵君名奇逢，字啓泰，容城人，今住輝縣；，萬曆庚子舉人，今年八十三，河北學者之宗師也。王無異名弘撰，一字文修，號山史，華陰縣西岳廟南小堡内，故少司馬公之子，關中聲氣之領袖也。楊伯常名謙，故王孫也，住西安府南八里大塔堡内，大塔者，慈恩寺塔也；，或駕在藩司署中，則求于到日，即遣人致之。何虛子公祖以臺中出爲關内道，銜、籍俱列便覽，其衙門在布政司内。共書六封，各送《韻譜》一本，伯常則二本，故有七本。

之一〇

赴東六首

萊人姜元衡訐告其主黄培詩獄，株連二十餘人，又以吴郡陳濟生《忠節録》二帙首官，指爲炎武所輯，書内有名者三四百人。炎武在都聞之，亟馳投到，幽繫半載。撫院劉公審鞫，即去年奸徒沈天甫陷人之書。得蒙開釋，因有此作。

其一

人生中古餘，誰能免尤悔？況余庸駑姿，側身涉危殆。
窫窳起東嵎，長鯨翻渤澥。斯人且魚爛，士類同禽駭。
禀性特剛方，臨難詎可改？偉節不西行，大禍何繇解？

其二

行行過瀛莫，前途憩廣川。所遇多親知，摇手不敢言。
爾本江海人，去矣足自全。無爲料虎鬚，危機竟不悛。

下有清直水，上有蒼浪天。旦起策青騾，夕來至華泉。

其三

苦霧凝平皋，浮雲擁原隰。峰愁不注高，地畏明湖濕。
客子從何來？傍徨市邊立。未得訴中情，已就南冠縶。
夜半鵂鶹鳴，勢挾風雨急。廷尉望山頭，嗟哉亦何及！

其四

荏苒四五日，乃至攀髯時。夙興正衣冠，稽首向陵墀。
詩人岸獄中，不忘恭敬辭。所秉獨周禮，顛沛猶在斯。
北斗臨軒臺，三辰照九疑。可憐訪重華，未得從湘纍。

其五

羲仲殷東方，伶倫和律管。陰崖見白日，黍谷回春暖。
柔艣下流澌，輕車度危棧。草木皆欣欣，不覺韶光晚。
大造雖無私，薰蕕不同產。奈此物性何，鳩化猶鷹眼。

其六

天門詄蕩蕩，日月相經過。下閔黄雀微，一旦決網羅。
平生所識人，勞苦云無他。騎虎不知危，聞之元彦和。
尚念田晝[一]言，此舉豈足多。永言矢一心，不變同山河！

東吴顧炎武

之二一

王官谷

士有負盛名，卒以虧大節。咎在見事遲，不能自引決。
所以貴知幾，介石稱貞潔。唐至僖昭時，干戈滿天闕。
賢人雖發憤，無計匡杌隉。邈矣司空君，保身類明哲。

〔一〕田晝：康熙刻本《亭林詩集》所收此詩作「田晝」。

放逐歸山阿，閉門卧積雪。視彼六臣流，耻與冠裳列。
遺像在山崖，清風動巖穴。堂茆一畝深，壁樹千尋絶。
不復見斯人，有懷徒鬱切。

之二

先妣忌日

風木凋零已過時，一經猶得備人師。聞絲欲下劉覈泣，執卷方知孟母慈。
秋雨秀連中野蔚，夕陽光起後園葵。無窮明發千年慨，豈獨杯圈忌日思。

《顔氏家訓》：荒亂以來，雖寒畯之子，能讀《孝經》《論語》者，尚爲人師；雖奕葉冠冕，不曉書記者，莫不耕田養馬。

之一三

常熟縣耿侯橘水利書

神廟之中年，天下方全盛。其時多賢侯，精心在農政。
耿侯天才高，尤辨水土性。縣北枕大江，東下滄溟勁。
水利久不修，累歲煩雩禜。疏鑿賴侯勤，指顧川原定。
百室滿倉箱，子女時昏聘。洋洋河渠議，欲垂來者聽。
三季饒凶荒，每與師旅并。誰能念遺黎，百里嗟懸磬。
況此戎寇深，早夜常奔迸。上帝哀煢嫠，天行當反正。
必有康食年，河雒待明聖。自非經界明，民業安得静？
願作勸農官，巡行比陳靖。畎澮遍中原，粒食詒百姓。

之一四

瓠

瓠實向秋侵，嗁[然繫]夕林。不材留苦葉，槁死亦甘心。偶伴嘉蔬植，[還]依舊圃尋。削瓜輪上俎，剥[棗]遜清斟。衛女河梁迥，涇師野[渡]深。未須驚五石，應信直千[金]。作器疑無用，隨流諒不沈。試充君子佩，聊比國風吟。

炎武

之一五

弟於九月廿日保出，十一月十日，一案之人俱已赴院畫供，想有題結之望。凡所以入險能出、困而不躓者，皆知己扶持之力，當世世尸祝，不敢以楮墨宣矣。前具近詩六章，曾徹覽否？

屢有札與舟公，托其致感，而未見一報，豈其移寓，或石頭之沈浮耶？今有一函，祈致之，近況詳之函中，可共覽也。旅食無依，暫寄徐玉老署中，不謂有延安之陞，則此中别無主人矣。萬老先生書已投，似蒙注念。院批取保，一宿便發也。弟候命下結案，即詣都中叩謝；如尚遲，則俟舍甥北上時，代弟九頓台墀。今來者玉老之僕，囑其三日後走領回書。沍寒不莊，幸宥。長至日，弟名正具。冲。

之一六

弟今年寓迹，半在歷下，半在章丘。而修志之局，郡邑之書頗備，弟得藉以自成其《山東肇域記》。若貴省之志，山川古迹稍爲刊改，其餘概未經目。雖抱素餐之譏，幸無芸人之病，然以視令叔先生，則真魯之兩生，不敢望後塵矣。汶陽歸我，治之四年，始得皆爲良田，今將覔主售之，然後東書西行，爲入山讀書之計。所刻《座右語》一通并《音學五書》面葉，呈教。近日又成《日知録》八卷。韋布之士，僅能立言，惟達而在上者爲之推廣其教，於人心世道，不無小補也。率此附候，不宣。弟名正具。

之一七

夏初匆匆出都，歉然之懷，難以筆道。想道履彌勝，大業日增。令叔先生今在都門，亦當聽鵲起之音、奏《鹿鳴》之什矣。弟久滯安德，仰藉洪芘，章丘一案已得小結；雖陷害之情未明，而霸占之律已正。轉蓬思息，倦羽思還，九仞之功，非仗婁侯不能終此一簣，敢乞鼎致其詳，在札中未緘。以舟老正值文場，不敢瀆札，并乞于試畢日道意。小价王登往莊，故另遣潘一廉，其人謹愿，望賜回諭。詳文于二十後到廳，更懇家報中速聞之，至禱至禱！弟名正具。慎。

之一八

昨出抵暮始歸，承駕左顧，失迓爲罪。《家訓》勘畢送上，并用硃筆，以便一覽即得。幸爲另抄一本，仍乞原本見賜，感感！弟炎武頓首。

之一九

大作清勁，無一俗筆，《太華》《伊闕》諸作，爲集中第一；《思悲翁》《戰城南》，亦有白傅諷諭之遺意。大雅之音，將復起於今日矣，敬服敬服！元稿返上，略商數字，識以浮票，未知有當否？諸容晤悉。弟炎武頓首。

之二〇

弟纔至城中，尚未拜客。老社翁須兩三日後，以未、申二時過我，則得晤矣。大才何藉弟筆？想未見刻啓耳。附上一紙，不盡。弟炎武頓首。

之二一

弟爲一二相知所留，似須秋杪方可行。昨諭抄書者，能爲弟覓二人否？弟炎武頓首。

之二二

聞已具覆，幸詳示之。《詩本音》閱完，并求付下。弟炎武頓首。

之二三

舍甥久積傾慕，昨奉叩未晤，今擬于初四日扳駕一譚，俾弟亦得侍聆誨言，至感至感！弟在初旬内，亦欲出都矣。弟炎武頓首。冲。

之二四

五日前曾走叩未晤，既台命諄諄，不敢固强。舍甥容另卜日奉候，但弟目下即擬出都，不得追陪一叙，奈何奈何！尚容趨别，未悉。弟炎武頓首。

之二五

前有一函，想已徹覽。弟不遵明哲之訓，果有此累。今江友之驕吝，足以致敗，而與之同事，奈何奈何？南冠而縶，竟不得出，一切詳之舟老書中，惟知己爲之共拯，懸切懸切！餘語去价能道，不悉。弟名心肅。

之二六

前走叩，未得面。弟以十二三出都往德州，此刻擬一造别，并問貴鄉有旅伴可同行否。退谷先生常問起居，附及。弟炎武頓首。冲。

之二七

弟來此區區之意，尚未得少申爲歉。廿四日出都，前往歷下，如有札寄示，乞寫德州北李宅家報，付報房封遞，三四日可達。李老先生諱源，字星來，原任河津令，與弟交頗密，即可專人賫至省城也。事畢再容趨至九頓。小弟炎武頓首。

報至德州，先到蕭宅，次即傳至李宅，有二李，故稱「北」以别之。弟行速，未及再叩，又啓。

之二八

來諭惓惓，深感愛厚！所云屢有言相致者，止於舟札見之，它皆未到；即賦梅者，止有一札，無兩札也。所云但當力辨有無，勿牽别事，敬如台旨。笥中之書，昨至德州簡點二日，悉取而焚之矣，并復。此中之事，大抵上有求而下不應，弟遂無保出之法。黄氏絶不照管，債主斷絶，日用艱難。莊田之麥俱爲劉棍割去，每日以數文燒餅度活，何以能支！欲乞一問南夏諸公，若天生至晋，可爲弟作書，促之入京，持聲上一二函至歷下，必多有所濟。弟已别有字往闗中矣。一切統希垂照，不宣。舟書可互觀之。弟名心勒。

之二九

五月十九日院審，先取有同案中年老者四五人，保識黄御史曾已遵制剃頭口供；次辨《啓禎集》中，有「寧人」字，無顧姓，又不在黄御史一篇傳内；并審出釁起章丘地土情繇，惟問姜要顧寧人輯書實證，無詞以對；又扳即墨老諸生杜述交爲證，此人從不識面；又展轉推出所從得書之人爲萊陽孫榮，榮乃積年走空之人，今并行提去矣。雖未保出，而是非已定，此皆上臺秉公持正，及大人君子孚號壯拯之力，惟有世世尸祝！兹因便羽，先此奉聞。弟名宥具。

亭林先生生於明萬曆四十一年癸丑，至我朝康熙七年戊申姜元衡誣告時，年五十有六矣。所寫諸詩，今皆載詩集中。《耿侯水利》篇，順治四年作；《王官谷》篇，康熙二年作；《瓠》篇，十一年作；《先妣忌日》篇，十二年作。前後相距廿七年。後以康熙二十年辛酉卒於華陰，年六十有九，則此已是晚年之筆，雜書舊詩也。今傳集《王官谷》篇「墜笏洛陽墀，歸來卧積雪」；《耿侯水利》篇「庶徵頻隔并，況多鋒鏑驚」，皆與此所録不同，蓋後來刻集改易耳。先生母夫人王氏，未嫁守節得旌，年六十，以國亡絶粒死，時己酉七月三十日也。「無窮明發千年慨」，其感深矣！《赴東六首》，詩序所稱撫院劉公者，宛平劉公芳躅也。謹案：國史本傳，公以順治七年任山東巡撫，康熙十一年始以憂去，在任者二十三年。嘗奏請緝盜不得預勒名數，以防捏陷；又贓證未明，不得以初供定讞。又請撤山東錢局，皆得旨允行，蓋仁明君子也。後來刻集，此序中删去劉公云云，何也？道光戊戌春分日，何紹基謹記。

此册内顧亭林先生筆札最多，且當年萊人姜元衡誣訐其舊主詩獄，亭林赴歷城質對之事，各詩札内言之甚詳。昔桐城胡雒君撰亭林年譜，其書不知今在何處，但載此事，或有可以互相補足者也。先生自署名及印皆「炎武」，昔萬壽祺送亭林《秋江别思圖》，題亭林舊有「圭年」之名。按亭林初名「絳」，後改「圭年」，至「炎武」三易名矣。「圭年」之名，人罕知者。道光十八年春，阮元識於京邸節性齋，時年七十有五。

屈大均（二通）

之一

弟明日決行，兩日俱在周老處。承枉顧寺中，失迓爲罪，明早當造榻奉別。秋氣漸寒，惟加珍攝爲望。此復修翁道長兄。弟大均頓首。

之二

弟明日乃能行，尊集印成，幸先以一二本惠教也。畢右萬兄慕先生有道工文章，欲得先生爲其尊公東郊先生作一疏草跋刻之。此疏大有功於聖門，望先生有以慰之。右萬兄精心理學，説《易》闢二氏，多發人所未發。其晋謁先生，蓋欲先生爲之印證所學也，萬惟留神。上欒圃先生。弟大均頓首。

李因篤(三通)

之一

曩過燕臺,重親有道,晤言未悉,而班馬促旋。年翁惓念故人,不使雲泥懸望,接塵屬飲,歡若平生。六翮高騫,携手孚於金石;南箕北斗,足翻明月之詩矣。别來偃卧山中,絶不聞門以外事。去春亭林先生見訪,始知年翁有苫次之哀,倉卒東還,事皆合禮。猶憶吾兄通籍後,輒迎老伯入都,弟嘗就謁堂端,一承杖屨。典型淪落,觸事悽然!方期遥賦《大招》,薄展生芻之誼,而弟適爲虚名所誤,致諸公謬采上聞。號泣控辭,半載殆無寧日。甫得敝鄉兩臺垂憫,取結移咨,乃部駁既嚴,而温綸復再三敦促,不得已,至捨白頭老母,匍匐京師,繕疏陳情。扼於當路,淚枯力盡,溝壑是甘。幸總憲魏公,爲弟密題教孝一疏,又流涕面奏,聖心惻然,可免考圖歸矣。遠荷朵雲，寬其疏節，且命爲老伯作追輓之什，此固弟之夙心也。眼底疲於應酬，至衄血二次，無一刻得暇，容出京時於畿南近邑爲之，并評閲尊集，覓便鴻寄上，萬不敢忘。見贈大篇，推奬逾分，非謭陋所敢當。匆匆附謝。病眼昏暗，屬舍侄書，統冀鑒原，不一。弟名另具。裕後。

之二

前荷吾兄遠貽翰劄，賤子何人，記不圖古道之猶存也。尊集謬肆丹鉛，僭逾無所逃罪，然寸波塊土，仰佐高深，誼忝夙交，知吾兄不爲河漢耳。老伯禔躬純粹，當代儀刑，奉輓之詩，必擬得其近似。比者風塵稠濁，寸晷無寧，未敢以泛常應酬草草塞責，况親承杖屨，辱在通家，吟哀些於九京，海嶽共聞斯語。歲内當寄紫瀾家弟所，轉上吾兄，并答大篇，統呈郢削也。弟久栖輦路，違越慈親，引領西風，肝腸欲裂。頃不自揆，冒昧陳情，蒙聖主特恩，許以歸養。目下束裝返里，百緒茫然，燒燭裁書，苦無倫脊；抵家喘息略定，即黽勉以踐前言。拙稿半皆散遺，偶得友人刻送三紙，請政。新秋餘暑未盡，諸惟珍玉，不宣。山史兄已於初夏西旋，亭林先生此時在西河，晤時并道尊念。弟名另具。左玉。

之三

家舅送到餡餅，不敢自私，邀仁兄刻下過小寓同享之。上修翁老仁兄。弟篤頓首。

宋琬（四通）

之一

重九之集，因爲王襄老公祝，知老年翁無甚深交，故未奉約，嗣後同人雅席，自當追隨鞭弭也。小婿王生，深以得御龍門爲幸，其事之原委，已經面陳。各省起送者不止一人，而當事狐疑不決，業覓一要津致之。倘得鼎札數行，破其拘攣之見，則鷄肋微名，可以成就。或與泰升兄共作一函，祈惟台裁。驟爾唐突，殊爲不安，但往返跋涉，望此甚殷，故敢冒昧以塞其請，所謂慰其孺子意也。送張幹老二詩呈教，此題定有佳篇，希賜一誦。容即趨謁面頌，不既。弟名另肅，左玉。

之二

久暌教益，殊切調飢。前者恭候台安，未得一見，比聞道體已平，良深慶忭。敬懇者：弟昔年蒙難，有山右宰姓者周旋備至，心甚德之；今伊二子考譯字生高昌館，試者寥寥，而字學無出其右。冀老年翁拔置前列五六名以内，庶得借手天功，以報故人，不啻身沐生成矣！容趨謝，不一。弟名另肅。左玉。

之三

夙疾纏綿，日事藥餌，兼以暑中無事，不敢時溷興居，用是久疏塵教，耿仄何似！啓者：舍親謝名會同其尊人，與先君子交好最深，通世誼者，非一日矣。文頗成章，字殊摹古，歷試成均，一時譽滿。今咨部候考定職，有最上一乘之望，伏祈老年翁從公檢閱，力賜主持，俾得邀榮冠服，以爲閭里之寵，以慰讀書之志。恩施所及，弟自永矢弗諼，寧第荷生成者戴高厚哉！恃在至愛，耑此瀆陳，惟冀垂神，可勝禱切！弟名單肅具。左玉。

之四

長安需次，追隨壇坫，猥蒙老年翁不我遐棄，納之聲誼之末，提携教誨，情好肫摯，何以得此於知己哉！溽暑拜別，暫過里門，一展先人丘墓，今已取道廣陵，溯荆門而上峽中。言念良朋，渺焉萬里，惟從峨眉山月，想見紫芝眉宇耳。敝邑公舉，欲以先君從祀鄉賢，例當歲終達部。弟至楚中，定有人至，萬一文到在前，望老年翁力爲照拂，以從輿人之請，則錫類之仁，感均存没矣！望老、子老，代弟奉懇，知自蒙慈注也。合肥、宛平兩先生前，煩爲道鄙意。匆匆率勒，尚容嗣布，可勝切禱！弟名另肅，左玉。

施閏章（四通）

之一

昨歲專函壽簡公祖未達，故以壽序稿封入，借重鼎吕，似可即以此爲詞也。賣船詩不拘遲早，興到則爲之，正不必多。佳箋同令叔箋刻，并惠數紙，以廣示同好。章再頓。

之二

枉顧失候，甚歉！重承雅惠，不敢全却，已對令叔道此鄙衷矣，感愧何似！詰朝渡江，匆匆不悉。名另具。愼。

之三

江關相見，成近體一首，以塵擾未得録上。夜來讀大作，爽然嘆息。七言絶，唐人獨具三昧，妙在著力不得；杜老别出生硬，稍似拗體，便自專家。尊作《金陵絶句》，得無效此否？去膚避熟，洗盡時人粉膩，亦是此體所少。《南苑扈從八首》則粹然古人，工力悉到，難在作應制體不寒儉，又字字新警，頌美之中，曲寓諷諫，油然忠孝之意，盤鬱言外，於此道三折肱矣！下問勤懇，使僕不揣喋喋者何也？販夫囊得一金，而與谷量牛馬者論持籌之巧拙，亦見其不自量矣。抑昔人文字，貴多商量，朋友磨切，或不廢云爾也。抵京師有暇，當數共晨夕，盡發篋中之藏，相與上下議論耳。令叔季相亦奇士，何時快晤，言之神往！寓中雜沓，潦草不倫，勿罪勿罪！名另具。冲。

之四

辱書，得尊公先生表傳及佳詩一卷，悲喜并集，悔曩者不稍停東魯，執手唁晤于洙泗之間也。一別遂爾九年，少壯幾何，修名不立；自顧蒲柳早彫，重迫暮齒，平生記問，十九茫然，豈可復應宏博之科，作後生技倆。乃官司敦迫，不許盤桓，觸暑就道，抵都下，應酬喧冗，便復委頓。蓋自去冬十月，寒嗽至今，未得霍然，筆墨意盡矣。感德門世行，力疾作誄，不揆鄙拙，又點竄大篇；庸匠代斲，其心則苦，千秋之業，寧刻毋寬。僕自金陵讀箋刻，已私目以健手。頃阮亭先生比鄰接巷，每論詩，輒爲首屈一指；今序中引以爲重，蓋實録也。諸詩伯持論，近多以宋駕唐，殆爲膚附唐人者矯枉，去唐漸遠。山海之喻，寓有微尚，知己能不河漢其言乎？風便，冀有以發吾覆也。使者索報，對客草勒，不一。令叔、令兄并聲致。貴世令尚翁，已爲桑雨老頌之矣。名另具。

尊詩入《十子詩略》者，不得不照衆式；倘刻全稿，必須宋字，筆畫略重，或照錢宗伯《杜詩箋注》款式，用十一行爲古雅。賣船詩僭改字句，不識有當否？附及之。

敝友梅耦長，心嚮有素，附刻詩請正，幸查收。

朱彝尊（一通）

曩者荒文應命，未足頌揚太老先生萬一，乃拜嘉厚幣，寸心含恧至今。飛光如馳，三葛兩易，遥知讀禮之暇，撰述益多。正昕星騶北來，用慰契闊；捧接手教，知尚需時，然得筆疏，千里正同覿面矣。弟迂拙性成，徇禄初非本願，奈有司敦迫，遂入京華。滿擬放還，自視人地，正如薛歐、蟲達，老先生乃以淮陰見方，何敢當耶！拙稿尚未災木，統容晤時，面請指教。大老先生前，不敢率候，鷺俟還朝，三薰晋謁，先祈叱致。憑穎惟有依馳。弟名箋肅。冲。

潘耒（一通）

憶自甲寅之春，獲攀風範，隨蒙特開綺席，竟日論文。雅誼隆情，勒諸心府。片帆南下，戢影衡茅，筆硯荒蕪，鱗鴻稀闊。嗣聞先生奉諱歸里，恨在遠道，不獲磨鏡自前，翹首東蒙，但有企切。烟波釣徒，一竿自足，忽塵啓事，駭若爰居。移病不從，敦迫就道，本擬暫踏京塵，便行拂袖，取路鄒嶧之間，當信宿高齋，謁孔林、觀禮器而歸，不自意見縻於此。被斵木以青黄，資越人以章甫，不習不堪，當可奈何！遠惠手書，具感垂注。素韠既除，所望夙駕鋒車，慰答群望；何尚棲遲林澤，令人作天際真人想也？拙稿未經繕寫，杪冬小刻二箋附覽，聊以見志，不堪供撫掌耳。令兄老先生計已脂車北上，不另通候。草草勒復，不盡依馳。弟名單具。左慎。

毛先舒（二通）

之一

伏讀《大學解》，謂「格物」乃却心中物累。又云，「物」是凡事物情欲之蔽吾明者，「格」謂却之不使蔽吾明，「知」謂吾心之虚靈，「致」謂推之以至其極。是義精極，與鄙見恰符，雖與紫陽注「格物」不同，而與其注「大學之道」節意頗合，此真千古定論也。恐近佛學而故避之，政是後儒通病；理本相通，何庸立異？虚心折衷，深用嘆服；文釋疏義，真足爲學者之津梁。中論字法體用極是，但此止可概其常云耳，若文字入變處，又不可以執定法。今只就複字者言之，如《説命》「唯事事」、《論語》「立之斯立」、《大學》「上老老」「上長長」、《原道》「人其人」，均此一字也，上皆是用，下皆是體；《老子》「道可道」「名可名」、《樂記》「物至知知」，均此一字也，上皆是體，下皆是用。又如《孟子》「彼長而我長之」「彼白而我白之」，上「長」「白」皆是體，下「長」「白」皆是用；「白馬之白也」「長馬之長也」，上「長」「白」又皆是用，下「長」「白」又皆是體。類如此等，豈有定法。《音正》一編，細入毛髮，昭哉發矇！其所云聲别清濁，即周德清《中原音韻》之分陰陽也，但德清止於平聲分之耳。愚又嘗細按四聲，俱有清濁，而平、去、入三部，聲清濁處，即成陰陽，唯上聲一部，聲清濁處，不成陰陽。即如大著所引平聲「通」字爲清，「同」字爲濁；上聲「董」清「動」濁，去聲「凍」清「洞」濁，入聲「篤」清「獨」濁。然「東」「凍」「篤」，皆是陰聲；「同」「洞」「獨」，皆是陽聲；唯「董」「動」二字，雖分清濁，難判陰陽矣。此愚所謂上聲清濁，不成陰陽者也。又平、去、入三聲，皆悉具清濁；而上聲又或有清濁，或無清濁。如「董」「動」二字，有清濁者也；若清聲之「風」「捧」「諷」「福」，濁聲之「逢」「捧」「鳳」「伏」，則上聲同歸「捧」音矣，無清濁也。又若清聲之「邕」「勇」「壅」「郁」，濁聲之「庸」「勇」「用」「玉」，則上聲同歸「勇」音矣，亦直無分清濁者也。率略攄義，未知先生以爲然否？或肯更賜詳示而教之乎？《匡林》《格物問答》《韻學通指》《韻白》四種，前奉去，并望指訛。尊著二帙，僭筆附璧，不具。賤名單肅。左冲。

薦林鹿老事，未知已妥否？書乃小兒所寫，今親筆附勒，亦防將來或有僞托也。又白。

之二

數歲前叨承枉駕者屢，促膝論文，深領教益，至今追味清旨，不去于心。兹者先生領袖群倫，人欽冰鑒，金衡玉尺，一代崇瞻，弟聆緒風，亦復欣仰。又得舍親洪中令書，知先生于弟有説項之雅，即浙中當事處，亦蒙過相推譽，知己之感，真無以爲報稱地也，愧謝愧謝！近小兒忝有卑職，赴選入都，特令恭趨龍門，奉候近祉。小兒菲材，不足當門下趨走之末吏，唯先生量同河海，不擇涓流，稍加噓拂，便得培風萬里；其餘凡可指示之處，尚祈不惜有以教之。《文洴》一帙，尚未成書。題尊像語，已借重其中，送上清覽，以資一笑。燕吴遥裔，不盡欲言，臨楮翹切！賤名單肅。左冲。

余懷（一通）

先生榮任金陵時，懷適僑居吴郡，深以未識荆州爲恨。前翕山兄往婁東奉訪，即致渴懷。昨在禾城，鹽臺成愚老云台駕在禾，急於圖晤，冒雪鼓棹，到北關外晋謁，而先生已去禾來蘇。事類剡溪，可勝惆悵！新春日歸家，見尊票，即趨候，又不相值，真昌黎所云相需之殷而相遇之艱也！頃承大教，如見顔色，容當盥沐抽毫，敬題以報。昨梅隱僧筠士叩見，一二日内，尚於庵中求作支許之遊也。草復修翁先生。晚弟懷頓首。冲。

王士禄（一通）

承老門長兄吊奠唁慰，情文周摯，昨雖踵門稽首以謝，未足盡感悰之萬一也，再此布謝。不孝弟月初即奔喪東矣，儽然衰絰之身，誼不敢過別，從此離居，不知何時復得奉教左右也，言之悽然！啓者：愚兄弟雅辱至愛，不同泛泛，舍弟事，望老門長兄留神照拂。不孝目下精神憒亂，語不及詳，其間曲折，已囑北山舍弟臨期一一奉商矣。外《告母文》一通，附呈台覽。臨筆曷勝戀切！不孝弟名另肅。冲。

王士祜（二通）

之一

睽違道範，已再易冬春矣，懷想高誼，無時暫釋。昨遣小兒之汶上迎路雲路年兄，特修小函，令之上候，乃匆遽中未及奉撰杖屨。茲路年兄西旋之便，附此奉候興居。弟去歲以荆人抱病，屏迹半載。首秋一入春明，比旋里，而荆人之病已入膏肓矣，不匝月而有炊臼之戚。事既倉皇，且值歉歲，周章之狀，莫可名言！目下擬爲吴越之游，然尚未審成行何日也。附及者：舍親輩有欲求尊府贊禮劄付者，屬弟奉懇，茲列名一單，祈老門兄鼎力慨爲轉求見惠，并求發一移會文書，投鄒平縣公處，則叨榮無既矣。伏惟留神，臨穎馳切！澹園先生、諸令弟年兄，統希叱致。拙刻二册，附呈大教并正澹翁先生。弟名正肅。慎。

之二

伏處寒廬，與先兄相依爲命；家門不幸，先兄又殉母以死，弟視息雖存，生趣都盡，知己如門兄臺先生，應爲扼腕太息也。前承遠賜吊唁，敬此申謝。先慈襄事，擬在來春，彷徨莫知爲計。專有所商，祈進小价，面稟其詳，萬望留神，真不啻麥舟之助也！臨穎溯切，不盡。制小弟名㟁肅。慎。

王士禛（三五通）

之一

兩年兄之奉高堂而徒跣歸也，同人仰睹哀戚之容，不勝懸切！若同志數君子，夙昔樂數晨夕者，分襟以來，益悵悵如有所失，則弟之懷抱可知也。長涂舟車屢事，得不勞頓否？知目前正營窀穸，幸稍節哀痛，以慰慈闈，是所顒望。弟三四月間，卧病幾四十日，承委作傳，大略已就，尚須一芟削，然後脱稿，不至久稽。訒老隨即致之，渠意必待賢昆玉一札到，弟云方讀禮，未敢通書都下，是以屬弟口致。訒老性素硜硜，或近中作數行候謝之，兼索文字，弟好從臾之耳，如何如何？至十子之刻，葉慕廬、林澹亭、宋牧庵諸君，皆已刻竣，惟大集未梓，殊爲憾事。且年兄實首商此舉，詎可反遺而登他人？苫塊之中，特自已廢業，若友人代選付刻，義初無傷。

祈以集稿即寄曹實庵、田漪亭，刻貲先予五金，餘襄事後全寄之，亦無不可。近陳椒峰、董蒼水數君入都，慕此舉，皆有此意，而峨嵋書言椒峰尤力。然弟獨意在年兄者，不特以首事故，且愛重詩品，不忍捨去耳。并此附商，不盡念切！五言一卷，説岩不知收之何處，屢索不可得也。期弟名耑肅。慎。

之二

比有數行上候孝履，旋拜手教，伏審尊候安吉，哀毁之餘，未至滅性，差慰遠懷。承以老年伯傳見屬，久已脱稿，以候訒老文字同發，而渠以日講，每日五鼓入直，以是遲遲。今已取到，并回札一通，及拙作統寄上。訒老當代作者，其文足以備國史之采，而弟愧非其人也。以素附金石之契，又忝通門子侄之末，不敢辭以固陋，惟裁訂而用之，幸甚！五言領到，大事畢，尊集當早寄，以成完書。匆匆不盡溯切。期弟耑名。慎。

之三

大阮先生歲前返里，弟時正有周闈之役，匆匆數行奉候，未得少申款曲，迄今爲歉，想老門翁相諒于形迹之外也。自仲冬閉閘挑河，三月無一船往來，缺額竟至六七千金，茫然無補救之術，將來如能與吾修老從容晏坐南宫署中，即意外之幸矣。泥塗中，聞老門翁分校禮闈，得士必爲一時之冠，欣慰無量！兹廣陵敝門人汪舟次楫者，蓋代才也，詩文書法，皆足縱横十萬里，與蛟門兄弟行少爲同學；其胞兄長玉，亦擅風雅，今有不獲已衷言，弟苦在遠，而幸老門翁之當事也，特以數行，屬蛟門面悉，千祈吾兄留意焉。舟次兄弟爲東南領袖，吾兄又當代君宗，聲氣之緣，知不煩弟之覶縷也。容面頌，不盡不盡。弟名嵩肅。慎。

之四

自先生銜恤而歸也，歲忽再易。雖弗獲時通音訊，然每晤二孔昆玉，必候起居，顧恨不得其詳，徒深耿切耳。使來，捧誦良書，頓豁積臆，如共西窗一夕之談。聖林、聖廟碑版，向會彙成一書否？大刻拜教，蕪陋之詞，愧未能闡大節于百一，乃儼然與訒老如椽并列，汗流浹背矣。承諭，真仁人之言，中心藏之，但疏賤力不逮此耳。主上聖學日新，右文崇儒，度越前古。向以纂修入直禁中，竊見便殿讀書，每至乙夜，勿論它嗜好，即游幸亦絶稀少。此平治根本也，第恐諸司奉行，未必盡體上旨耳，如何如何？先兄《節孝録》一册、《蜀道小集》一册，附呈覽教。承委二扇完上，書迹自勝本色，不必苦究真贋也，一笑一笑。令兄老先生致候。臨啓馳切！弟專肅。慎。

大阮先生未專字，爲叱名，又行。

之五

入春以來，遥憶孝履無恙，祥琴在即，佇望啓事，不獨慰中朝士大夫之望，亦竊幸晨夕析疑，吾道可以不孤也。忽披良訊，如聆謦欬，兼知老伯母太夫人納福，欣慰無量！吾鄉三冬無雪，流冗載塗，弊邑左右，已有傾村落而逃者，聞青、兖之間，殆有甚焉。頃者撫軍疏至，臺省交章，特遣少農速往賑救，德意可謂至矣。第聞濟東數邑不在賑列，反派車百兩輓粟而東，是只尺又有苦樂之不同矣。承寄孔林碑刻，謹拜領訖。唐宋碑名蹟最著者，更搨數本惠示，尤所望也。尊集頗與愚山快讀，燭屢見跋，然尚未暇點筆。今愚老序成先寄，弟稍遲從孔年兄處郵上何如？令叔老先生甚軫遥念。尊候想已清勝。冬間十家兄在邸舍，偶同和友人五言數章，合刻一卷，今上二册，聊代晤言耳。博學諸公御試，約在此月下浣。史局似在必開，但未知如何位置，留用多寡。李天生昨殷殷奉訊，渠已以母老，具呈貴衙門矣。家君托庇安善，第臘底又有十家嫂之變，不知寒家何以不幸至此！承垂注，謝謝！臨穎馳切，不盡百一。弟名專肅。慎。

令兄老先生叱名致候，又行。

之六

暑中未敢趨晤，想在鑒原也。貴州有孝廉越闓者，欲復姓江，此子乃弟與鞠觀老之舊交，聞貴衙門有沙公者，與年兄最善，祈詰朝入署，一爲開導之，感不獨在江子也。容晤，不一。其原札附覽，可了然矣。弟名另肅。冲。

之七

即吉已久，日望台旌北來，尋曩昔文酒之會，聊慰三年調飢之思。使來，得手書，乃知復有轉假之意，爲之惆悵。都城人海，同志寥寥，不卜何時始獲續西園清夜之游也。大集叙尚未脱稿，遲當奉寄。敝邑兩年奇旱，今歲麥秋已大無，而五月一雨之後，又復杳然，秋禾大抵亦如貴縣矣。加增不訾，都中食指日苦不給，進退出處，一無可者，計吾兄山中，尚少此一段拮据耳。吾鄉今科館選六人，頗不爲少，而博學宏詞，止有諸城李渭清一人，其餘大半皆江浙間人。昨有偶爲邗江友人題墨菊一絶句云：「由來苦節本難貞，莫向東籬問落英。徵士今年滿京雒，不知何處著淵明。」吾兄見之，定爲一軒渠也。諸故人惟愚山朝夕聚首，史館尚未開，似尚候監修先生耳。山史飄然還山，真如寉立鷄群，可敬可羡！霽老前暫歸里，弟初不知，未得晤送，想時時相見，幸吔致爲囑。臨潁馳溯！《藝圃倡和詩》一帙附正。《孔子家語》，知聖府有藏版，并《顔氏家訓》，各惠一二部。漪亭、慕廬、澹亭皆滿志，而皆不取，取者諸君子中，止峨眉一人改編修也。弟名專肅。慎。

之八

前尊使回，有數行上復，達記室久矣。再拜手教，自當留心。當事方有棘闈之役，一二日告竣，相晤即致之，不忘也。令兄老先生統此奉候，未盡。弟名專肅。慎。

令叔老先生比已清勝，未敢耑候，并煩叱名，又行。

之九

不孝弟罪通于天！間關萬里，慈母見背三月，毫不聞知；及匍匐奔喪，已逾卒哭之期，悲哉！爲人子三十九年，生不能養，病不能侍，臨危不能視含殮、聞永訣一語，縱復偷生人世，何以爲子？何以爲人？言念及此，肝腸迸裂！老門兄素相關切，倘亦憫鮮民之遭，而爲之南望揮涕乎？前在蜀，有小力北行，曾與次兄同賦小詩，以將遠念，并囑家北兄與門兄細商一切，想荷留念。煢煢草土中，惟望天際故人不忘夙昔，銜結之私，何日忘之！同署兄弟，統爲叱致，不敢輕以不祥姓字相通也。周、李、雅諸兄，尤道念切之意。合肥夫子、董堂翁，并爲稟致，不盡。憑穎涕泗，不知所云。不孝弟泣血上。

之一〇

委扇書舊作呈正。弟不工書，十餘年久不書扇，故倩代筆，然亦殊不工也。目前磨勘，大家自存寬大，北闈葉舒崇、葉渟二君，乃訒庵太史之子侄，與弟又有師友之誼，其文久爲世所稱道，閲時幸爲留神。并祈致奉倩年兄，更感。不盡。弟名心肅。

之一一

彦老之語，已囑轉致否？《蜀道小集》祈擲付，有二三同人屢來宣索故也。餘面悉。弟禛頓首。

之一二

家兄病痊赴選文書一件，祈老門兄携付貴衙門司務廳爲感。家兄偶他出，故未專啓，并惟鑒之。弟士禛頓首。

之一三

昨勞重，謝謝！扇五柄，求老門翁爲捉刀人。拙作皆在《八家詩選》并《蜀道小集》中，煩一檢閲，塞鼻書之可也。容謝，不一。弟士禛頓首。冲。

之一四

幼華舍弟又有一字來，專人奉覽，明日尊駕入署，祈爲細細一查示之。其情迫切，吾輩關切之誼，門兄自有同心也。餘未盡。小弟士禛頓首。冲。

之一五

晴峰刻下送扇至，細觀之，乃乞鄰，非親書也，甚以爲憾，只得送上。詩則真而字則贗，頃已告過，定不罪也。柯素老諸箋，望即撥冗書之，以屢來索故也。又蔚州魏先生爲其令親李君徵詩一箋，再煩一代，萬弗效晴峰之乞隣，乃至感也。幼華舍弟事，明早入署，惟留神，又祝。弟士禛頓首。冲。

之一六

力臣一對聯，敬乞老門兄爲弟捉刀，刻下即賜下，尤感。餘面頌，不盡。弟士禛頓首。

莫忘稽古力，須用讀書人。題贈力臣年道兄。

之一七

弟一向忽忽如失，闊疏人事。令叔先生此來，竟未一候接譚笑，昨始記起遣問，聞已于初六日歸里矣，歉甚無似！有家報，幸叱名切致不安爲祝。三扇欲付季角，明早南寄者，求大筆代書。寒天呵凍，萬弗厭其瑣瑣也。統面頌，不一。先生亦老輩之一也，何見疑耶？一笑。期小弟士禛頓首。

之一八

所事承留神，謝謝！更望時爲一問，示之爲荷。陳、宋二公壽詩各一，求大筆增重，必明日即賜方妙，以宋箋來索，立候上屏也。容謝。期小弟禛頓首。冲。

之一九

《楚詞》昨附上矣。一扇寄汪鈍庵，惡詩煩大筆一書，容謝。南去人明早必行，今日便望擲付爲祝。大阮先生叱候，不盡。家兄士良，其名已入湖北單，確否？示知。期弟士禛頓首。

之二〇

數欲奉訪，皆以他故中止。昨見升六兄，極口吾兄新詩，以爲無字不千錘百鍊，弟急思一讀，特此奉借底本，不必俟别抄也，旋即璧上，不盡。外附訊者：閩督、江撫暨大司寇三缺，有消息否？示之。弟士禛頓首。冲。

之二一

幼華極感關切之誼，再托致意，云急欲奔喪，不知可不候説堂否？呈子明早到貴司，祈諭主者即立漢稿，至滿稿亦望鼎言促之。其翻清字相公，應有常例不可省者，望隨便許之，示知以便送上。渠不便親筆作字，輒此代達，不一。小弟士禛頓首。

之二二

昨一聯一扇，如已命筆，幸付去手；如未書，其扇上煩爲寫《眉州謁三蘇公祠》長歌，以渠原索小行楷也。容面頌，不一。弟士禛頓首。

之二三

晨遣長班至貴署，值門兄上堂，不知相君事如何議，已上本否？幸示之。秋暑尚酷，多勞筆墨已自非理，況以惡詩屢强塞鼻乎！但連日頻煩晴老，而綸老又東首忙甚，送許竹隱一扇，敢再求法書。詩凡五首，小行草最佳，但祈用佳筆書之，統容走頌，不一。《古詩紀》或《詩乘》詩，祈借一查。小弟士禛頓首。冲。

之二四

弟日在愁城中，竟不知老年伯母久來就養，昨與升六談次，始知之，深慚疏節，新正當專申登堂之誼也。井叔委一聯，元旦欲用，敬煩大書，不盡。期弟士禛頓首。

李杜泛浩浩，韓柳摩蒼蒼。杜樊川句，書爲井叔先生。

之二五

綾紙三件，再求法書增重，但惡詩不可耐，昔人以艾塞鼻，然後書之，亦一法也，何如？容謝。修來先生。功小弟士禛頓首。冲。

之二六

聞年兄今日入署，不知昨事公議云何？弟因餞張韞老，未曾入署云云，俟明日查報可耳。

卯墨乃寄家中舍侄小兒輩者，初六晨即遣人，故未附到。滿洲同宗仿影一張，幸乘暇爲書之，容謝。弟禛頓首。

之二七

稿案録呈，必由衍聖公咨乃可，敬聞。仿格祈留神發下。弟心肅。冲。

之二八

昨勞大筆，再謝。樸庵宗兄三令孫以扇屬書，敬再懇老門翁捉刀，容面頌，弗一。但書號可也。弟禛頓首。

之二九

仲苻寫真奉上，小詩求法書增重，容謝非一。弟士禛頓首。冲。

之三〇

昨奉勞筆墨太多，深切不安！中寄梁曰緝一首「欲向老禪」一句，「欲」字本是「擬」字，祈爲改正。不盡，容面頌。功小弟心名。冲。

之三一

小册奉求大筆，或新篇尤妙，或臨帖亦佳，但祈速賜。今晨太宰郝公返道山，愚山、濮陽，同一悼惜也，不盡。小弟士禛頓首。冲。

之三二

《銅鼓詩》一首，藉法書爲重，祈出署時拂冗即書賜下，感切感切！前尊扇已屬大木書之，大書夕以至，則尊扇朝以至矣，何如何如？畫册二件，并書惠教。小弟士禛頓首。冲。

之三三

大木已致雅意矣。本房門人朱兄乃張悦九年兄内弟，頃曾進謁，惟鑒照，不盡。統容面頌。弟名心肅。冲。

之三四

敬啓者：小女病痞，欲製膏子，急需古墨二兩，念先生處必有珍藏最陳者，特丐見惠，容面謝，非一。弟士禛頓首。令兄老先生處，亦煩一覔。又行。冲。

之三五

久不晤教，甚切企念。陳長人名奮新者，時文有黄陶庵之風，向以教習考居知縣第一，與先生亦有及門之誼。昨在部應試，以久病止作一篇，惟先生憐才心切，一留意焉，囑囑！弟心名。冲。

宋犖（一通）

長安晤對，大慰生平，揮麈之餘，山川增色，不意老年臺以大禮南歸，同人殊爲慘鬱。坐無車公，蓋不知經幾番惆悵也。弟因叨補秋曹，日親讞案，國是民命所關，心力交瘁，疏候之愆，方無以謝故人；而殷殷翰教，益我慚惶。至於奕世忠孝之風，備於傳表，且出訒庵、阮亭兩公如椽之筆，是人以文顯、文以人傳，真爲天壤不朽之業，當什襲藏之，以昭後祀。《十子詩略》一刻，所闕者大作耳，事襄痛定之後，又當以文章爲繼述，幸速致以慰選壇之望。舍弟以五月初旬回部，緣應接之苦，未能裁候，統此申意。令叔先生及震浮、亘三諸公前，乞致弟相念之切，嗣容耑啓。拙詩附呈教正。臨楮溯洄，不既。期弟名另具。左冲。

王又旦（一通）

向在都聞訃，承老年臺先生軒車枉過，辱賜誄章，且過蒙照拂，愛逾骨肉，雲天之誼，未敢一刻忘也。不孝又旦七月十三日抵里，九月六日，乃窆先君於祖兆。此時日守墓田，坐對松楸慘澹，觸緒傷心，不敢備爲知己道也。旦歸家之後，已將奔喪始末，具呈本縣，想應達部。倘蒙仍賜盼睞，草木有心，將來未有不捐縻圖報者也。兹因便鴻，耑謝前誼，并候近禧。仰邀崇鑒，五中如絲，不敢他及。十月十四日，在疚子又旦稽顙再拜。左玉。

汪懋麟（一〇通）

之一

伏覽高文，辨駁盡致。義理愚所未解，而文瀾則壯闊可喜，時賢不能望見，當于王方之間求之。略商一二字，年兄不以爲妄否？弟懋麟頓首。

之二

長夏退食，定有餘閑，前奉求小册，幸即書賜爲寶。容晤謝。弟懋頓首。

之三

畫像久滯，苦不得佳思，夜來率題長句，未審當台鑒否？昨有小札，諒蒙年兄存注，不更贅。小弟懋頓首。

之四

覓得蘭香一盒，奉上希照。小册求拂冗賜書，外梁世兄册葉，亦求便揮數行，即賜下，乃夫子屬也。曾晤陳君探之否？弟懋頓首。

之五

今日説堂若何？乞示。梁世兄卷子求題，數日内欲携歸恒山也。弟在阮亭夫子處，能枉駕否？小弟名恕具。

之六

長歌之妙至此乎？直駕少陵，餘子不及也。幸即書卷以小行楷爲荷，勿用大圖書，切切！弟懋頓首。冲。

之七

昨勞玉爲謝。承召，自渴欲趨教，奈是日有吴五老與竹巖家兄兩席，恐不能細聆塵誨，願以出月初何如？特謝。小弟懋頓首。

之八

適聞舊字之呈，貴司已駁出，令本人于原籍取印官結狀，月盡方到；若果然，則十月初方到選司，月半後方能補此。昨相晤年兄，何未言及耶？祈即命吏人確查見示。屬在知己，敢此屢瀆。小弟名恕具。

之九

連候起居，未得晤。弟咨文復詣尊前，又三日矣。乞年兄鼎力，即達選司爲望，恐又遲遲落後也。屢瀆幸恕，容晤謝，不一。弟懋頓首。

之一〇

家兄誥命，重荷清神，選司果有商酌之意，正在講論。序題求稍緩，俟定後再懇。弟事并求年兄速照是感。小弟名恕具。

曹禾（九通）

之一

別時止覺心酸，相隔六日，已覺心痛，過後不知何如！弟在都門，止有師友之樂，今此樂不可復得。想老年兄日内必與綸老、實老相聚，必嘆息此人之去，必計其舟行所至之程，爲之南望咨嗟，亦知弟無時無處不北望神傷，想年兄輩聚首時耶。邀庇於十七日發潞河，十九日過關，今尚需滯津門，待同人贖取老親衣飾一二種，人到即長行矣。德水倘值方山，當托附候。伏希老年兄起居自愛，下慰遠懷。臨楮荒忽，不盡欲言。小弟禾頓首頓首。左慎。

鄭山老、趙玉老不及另致，求道意，再行。

七月二日舟至桑園，京師之人始至。此去至德州，一日到彼，不及再候。連日酷熱，大集序尚未草就，當俟稍凉成之。蘇詩一本，多方檢出奉上。宋詩奉去都全，但被惡札亂塗，不堪入大目，奈何？有南去便人，望以近況示知，又行。不一。冲。

之二

弟奉親北來，已逾一載，日望老年兄早來聚首，飢渴之思，形於夢想。往年留滯，有弟兄之樂，而不勝庭闈之念；及此重遊，又不勝朋友之懷。天倫樂事，難全如此！讀手教，知脂轄尚遲，老年兄宦情素澹，竟不念我之離群索居矣。人品雖高，其如寡情何哉！弟樗櫟之質，年兄素知，使爲韻語，實非所長。御試之日，既不肯效人塗脂抹粉，又不能拙速成篇，草率畢事，而字迹之改竄已多。聖恩汪濊，仍見收録，曠世之恩，愧無一稱，不特俯愧章服，亦且仰慚知己矣。至於此官，原是戲場，今與諸君同搬塊壘，嬉笑怒罵，皆非本色，不過供壁上觀一笑耳。家兄潦倒異常，實緣家難至此，非文字之過，近亦頗能作達。子綸、井叔、澹亭暨浙中李武曾，皆一代之才，試而不售，時時爲之嘆息。椒峰竟歸，尤爲可惜！近作急欲捧誦，詢之家兄，茫然不知，不審今在何處，俟見後即效筆墨之勞。弟舊學荒落，目下雖無酬應，然亦不能作佳語，若窮思著述，千古自在耳，一笑一笑。老親幸粗安，并謝。草草附候，暑中惟起居節宣爲禱，不盡。弟名正肅。左慎。

之三

一別便及三載，老年兄忽當大故，弟在三千里外，不能隻鷄斗酒，一哭几筵，去夏身至都城始知，抱歉無量！正擬覓便奉候興居，忽荷枉緘，令人愧恧欲死！承諭以誄辭見屬，此子弟職也，况又荷年兄知愛之深，不敢以不文辭；但目下匆匆應制，必俟御試後勉力爲之，恐不能揄揚老年伯之萬一，奈何奈何！聞年兄已即吉，想不日可以治裝入都，握晤當不遠。老年兄近著想益富，郵中望寄數篇，以慰馳仰。小詩書扇呈笑，聊表相思，殊不成章也。使乎倚待，草草不恭，并希原諒，不贅。弟名正肅。左慎。

之四

頃奉謁，日中毒熱，不敢求見，早晚俟微凉請教。弟從未填詞，偶學爲之，粗鄙可笑，敬書以供捧腹，不一。小弟禾頓首。

之五

連日失候，渴想渴想！椒峰一事，殊不可解。雨中偶成二律博［粲］。康老遂作古人，風流可念，令人興殄瘁之嘆。昨成長歌一章，極誕妄可笑，已送去糊壁，年兄過彼處，當見之也。不一。弟名心肅。冲。

之六

前擾，謝謝。明日邀貴座主一談，敢借卓圍二條，椅披、坐褥各六，用過即奉上。屢瀆自覺可憎，然知老年兄不厭也。小詞成之數日，憚於手録，頃因作字，遂發興書政，幸斧正是荷，不一。小弟禾頓首。

之七

連日不面，渴想渴想！弟歸計已決，欲覓史子老省親呈稿，懇老年兄命貴役一查録出。弟行期不出五月，萬望留意。容叩謝，不一。小弟禾頓首。

之八

昨晤家實庵，知綸老護惜扇陛〔一〕，以弟所佩爲薦。弟最寶者四枚，三歸實庵，一爲綸老所竊，今存一鼓，實不佳，奉去清賞，免年兄復作綸老伎倆，笑笑。具題之稿，聞冢公昨已力催，幸再向載老一促，弟早得歸見老親，即仁人之賜也，不一。弟禾頓首。

之九

具呈廿餘日，題請杳然，懇老年兄一促之，弟得早見老親一日，皆年兄之賜也，此懇。小弟禾頓首。

〔一〕「陛」字疑係筆誤，應爲「墜」。

葉　封（三通）

之一

老年兄至性過人，致哀盡孝，憶奉送時，悲容深墨，相視含悽，不忍作一語。別來忽忽，遂已歲餘。弟于去秋薄遊江左，今春始還，道中瞻言凫繹，緬想故人，家在其間，不得過從，徘回久之。頃接手翰，具知孝履平安，是慰。讀太老伯先生表傳，令人起敬起慕，其文亦清真古淡，非苟作者。年兄思顯其親，而必擇其人爲之表章，斯誠可以不朽也。弟一誤失足，需次無期，自知百不如人，空爾淹留逐隊，當于秋杪暫歸敝廬，無足道者。前于阮翁處讀年兄古詩一卷，高蒼沈鬱，迥絶時流，餘體何竟不見寄？同學翹候已久，此似于讀禮無妨也。拙刻先成，竊慚糠秕，頃賦一篇，并呈教正。闕里石刻曾裒集否？其漢魏六朝碑碣存者，乞便中各搨一紙見惠爲感。肅此附復，不盡願言。五月廿一日。弟封再頓首。冲。

之二

十九日接手翰及寄碑刻，具感不遠垂注，展讀摩挲，如獲拱璧，謹謝謹謝！流年又易，深憶停雲，老年兄讀禮之餘，留情筆墨，承示佳稿，容從實庵兄所取而讀之。計尊服將闋，入夏便當赴補，倘弟彼時猶滯此間，則促膝細論，諒有日也。弟本無學問，謬竊虚聲，邇復苦貧氣盡，舊業益荒蕪不可治，且悠悠久待，而此中才品糅雜，頗有不自愛重、以奔走貽笑大方者，將來未知作何結局。弟自揣荒疏迂拙，加以福命不齊，豈有幸耶！遥辱關念，徒增慚汗耳。聞貴鄉饑祲，貴郡不審何如？顧寧老《金石集記》，年兄向曾見之否？寧人博雅精核，當無所遺，而據其所開，在曲阜孔廟者，五代以上不滿廿碑，其信然耶，今録呈備查；其未有者，隨便補搨，未敢得隴更望也。今日赴大嵩敝先生宅陪吊，恐使者遄旋，草草勒復，未盡所懷。正月廿日。弟封載頓首。

之三

戊午獲奉良書并墨刻，具感存注，裁復之後，鱗鴻遂稀。庚申詹麗朋舍親還自錢塘，云得睹眉宇，兼辱寄聲，中心藏之，時爲馳企。比知榮補已久，先生清通簡要，雅望攸隆，内晋崇階，自計日俟之耳。憶曩從阮亭先生所借讀尊著七言古體一卷，頓挫深穩，極有杜韓之風。聞後在南中已鎸全集，乞便中專寄一册爲幸。弟自己未罷歸，困于薪積，頻年奔走，無濟飢寒，今亦甘老江邊，而齒疏髮變，已無足言矣。懇者：弟在西城之日，恭逢十四年恩詔，應得誥命；原領執照，留楊晴西舍親處，于去年正月内，轉付内院供事李贊朝，比時李云已寫，只候彙齊請寶送部；而舍親匆匆赴開封之任，頓成古人，不及領到，稽延至今，又逾一載。幸值先生當事，敢求垂照，查明發領，付敝同年吴巢薇舍親轉寄，存没之感，銜結以之也。風便，肅候鴻禧，并附虔禱，伏惟留意。憑穎顒瞻。近刻一册，寄呈教正，不盡。八月十二日，弟封再頓首。左慎。

林堯英（一通）

十年壇坫，夙奉敦槃。弟以瓴甋細響，荷老先生年臺收之藥籠之中，思欲執弭追從，而予告旋里，末由昕夕摳趨座側；而琅琅鈞天，震讋人耳，沐浴誨益，固已多矣。昨聞玉節北指，海内鳳麟，仰藉璣衡搜拔。愧弟鹿鹿風塵，懷鉛滋懼，惟是冰兢自矢，所識者皆繩樞之子，期於提命之意，稍稍靡負。引領台慈，頻垂雲芘。承示佳賦貳篇，業已遵爲玉尺矣。尚容耑勒，馳申燕賀。肅此奉復，臨啓可任神馳！賤名另具。左慎。

張老先生札，俟到汴之日報命，附聞。

謝重輝（一通）

憶昔都門旅邸過從，朝夕聚首，恍然如前日事；而居諸迅駛，不覺兩易寒暑。同調兄弟紛飛南北，契洽如吾兄，亦不能一楮通候，疏慵之罪，真擢髮難逭矣！使者來京，備悉起居。知襄事之餘，觸緒悲愴，殊爲不堪；然人生逆境，勢所不免，所望節哀自玉，以俟側席之求，勿徒過爲悲傷也。至弟七載散曹，閑懶成癖，一旦誤投網羅，抱牘案頭，久成俗吏。意欲乞恩東歸，謀爲遂初之計，而二三兄弟堅不肯放，奈何奈何！諸家詩已送賓兄彙寄，拙作二首，就正大方，幸筆示爲望。使返，空函肅候，不盡不盡。弟名另肅。冲。

曹貞吉（六通）

之一

自春來三接手教，因乏便鴻，尚無報章，知年兄必能相諒也。小兒回，知底事全仗年兄餘光，雖出當事之惠，猶解推也。且適館授餐，有加無已，弟寧作石人耶？敢不終身佩之！夏斗老騎驢覓科，不謂後時，匆匆一言，不獲再晤矣。輦下詞客自然雲集，但雀羅之門，從未枉高賢之駕，其有素交者，投贈亦復寥寥。弟自分迂腐陳人，正未敢沿門投刺，若復縱横其間，面皮三寸矣，年兄尚何取于弟耶？著作極力捃拾，猶不足二十種，盡以相寄，以爲引睡之具可，以爲噴飯之具，亦無不可也。佳箑領到，但恐無如許善書者，謹留以待時，或托人轉求亦可。方暑，惟冀保攝，爲道自愛。使旋，順候興居，并闔宅福履，不既。弟名另具。慎餘。

之二

盛使來，又接手教，兼詢近履，知闔宅平善爲慰。年兄即吉在邇，想轉晌可晤芝眉矣。别諭原屬過慮，然已托髯公諄致，差不辱命也。月來諸博學皇皇得失，佳箋未得悉徵，俟此局小定，可以彙寄矣。諸容另悉，不次不莊。弟名另具。

之三

向乏便鴻，遂疏音問，然此心無日不在左右也。人回，敬候年伯母起居，并闔宅福履。我輩握手之期，或在夏秋，但弟貧病之餘，筆硯荒廢，塵土面目，真無以對故人矣，奈何！吾鄉災荒之狀，不忍深思、不敢多言，剥膚之患，非杞憂也。詩餘一道，向因少事，借以送日，結習所在，筆墨遂多：；其年、錫鬯日督付梓，所以未即災梨者，作者林立，羞事雷同。一囊無餘貲，難修不急：；二心懶憚于檢校：；三草草結構，不敢自信：；四俟年兄入都後，再加斧斤，方可出以示人耳。云何《詩略》亦半年未刷印？敝笥中搜得一册奉寄，俟印出時，不妨多帶耳。佳箑日爲在心，所以遲遲至今者，因入冬宏詞之士方大集，歲底始得散完，又最難收。日來因考期在即，諸公鍵户不通人事，不忍亂其文思，故交卷不多。先寄去十四柄，内鉅公詞翰，尚未數數也，俟徵完再寄。久不晤阮兄，尊集尚未得讀，俟小暇，當過彼寓細觀耳。令弟年兄寓最遠，雪後道阻，未及一訪，看花在邇，領益正有日也。意緒草草，筆不盡罄。弟名另具。冲尾。

之四

連日未晤，渴思惄如。啓者：粗紙一幅，求年兄小楷一段，將爲模楷，懇即賜爲感。前諭已致之舍弟矣，容面不既。弟貞吉頓首。

之五

數日來未晤矣，舍弟昨有信來，云去年讀大作三紙，服其秀絶，更欲求全集一觀，不知可賜教否?又欲購廣平申鳧盟集一部,但弟與隨叔太史無素,并煩年兄鼎力一求何如?示之。容面道,不既。弟貞吉頓首。

之六

三年之別,計秋高定可握手,不謂年兄又以假請也,令人悵悵。大集曾自阮兄處携來一讀,高山流水,實移我情,但阮兄尚未鉛黄,弟亦未僭妄,此時尚在阮亭案頭,云已有字寄去矣。敝邑二麥不登,有如貴郡,幸三伏雨足,秋禾似茂,但未知將來何如耳。同人濟濟,深慶連茹,此古昔未有之盛,我輩生際昌期,目睹盛典,爲榮多矣,正不必厠身其間,然後愉快也,云何云何?弟胸次枯槁,閣筆有年,間有拈弄,亦如秋蛩夏蚓,絶不成聲。承年兄見索,謹以一帙請教,乃吾愚山夫子與李武曾評定者,年兄泚筆抹之,便中仍擲下何如?扇又得八柄,寄上,所餘不多矣,此時群公衮衮,更難仰求,容徐圖之耳。老母藉庇粗安,但比來善病,令人牽縈,年兄何以教之也?使旋,敬問年伯母起居,并閤宅平善。草草不既欲陳。弟名另具。左慎。

田雯（二八通）

之一

伏暑熇炎，渾身是病，勉强視事，煩苦支離。申江告竣，端赴姑蘇，十六七可歸句曲，年兄肯同萊老枉駕，作快聚乎？物色佳麗，當有同心，弟所樂觀厥成也。蘇茂弘婧家亦在秦淮爲此舉，三公坐而論道，誠爲風流佳話，又大可妬也。溧水上元，謹心識之。萊老寂無所遇，何以處此？廣文諭訾無狀，府詳到時，當斟酌寬之。餘不具及。小弟名心肅。冲。

之二

南來以得晤年兄爲快，而竟不果，從此奔馳兩江之間，聚首良難。望惠然來句曲度歲，三茆峰色，未必遜二洞庭也，伫盼伫盼！邗上事竣，蓋難言之矣，盡在尊使口中。柔艣輕鷗，又簿書鞅掌，草復不多及。弟名另肅。冲。

之三

回句曲，積勞疾作，十九日强起赴澄江視事，百端棘手，撑揞爲難，萬念俱灰，退歸何日！前所云云，不復作幻想也。秦淮風景甚佳，暫避炎熇，容圖快聚，萊老亦留住爲禱。羽便奉候，伏枕草草。小弟名另肅。冲。

之四

弟平生要緊關頭，在此一舉。我兩人雖有姓氏之異，不啻胞乳之同，尚俟諄諄贅語耶？舟次池陽，聞王明老已返棹，真千載一時，不可錯過！從來成大事者，定有素心熱腸好友，天然湊合其間；不先不後而遇君，正今日之謂矣！一切委曲斡旋，内而撫公，外而臬司，許多妙用，大費精神，大費唇舌，匪易易也，非細故也。專盼好音，千言萬語不能盡。如明老不即抵皖，年兄多住三日面商，禱禱！明老處，另有專啓。弟名另肅。冲。

之五

十二日抵滁，豊樂亭不知在何所，真同俗吏也。穆倩圖書，望時一促之，乃可得耳。年兄見惠一匣，又持去爲舍弟鐫刻，乞切致爲禱。詞林寫大字不比部郎，或宜選其大者，年兄斟商之爲善。弟《皖道詩》一册，批抹完即付來役，祝祝！餘不既。旅館苦况難言。小弟名另肅。冲。

之六

五日京兆，復遇兩上司新任，命之不猶，又復何言！星卜家皆云官運蹭蹬，信或有之。年近五十，鬚髮半白，從此入山唯恐不深，但事多梗阻，未免周旋照應，心血俱枯，苦人苦人！使至接手教，感激之餘，因而泣下，平生骨肉知己，年兄外再無人矣！大冶意出于誠，受庇良多，今迎至維揚，渠已抵淮上，晤後即返句曲。渠受事之日，亦即弟交代之期也，相待若何，再當馳聞，以慰吾兄懸切耳。前尊使回，已有字奉候，近聞勝遊歷下，見萊老，當自言及小弟也，致意爲禱。他日卜居湖上，老作鄰翁，不可不商量留意耳。試牘重刊呈閲，拙詩亦在付梓，另時請教。小物附呈哂照，餘不悉及。旋里當在五月，意欲從濟寧一路，可以圖晤，臨時先使人馳聞。三月廿四日，弟九頓。名恕。冲。

之七

花明柳媚，春色一新，福履增勝，惟有時切懷想耳。人事變遷，江鄉又一局面，值弟離任之日，大費周旋，苦衷難言！而考核之疏，皖城公頓易初念，置之二等。仕路嶮巇，從此跧伏泉石，大合夙願，不復再作妄想，殊自快也。新撫軍元宵後即出都南下，乃特命趣裝，不能少停。懸揣其車轍所經，定由泰山一路，弟意欲煩吾兄候於道左，爲弟懇懇囑托，弟於三月内即交代。閬仙雖爲去任之官，而交前接後，頗有關涉，非藉吾兄爲大護法，又誰職其責哉！撫軍係敝年伯，素在教愛之下者，若非吾兄鼎言，則聖賢之用心行事，固非庸愚所可測識也，如何如何？望深思而自得之。倘吾兄愛弟之深、憐弟之拙，且勞用力一言，則受賜多多矣！更望早賜回音，以慰鄙懷。桐江有信來否？錫鬯又駐石城，正促其捉筆也。夏秋間在吴門，定爲吾兄搆一青衣報命。餘不悉及，北望翹切！正月十三日，弟再頓首。左裕。弟名另肅。冲。

之八

兩接來教，如相晤譚。自年兄出都，凡有衷情，無可告語，始見平日手足之誼，與他人不同，不如此離索，不知也。念甚念甚，時在寢食夢寐中。大事自應竭力，然時事艱難，亦不宜太爲虚文拮据憔悴，愛身以承先志，又大孝也。志銘自當沐手一書，但稿在何處，詢之綸錫，亦云未見，其故何也？想緘發時又遺忘耶？速示之。香泗事，幸不辱命，已結局矣。抄稿呈閲，不盡欲言。弟名另肅。六月卅日。冲。

之九

志銘稿至，立偕孔年兄送虞山先生書就矣。台意亦命弟書，第碑版之體，非方正穩妥則不堪觀，弟何能操筆耶？又不敢重違來諭，勉爲一紙，并呈尊覽。既有虞作可以勒石，則拙筆聊爲副本而已，删去前面多銜，亦此意也。頃染暑疾，泄瀉不止，又值新生小兒出痘，草草臨池，益露醜態。率復不一。七月十五日。弟名正肅。冲。

之一〇

作老冬烘，誤我至此，大違本懷，年兄知己，想亦爲弟捉鼻耶。不遠即塞責，此番公案，焚筆碎研，作田舍翁本色，再不敢惹事矣。水曹照命，忽而得補，真出意外，但以長安之珠桂、吾土之饑荒，實有隱憂耳。邇來臂腕作痛，精神衰憊，大異疇昔，唯好静坐，最厭讀書，如何如何？大作五古一帙，記在林澹亭處，容尋獲緘寄。海内名士雲集金門，弟實未敢見一人，即阮、升諸先生，亦僅打照面而已。踽踽凉凉，土木形骸，俟年兄來，就正有道，另闢新境也。關注屢屢，未及裁答。客夏在雒口萊孺家，得以備悉况味，坐談夜半，恨不三人晤對，罄厥寸心。今復春色如許，闔宅近履，伯母萬福。臨啓翹切，不宣。小弟名另具。冲。

之一一

老年母北上，一路平安，喜賀喜賀！盛价東旋，又接手教，骨肉關切，無刻不置諸懷抱間。

樂天寄微之云：「以我今朝意，知君昨夜心。」今日之謂也。底事南音已奏，妥貼乾浄，可望竿頭進步；但從中結構，大費思議，舍弟晤商，知必有以教之也，如何如何？廿年來知己老友，可語以身心性命者，惟我兄一人，尚庸多贅哉！日來抱病，乃憂鬱所致。呵凍草草，紙短意長也。十五日辰刻，弟百拜。

之一二

兩接手教，又見蘧使，心甚慰快！留之多住數日，種種可商也。離任之官，景象便不堪，世情如此，亦無足怪。考核之疏，至今未上，皖城公意亦轉移，四字之評，不敢復望、不再强求，居易俟命，是我輩本來學問也。聞各省皆注上考，恐將來必有變局，難言之矣。撫軍曾晤過否？其意若何？望確示以寬懷抱。弟别無囑致，惟恃我年兄耳。桐江之言似乎游移，今已另字寄去，俟有回答再報。錫鬯在石城，其詩可得裁，管家帶回可也。青之頗有葛藤，臬君可笑，即此一斑，亦可以見人情矣！餘情續布，草草不一。小弟名另肅。冲。

之一三

名落孫山，甚合本意，第多此一番毷氉，良可笑也。舍弟館選，頗稱快事，吾兄關情如手足，意可知矣。木天一席，自昔艷之，我兩人得之於兄弟之間，亦復何憾哉！水曹似水，薪米爲艱，需次兩年後之學差，不啻河清。屢思告休，議者多以爲不可，安得知己如吾兄而與之決進退哉！家居樂趣，不可勝言，此味只淡泊寧静人知之，世情太熱者昧昧也。托疾極是，而良晤頓慳，殊悵悵耳。同人落落，閉户岑寂，即升六輩亦難見面，矧論詩耶！著作等身，便中惠教爲望。弟寓即吾兄舊居，乃黄宅也，月例五金，綸錫作成，敢乞台鼎向令親家黄大年翁一言，爲弟作保，寬其窘乏之時，不忘圖報之地；或年餘交割，短長不齊，俟弟量移時清算完結。在黄年翁素契不薄，自肯肝膽相照，而吾兄所以委曲周全乎小弟者，此今日第一要事也。老伯母康健萬福，大年兄入都不遠，舍弟後輩全仗提攜，一言難盡。臨筆翹切！大作一册在阮翁先生處，遣人往討，云批評未竟，不肯發。弟名另肅。冲。

之一四

年五十又生一子，聊作眼前之戲，不免後日之累，甚可愧也。宦情消磨都盡，但恐坐不定又想出山，此與老翁生兒同一醜態，惹人嘲笑。補法如何？前有幾人？亦望查示也。兒曹廷試，欲觀北場，又慮迴避于乃叔，畢竟以東闈爲妥。邇來文氣，何者爲善？惟祈揣摩至當，有以教誨之。弟草野之人，久不識文字爲何物也。晨夕之間，望呼至膝前，耳提面命，吾子即君之子也，能膜外視之哉？前字已緘，再書數行，仍不能罄。弟再頓首。冲。

之一五

歲聿云暮，福禄倍增，企賀企賀！弟一病半載，衰白日甚，堂堂五十，不勝感慨也。兒子能文，小孫頗不庸俗，差快人意耳；但家計漸窘，明春作嵩少之遊，借以彈鋏，望吾兄爲我策之。然此道甚難，不大寂莫便好也，如何如何？所謂睡豁者，又復告歸，「飢寒奴僕賤」，人情世態類此矣！更有書記張姓，亦金陵人，爲弟抄寫而適用者，盜衣而去，聞在都下；其人無賴，乞留意防之，切切！卧病村中，回首廿年閲歷，如隔世事；而骨肉知己朝夕想念者，唯公一人，此衷可質鬼神也，不謬不謬！京朝大官，待漏多勞，寶嗇自愛，不宣。山薑弟雯伏枕草。左冲。

之一六

盛使北上，數行奉聞，想入記室。弟有嵩山之遊，正在束裝，亦無聊之意也。玆小价偶至都，再候起居。外李世桀一僮，昔蒙惠用，其人亦醇謹無俗氣，第應賤役于村野農夫之家，學灌園織席，似不相宜。窺其意，若厭薄其主人者，屢言辭歸白下，弟不許，仍欲送之年兄，未識可否？當示我也。林下之冷落如此，富厚勢位，可忽乎哉？用是增太息耳。秋爽薄寒，珍攝爲望，臨筆不勝渴想！中秋後四日，弟雯頓首。左冲。

之一七

前有台札見示，弟抵里後始接到也。得榮補之信，喜極欲狂，從此崇階晋秩，爲萬物吐氣，我輩生色矣！弟來家數日，遂有第三子之痛，幾至喪明。近日脾病泄瀉，景况不堪，鬚鬢全白，竟不似人形。老年兄先生骨肉關切，其何以救之？考核一節，南中杳無音信，大約不妥，到時望照拂始終。種種留懷，知己之前烏容多贅，然筆墨所至，不覺喋喋，皆出衷腸也。别言在盛使口中。眼昏腕痛，燈下草草，伏祈慈照爲禱。九月廿七日，小弟雯頓首。冲。

之一八

家食習静，奉母課兒，頗有趣致；况須白眼花，漸成病廢，抑且囊中虚空，無以爲出山之資，真不可奈何者也！專探吾兄超擢消息，便是林下老友揚眉吐氣之日，區區不足道矣。西山爽氣，秋色照人，待漏啓事，亦甚勞瘁，望保重自愛，以慰鄙懷，念念！徐公所抱何恙，竟至不起？而房中耳東先生亦有怪症，不能久延，良可嘆也！盛使到時已暮，且同友人花間小飲，燈下草草，不及多書。附有《劉函山集》八冊，并小札，乞轉送方山。小弟名肅。冲。

之一九

手指痛已五月，此生與寫字無緣，非懶也。拙詩書於佳扇，醜不可當，奈何！蛟老詩畫皆通，怕人怕人！年兄大作，定求一二日即賜大教，斷不可遲，乃見相愛之至。小弟雯頓首。

之二〇

弟呈想未投，明日决投爲主，仍望年兄帶入，或擲下，弟送之司務廳。歸念已定，事在必行，不復猶豫也。蛟門已走，附聞。弟雯頓首。

之二一

望老敝年伯選文之意甚殷，弟亦欲必終其事，特我輩無暇，實不能日赴滴翠園同研席也。下孟文取來，奉年兄晨窗夕燈，爲加丹黄。定於初八日告竣，李年伯尚欲於歲前寄到維揚，而我輩亦早完此一番公案，斷不可少遲一日也，至祝至祝！弟雯頓首。

之二二

文雖多，然精選不過卅篇足矣，無可分任之者，只求年兄撥冗一閲，頃刻竣事爲妙。快雪堂已付之工人矣，餘晤悉。弟名恕。冲。

之二三

舍弟揀選，乞留意；倘在二十名之内，感頌非淺！門外一送峨眉，真戀戀不忍言別也。家中人至歷下，似是訛傳，并聞。不一。弟心名。

之二四

刻下急過梁園晤話，且以文事相商也。季老門兄、修老年兄。弟雯頓首。

之二五

弟連日病痢，又輪上夜守晚，莫可推辭，苦極苦極！年兄明早不必進直，午後早早進宿何如？倘與人更換，亦祈以此意促之，感感！弟雯頓首。

之二六

部中自有揭帖送內，不聞有挂號之説也，俟明日問來再報。弟雯頓首。冲。

之二七

來諭領悉，想不能無費也。前孔公者，昨問當事，云不知，容細查再聞。心名。

之二八

唐詩奉上，屺老軸已訂之，須有以相贈方行也，不一。弟心名拜。

程邃（二二通）

之一

吴楚三年，義聲在東南，久而相化；比其旋也，王大令擁楫飄飄然，人士莫能載酒祖帳，所賴江流一動色云爾。徂歲屬望，當如心之懸擬，兹獲瑶函，仍然燕居耶？小技苟爾糊口之物，慚愧一生，謬叨先生之品題，遂使閉户得以馳驟於大人先生耳，感荷！施開府廣爲徵汲，焉得不萬里歸心。日來淮南郭子抑、王聖起兩公，傳述至愛，嗣容另展，未敢自必也。别來殘喘，幾幾就木，季春忽舉一孫，目力腕力，頓有少壯之氣。四章應聲用命，願勿視於等閑，何如何如？函詢勝事，全銷妄想，恒念箇子之於周舍，反覆故人。鎦文叔間中道中情，豈堪貽笑學者乎？秦淮風景，竟爾空谷無聲，曠古未曾見此。使者自金閶往還，速甚。荒函率勒，容覓便耑布，草略不恭。教下邃頓首。慎。

之二

三章落款謹上，因茅天老行急，并馳呈耳。頃歸，爲屐齒傷足負痛，明日痛止，始能奉陪，適得洗藥，未必速效也。遜翁先生道宗。教下期邃頓首。

之三

昨别後，偶有五岳方寸之感，遂復大醉。今日幸勒成二章，先以稿呈教。此道不能如古人運斤成風，覺前賢所謂「慘淡經營，用盡一生心」差近之，先生必以爲然乎？刻下落款，竟躬上之，不敢塞責負安德兩君子也。草草白。教下邃頓首。

之四

今晨候遣役不來，只得着童子覓姜西老曦所書得之。渠積慕至久，且有許多要言，急欲與翁先面傾，急使人從扶老處促駕矣。如已歸尊寓，乞即同臨我，何如？茅天老及周、李兩公，有興與俱，不另約。修翁先生道宗。期教下邃頓首。

之五

宣爐所重，別真僞，美式非所急。世之罕物，豈能求全，然先生不喜索耳，只得發精秘曰「橘囊」者以贈。此通身橘皮棠紅，腹中翡翠兼備，不容多注脚矣。前一字作緩急語，惟裁示之。有一札上學君，容繕托，不一。修翁先生顔夫子。教下邃頓首。

之六

石田畫欲付名手裝補，而其人已入京師，不可待；先生所用裱家，聞頗善，謹奉上請敕從事，何如？今日德躬當安和，宴遊必有應酬之煩也，念之念之！教下邃頓首。

之七

擬明日候臨，一陳鄙蓄；探曆值函，乃卜初五矣。所約同觀朱先生及客中二三子來，不可却耳。上修翁先生顔夫子。教下邃頓首。

之八

前日報一遠客冒雨，病大劇，今日藥後，始能趨候耳。《字彙》首尾二帙奉到，此部屢經翻刻者也。教下邃頓首。

之九

昨歸路冒寒風，乃急傾杯中物，竟醉極，未作報。今日凛冽，不能事筆墨。久欲獻片語於學者，終日覓句，未成隻字也。竊願乞名世贈言垂不朽，前荷許諾，至是重有請耳。惟求先生屬意，切切之甚！周子老不更啓，祈致之。教下邃頓首。

之一〇

前集，不知先生竟行也。昨聞尊府，梁上君相過耳，以足痛不復奉候。今日小扇，印文曾换字否？謹待命之。紅字一律，書呈諸先生一笑，如有成，求一示爲望。遜翁先生顔夫子。教下期邃頓首。

之一一

先生方虚居蕭瑟，而四國景從之徒，莫非相累。殊愧歲寒，促促無以分憂，乃辱厚賜，且情溢乎詞；再三躊躇，恐迕人傑命世至意，拜渥之感，不安爲甚也，草草暫謝。夜來開酒戒，正蹈小愈加病，奈何奈何！藥後當趨頌也。遜翁先生顔夫子。教下期邃頓首。

之一二

昨别後，脾病轉劇，不得時來左右，以盡將離之緒；今晨服肉桂佐參，求事休息，或可振也。黄紫垣一字呈覽，欲乞嘘牘於何子受榷部，邃雖有交，非先生九鼎，安能生色耶？敢爲之請，惟裁可否，何如？草草不一。遜翁先生顔夫子。期教下邃頓首。

之一三

今日趁未凍，作匾書，因久不事此，故稍存副本，不足存也，希先生直加去取，或竟付無用，以待大手筆何如？五章皆落款馳上。刻下欲躬詣，而忽然雨作，不敢前矣。茅先生一册欲書，乞致鄙意，發來塗鴉請教耳，附白。修翁先生顔夫子。期教下邃頓首。

之一四

連雨不能趨侍，然乘雨勒得三篆，急馳請教焉。夜來與嚴方詒柱史飲，談及先生風義，於其尊君有知己之篤，非尋常也。渠來此謝孝，舟泊響水橋下，偶一相聞云。諸容嗣悉。遜翁先生顔夫子。教下期邃頓首。

之一五

此中感荷相尋，夜來更承提挈，不覺沉酣，與談言淋漓交極也。領沃嗜研篤好，因以所藏最上者進之，其德備美，殺墨尤纖，不必自下注脚，先生藻鑒自顯矣。田公明日行否？今夜仍命駕於彼否？體其嚴重，苟見召則前，兩相樂何如？草勒不悉。小兒不敢持刺，可執鞭也。修翁先生顔夫子。教下邃頓首。

之一六

雨晴未定，今日當入舟否耶？前承鑒别諸鄙藏，弗審尊意何居，不妨商略，何如？刻下欲湊成卜居事，敬托篤老求緩急貳拾金，乞即垂手，容不日報也。修翁先生顔夫子。教下邃頓首。

之一七

前之舊凍，發還時不蒙裁決，累日未見談及，以爲可止爰而止矣；適問命及，所謂知其所好而投之。然選石難遽得，未若三獻不録之物，恐并此又爲人有耳。漢玉山乃焦太史家物，送來先生觀之，即擲下可也。教下邃頓首。

之一八

先生尊足應藥銷減否？賤目忽爾差明，不獲過從，石谷一字代白。昨見其仿古妙甚，明晨可告成也。草草白，原字附上。教下邃頓首。

之一九

昨遽聞歸與有期，不勝惘悵！所懷百端，難自舉耳。施石以爲盈几横陳，必得佳者如式矣，今爲日甚迫，將奈何？或姑從小者爲之，或俟後期，惟命之。天篆兄，先生藻鑒之下，倘果有意，渠可竭忠執鞭，且受師資，克凛讀書之志。年來煉氣，知紛雜多害，至誠是力，云行止聽尊裁，非細商不可。此兄見事多，若得儒宗指南琢磨，俾埋頭於林府，何如何如？教下邃頓首。

之二〇

天篆兄適來詢問，已備述垂愛至意，渠亦共聞歸裝伊邇也。然際倥偬非留客之時，欲携紫蟹數枚，造先生床下少談，今夕其相許否？謹代白之。教下邃頓首。

之二一

壽施排律，爲韻長短？廿韻内外？乞示之。業屬吴天篆兄，彼俟先生見客時申謁耳。明日方伯曾奉訂否？文宗爲其郎君危疾，四路延醫，故遲遲來也。玉石貲望擲與犬子，附白。教下邃頓首。

之二二

文宗五章，求致其式，先乞教之。施公先後石，皆平常之極，今石遠出其上，索而按之，是其驗也，宜早定爲望。教下邃再頓首。

倪會鼎（一〇通）

之一

水陸半日，便可瞻謁太翁先生，以慰三十年之飢渴；承此教携，快不可言！宅報謹領達，再承何札，感甚！匆匆夜歸，大什未及捧誦，然已望氣知奇矣。承台貺，不敢概領，而使者將命甚殷，謹拜登，謝謝！弟粗解書，不容布鼓雷門，辱委，是小巫之見大巫，神氣爲殫，容詰朝書上。適以貴座師暫留，尚有三日之停。諸容嗣布，不一。賤名另具。慎。

之二

酒脯論交，昔賢所貴。辱召固無辭理，第尊體違和，不宜久坐，且弟行色匆匆，塵事龐雜，坐方台命，惟祈原亮！瘡瘍最忌服烟及豕肉炙煿之類，其有所試，不可不戒。程單所列，祈照察便覽，如有心期在其地者，敬求賓字數行，明晚候領。怙誼瀆陳，臨岐爽爽。弟名另肅。冲。

之三

尊體已平復乎？甚念！大率初發宜清散，潰後宜補托，此用藥之大法也。辱委，直是班門掉斧，勉報甚赧。大筆真有虎跳天門之概，令人心折！一箑求飛翰數行，得即揮，幸甚！倘台冗，詰旦候領。諸不一一。弟名另具。冲。

之四

客夏從文度王世兄附致一函，定達青矑。履端更始，萬象俱鮮，焕發新猷，益徵弘曠矣。先嚴賜地，賴趙公祖而全，後有争而去者，亦已别補，雖高下有殊，而事無虚設，悉繇高雅，永矢勿諼，敬謝！先嚴遺書未剞，曩荷虹襟，以屬恒齋王父母，不意旋即解事，未克經營；今會稽新宰，想已銓除，仍祈鼎吕鄭重，始終雅願。弟閉户却掃，編著《因禮會歸》一書，以晰文獻衍義之所未精，與增所未備。又以半日餘晷，守虚湛之天，憚與世接，惟希爲犹子運建先容之，俾得藉手遺書，亦先君所銘勒也。相致之後，仍祈金玉見示，即致王世兄郵下爲禱。諸不覼縷，徒有神奉。名另具。

之五

遺書荷厚雅曲謀刊布，感在先人泉壤，不止弟子孫世世也。奏牘仍存忌諱，自不妨借輝燕許，必不可，則求弁引。尺牘候武林草示，志大德於不朽耳。尺牘分類而復編年，有國事、民瘼、時事、經濟、文章、駢偶、心期、泛應、上交、汲引、持己、家函諸目，此其概也。弟習静簡出，或有剞劂事須面商於王父母者，意欲令小兒運建代爲啓白，然尚未識荆，晤時祈世臺并爲先容及此。匾聯書報，殊不稱渠渠之望。尊札祗候揮擲。臨歧再圖趨送并鳴謝。弟會鼎頓首。

前贊中「一字」之「一」，宜改「隻」，古風内「籍籍」之「籍」疑誤作「藉」，不妨屬他手一爲改注。遺篆册容日奉繳。小楷逼真二王，如蒙惠篇什，望即以此體書教。

之六

獲誦教答，有仞雲虹。賀監湖邊，鄭弘溪曲，引領紫氣者，又且數月；而比傳華軫更將西適吴會，果爾，則抵掌之緣，復失於交臂。謹此聲問，以慰旁皇。讀太翁先生傳略，忠孝同歸，争輝日月，董狐輩出，自致千秋。附將先傳，要惟老世臺昆玉發其熊魂。然傳中叙司農事殊簡，而先集諸板多闕失，其舊本卒未得，致未即寄覽。所已送部者，有《奏牘鈔刻》諸本及《應本講編》二種，希伯仲參攬其間也。貴通家王父母温恭豈弟，氣誼文心，俱稱最上，自爲絳幄游揚，野人雖甚心儀，要不敢躋堂數溷。先集之未刻者，有《計楄奏牘》及《尺牘雜著》諸編；其已刻之《兒易》，先爲健兒投爨，片板無存，三四十年間，欲以漸謀剞，竟無一就。怗在高雲，倘邀數行，與貴通家商此數種，傳之通邑大都，此爲壽我先人，雖石泐海枯，義存無斁。自非高誼薄霄，固不敢及此耳，統惟鑒原，諸不覼縷。倘駕尚東渡，翹首以俟。另一先傳，祈寄令兄世臺，未及專啓爲罪也。弟名另具。左岦。

之七

鑑湖抵掌以來，又數更裘葛。檣車逖覽，方還啓事，芥蔕山川，嗚鏘廊序，蕩胸浴日，交擅其長，方諸升林，殆復過之矣。時從貴門人王恒齋悉起居，粗慰遐鄙。恒父母今之魯山，車路已輕，忽爾顛躓，文法困人，坐失琬琰，良可惜也。數年交誼，視兒輩都如手足，所愧畸人，莫致百一。弟老至無聞，内求性道，而又未能悉謝人緣、焚棄筆墨，似此因循，深慚知己。風便附候，都不覼縷。敝郡牧令中，有可爲小兒運建鄒吹地者，祈瑶函一二，即郵致王父母轉示，可免石頓之虞，禱禱！名另具。左玉。

之八

燕山抵掌，一别十年，秋葦之感，無時去心。令問休暢，景鄉百爾，野人疏陋，室於鯉鴻，惟是高談在耳，舊咏娱心，千里縈紆，不覺其遠。側聞老世臺税駕聖湖，心眉并飛，會方鍵關習静，不即褰裳。居恒未嘗迷夢尋之路，及既咫尺，乃更河漢，抑何悖耶？緬惟昔者飲德南返，間關鄭鄉，把奉太翁先生，款洽累日，相與謁聖林，登闕里，瞻姬公、復聖諸廟貌，還拜祖太翁前賢於松柏間，聯袂行吟，繾綣惜别。曾幾何時，而琴亡梁壞，可勝悽惻！炙鷄既愧昔人，馭寄亦乖驢責，古今之不相及，大略如此矣！會友玉昆龍光載焕，其爲繼述，足以千秋，静功圓日，當造晤於雙高之下。倘鷁首東來，懷古越王之城，則日占紫氣，引領望之。率爾布候，諸容面罄，不悉。

之九

未刻先疏，先録其半以奉台覽，敢祈弁言，用昭來祀。《三都》托玄晏，乃始益行，莫爲之後，雖盛莫傳，道固然也。惟老世臺不吝珠玉，成兹遠業。率懇不恭，并祈原宥。弟曾鼎載頓首。

之一〇

嗚椈耑遽，當繇宛委山靈，慧力輕淺，不能多邀篇什耳。前懇大序，爲先嚴奏牘之輝，望即屬草，容泥首以謝。頃一箋附使，求臨池數行，惟教之。册卷明午繳上，先筆一通奉覽。小犺一箑并求揮，歸即令奉謁。弟會鼎頓首。

吴　涵（三通）

之　一

自趨叩函丈後，適抱微疴，静攝數日；兼以大篇義藴宏深，非末學晚進所可倉猝卒業，反覆展誦，始敢管窺，遲遲未報，深用歉然！但涵實淺陋，加以舊學久荒，妄有贊嘆，亦恐無當高深，如何如何？尚祈太老夫子進而教之。耑此稟復。尊稿并趙上，不一。涵載頓首。敬餘。

之　二

雖館事告終，日内彼此拜賀，世情雜遝，一時不能即了。長安做官人，算此便是正務，良可嘆也。承示大篇，久羈恐誤剞劂，昨力疾從燈下展卷快讀，恍如蘇滄浪斗酒披閲《漢書》，其樂無極！軟塵衮衮中，得時聆此德音，少陵所謂「欲覺聞晨鐘，令人發深省」，增長志氣不淺耳。謹先以三首趙上，非敢云僭跋，得附大集爲箋注之流，庶幾管中窺也。但《諸臣篇》，涵意以不付刻爲高。陳蔡大夫不云乎？其所刺譏，皆中諸侯王病，恐以吾道爲兕虎耳。如何如何？餘容續繳，并寫拙詩呈正也。敝鄉親姚琛新授崇仁巡檢，前已面陳，倘荷九鼎，如戴生成，并祈即發爲感。耑此稟達，不一。涵載頓首。敬餘。

之三

前奉謁時，承問及刊工之精妙者，遍訪得一友，向係刻吕晚村天蓋樓之手，其鏤劃端好、筆勢飛動，所不待言，耑令人送到。其人朱姓，號若聖，惟祈采用，必不誤也，此稟。涵載頓首。敬冲。

嚴曾榘（四通）

之一

疏違良晤，不覺忽近一月，此心實依依左右；奈半月來爲瘡瘍所苦，且有不可告人之狀，以此久疏我世臺先生也。幸到西湖，如此之久，而弟不獲時時攀教論心，自愧自笑。然非淡然忘之，此中有難以言喻者，即告之世臺先生，亦未必遂相信耳。風日頗佳，曾得可意人否？日内因有俗冗，略緩一二日，尚圖屈叙也。昨未布復，耑此奉謝。書法之妙，真絶頂矣！小弟榘頓首上。

之二

偶因不得已，有一唐突語命小价面稟，倘可周一時之急，弟於世翁三衢旋省之日，即行奉趙。老世翁來客敝地，弟斷不敢爽約也，實緣至急赧面耳，亮之！制弟棨稽首。

之三

相别忽忽月餘，正思叔度，昨承枉過，始知台駕到省。今擬趨候，奈體中偶爾小劇，未得振足，悵歉何已！承示佳句，古氣遒勁，絶不猶人，真傑作也，敬服敬服！所諭翹楚，語意在童子乎？抑非然耶？明日稍可，當趨叩以悉。制小弟棨稽首。

之四

前甚褻尊，歉甚歉甚！蒙諭之語，已日爲留心，奈因鄉間小事，暫到山中兩日，大約歸在初五，便可報命也。耑此布聞，不一。制小弟棨稽首。

董　俞（一通）

一春陰雨，不得時侍大教，用深耿歉。辱諭題《藤陰讀書圖》，偶成二絶書正，但可供捧腹耳。不肖月初要往婁江，以客歲在都門，鄭山老以一札屬謁顔州尊，至今逡巡未往，聞係貴同宗，不知其果好客否？山老之札可恃否？不肖恐徒折盤費，故未敢去，幸老先生示之。鄭札呈覽，覽畢乞付來爲禱。修翁老先生。小弟俞頓首。

董含（六通）

之一

陰雨連旬，幾有漏天之憂。聞先生扁舟獨遊，雙屐所至，題咏必多，三泖九峰，爲之生色矣。《讀書圖》勉應尊命，醜詩惡札，自見欲嘔，况大方乎？仰求痛削。稍霽即走晤，不既。小弟含頓首。

之二

春雨連綿，不能走晤，頃讀瑶章，如觀大國之風，吴人辟易矣。舊刻二種呈教，小扇倘可選，略賜以大作，庶可徼惠於不朽矣。小弟含頓首。

之三

朝承枉重，頃即趨晤，駕尚未歸，悵然而返。知文旌明晨便發，聚首兩月，依依之情，如讀河梁之什矣！前趙二火傳諭，鄙作實契予心，即改二語，今附正。先生風雅領袖，方今作者雖多，知愛我實深，敢以拙稿三種計八册，附先生行李，倘遇知音或選家，爲弟代致，一經品題，聲價自倍。弟蕭然四壁，分隔青雲，竊欲以此表見。海内名公相與者多，其未識面者，不過數人耳。今得先生，可以無憾矣！倘明日未行，尚當走別躬送。臨穎惘然，不盡欲語。脩翁老年臺先生大人知己。小弟含頓首。

改《讀書圖》二語，幸爲較正：「看君意氣隘八溟，吐辭歷落詩清泠。」

之四

昨知當事邀遊九峰，敝邑山川，想領略殆盡矣。韶九父子俱滯秣陵，往問其家，漫無以應，此外藏紙者絶少，奈何奈何？容廣詢報命也。即走晤，不既。小弟含頓首。閩友趙二火，想不能無望於先生。卧山、六益兩公，聞已上達，托弟晤時緩致此意，并聞。

之五

兩日微患目疾，不獲走晤，念切念切！適有小僕顧姓，爲圖蠹詐害，頃以一札達魯公祖，聞今夕奉屈台駕，得爲鼎言，囑其始終照管。魯公祖待弟輩極有情分，重以先生一語尤妙，幸留神是荷。明走謝，不既。小弟含頓首。

之六

往青溪兩日，不獲走候。弟處惟有《廣韻》，即附來手，明後日當圖把晤耳。修翁老年臺先生。小弟含頓首。

張　衡（七通）

之　一

客春拜別，倐已再歲，遥念兩年兄孝履，此中常翼翼耳。正在懸想，忽辱瑶函，兼詢蘧使，知先年伯大襄已竣，未得走送墓門，躬效執紼，負罪莫贖，奈何！弟於春初請覲旋里，遂有上谷之役，歸來匆匆，爲兒女俗緣所累，日與五作爲儔伍，俗氣撲人，不復知筆墨爲何事矣！承命書碑，未敢遜辭，揮汗勉副，抛楮滿地，無一合作，對大巫而却步，可笑也。隕越盛舉，罪過不小，斷宜另尋名書易之耳。扁四字，具見兩年兄自命之嚴，承家作聖，實在於此，極爲斂衽，但欲稍寬報命，無訝其稽延爲望耳。兩年兄從吉匪遥，榮補在即，弟無一芹之將，敢辱大貺，藉手奉璧，千祈心原！冬杪弟假亦滿，例當繳照貴衙門，想可聚首長安也。臨楮神馳，不具。弟名另肅。冲。

之二

二册塗上，冗中勉副，不能如意也。聞法黄老畫已經取到，幸付來手，前綾并求揮擲也。草草不具。小弟衡頓首。冲。

之三

連日未得趨教，耿耿！前煩求法老先生作畫，弟亦往拜一次，今可相催乎？幸留意，不具。弟衡頓首。冲。

之四

俗緣日絆，欲結琴社未能，憾甚憾甚！一綾煩大書，送李仲淑年兄令侄，太學生也，乞早教乃感。通法寺琴，弟伺其在，可同年兄往觀耳。弟衡頓首。冲。

之五

連日俗冗，無有停刻，筆下亦帶俗氣，不能强也。承命書數紙試筆，不堪着眼，明日再寫呈教，恐終不中用耳。卷須稍爲展限，如何如何？弟衡頓首。冲。

之六

前蒙諭，手卷已送康老書訖，今又致南兄矣，想不至久滯也。昨送貴部人名，弟通未留心一看，不知弟俸如何開？祈抄示，爲感爲感！諸晤罄。弟心名。冲。

之七

年兄所付側釐，以移寓不知所在，另塗二紙奉教，不足以當一噱也。外有敝友端石一方，托弟求售，頗鮮潤發墨，年兄欲得之，弟即取呈法照，價亦不甚争持，幸示之。弟衡頓首。

黄　雲（二通）

之　一

秦漢碑版，夢想不得一見，乃承傾儲見賜，感勒可言，謹謝謹謝！小詩一首，塗紙附呈，求斧政，垂和更感。大約後日方得東歸。衡老札領到，錢塘札，容即草上。晚雲再頓首。

之　二

尊照如命敬題，謹呈上，唯改削存之。晚有《白雲莊廬墓圖》，未携來，其略在毛馳黄札中，乞贈一詩，書宣紙上，至懇至懇！紙小幅，幸查到。史舍親薄程輶褻，欲奉攀，尚未得如顧耳。羅兄母壽，并望華衮，此亦至誠君子也。修翁老先生。晚雲頓首。

外：晚在此別無事，專待衡山兄來，一晤即行，今又有字促之矣。閒老，周、李、毛三道兄，并叱致。毛年兄允題畫松，不知就否？

趙執信（一通）

日者疏聆雅誨，心常耿耿。每欲奉求法書，未敢唐突。敝同年孫予立，同有傾企之私，今奉使安南，欲得贈行數語，倘不吝珠玉，初旬幸賜下也。尚容面頌，不宣。上修翁先生。弟執信再拜。冲。

鄧漢儀（一通）

梓人周長年，技極精敏，而爲人更老誠，謹以貢之臺下，有所剞劂，乞呼至階前面授之，必不辱命耳。漫草一序，祇以請教，不敢災梨也。上修翁先生老年臺。小弟儀頓首。冲。

黄士塤（一通）

暑甚，不能走晤爲悵。昨研是一友人從粵中携出者，真青花水坑也，弟與之論價已久，因囊空未及購取耳。老年臺如喜之，大約非十金以外，不能售也。兹有敝友馬叔載兄，武林舊家，爲人儒雅，善琢研，若有佳石必須名手，故囑其奉叩，幸老年臺進而教之。餘晤悉。弟黄士塤頓首。冲。

王仕雲（二通）

之一

顔先生人倫師表，私心嚮往良久。昨者因病卧，有失迎迓，亟欲請教負荆。日來未見手復，心甚懸懸，特此再求明示，或竟送席如何？穆翁先生我師。弟仕雲頓首。

之二

天氣雖暑，禮不宜遲，已戒庖矣。確於廿五日，治具送顔先生旅次，借重道翁主爵。弟日來下體結燥，苦不可言，不能陪侍，奈何！穆翁先生我師。弟仕雲頓首。

王弘撰（五通）

之一

自違道範，迄今七載，緬懷丰采，寤寐爲勞。每於邸報中得榮擢之訊，爲之喜慰，而道阻且長，不能時通音問，祇增悵望耳。小兒赴國學，趨謁台階，仰冀照拂，知先生於故人之誼，定不薄也。臨楮翹切，不盡欲宣。弟名另具。左冲。

之二

孤陋之人，兼以衰病日侵，自分丘壑老矣，乃逐時賢之隊，溷迹京華，不特夜嘶枕衾，抑亦晝愧天日。而翰教遠來，遽以激昂相期，豈所望於先生乎！惟道阻且長，音問久疏，先生儼然衰絰之中，而弟未能稍申鷄絮之儀，中心是疚，如何可言！誄詞見屬，不敢以幼賤爲辭，但顧寬之異日耳。佳稿尚未獲讀，容於天生處取之，統俟再報。小作附呈，唯先生教之。病目草草，不能作細字。後晤無期，但有悵望。弟弘撰載頓首。左冲。

之三

承手札，知寧人臨，喜慰喜慰！墨刻之惠，如得百朋，此復并謝。弟弘撰頓首。

之四

方欲走候，得手札，詢之使者，知已就道，殊爲悵悵耳。落魄腐儒，不能盡地主之儀，唯知己諒之恕之。搦筆黯然。小兒附侯。修來先生。弟弘撰頓首。

之五

辰刻欲趨晤，知山遊必倦，恐誤美寢，是以不至耳。舍弟適來奉拜，午刻邀過其齋，鳳至亦同往，唯早過，幸甚！修來先生。世弟弘撰頓首。

葉闇（三通）

之一

從會稽客中一別台教，不覺五易寒暑。歲月遷禪，如駒過隙，每當風雨牢落之際，未嘗不伏枕懷思吾修翁先生之高誼；更篋中所藏珠玉，時時把讀，如對晤言。拙選《詩觀》二集，又補登大篇數章，以光不朽。闇風塵碌碌，浪迹江湖，所心服此道風雅宗主以起衰末如先生，當世有幾人哉！兹杭州敝友王樂天來京之便，謹修數行，奉候新祉。王兄精於萁黄，而詩句復大雅可觀，藉弟曹丘，得晋謁于龍門，便中假之齒頰，俾韓康賣藥都市，人人識其姓名，爲荷多矣！餘情縷切，不既。賤名正具。冲。

之二

昨承賜佳集，細讀，真大雅之音，高古超越，爲不可及，當即登刊入拙輯借光。尊像屬贊，率就一首，先此呈稿請教，祈爲改正，然後敢捉筆題卷可也。外附呈賤影一幅，乃舍弟之筆，欲求先生椽筆一言，以裱成手卷，什襲珍藏，特啓。修翁年臺先生。晚弟闇頓首。

之三

賤影求題句，如蒙揮就，乞賜來教爲幸。前所領尊集，周奕兄領去矣，闇處還求一本，以便登選借光耳。小霽走謝。修翁先生。晚弟闇頓首啓。

高　歌（一通）

尊照題就，直是佛頭著穢矣，幸諒而教之訓。蒙委序，業亦草得數句，尚未就緒，容即續寄也。弟經稿無耑序，亦闕而不備之意，老年臺精於經學，務乞弁言，仍勿徒以誇美爲事是望。倘大駕北發，或留田公祖，或托便友見付，囑囑。今日登舟，不敢趨别，言面尚遥，可任依戀！

制弟高歌稽首。

曾燦（六通）

之一

別後即有真州之行，留札寓中，候駕遣取，乃竟不果，何耶？嗣于二月内，復携魏刻至金陵，又值仙舟往皖，恐有浮沉，復不敢留。今屈指數月，知先生斷不到蘇矣，故敢將原刻二十册附上，希爲查收。魏舍親旅櫬已歸，其令侄從家來，云敝親母聞舍親之訃，絶食十三日而死。義士節婦萃于一門，真奇事也！敝友兄彭躬庵一書，乃其門人梓行集中，并爲附覽，可以得其大概已。先生以闡揚幽隱爲己任，倘遇名賢，廣爲流布，亦千古一佳話也。拙選苦不得竣，且卷帙日廣，愈難發行，未審當事肯爲將伯之助否？弟糊口無策，溝壑堪憂，先生誼篤友生，當必有爲弟地者，幸以教我。便羽附候，不盡神瞻！賤名另肅。慎。

之二

正欲遣人走訊，得接翰教，知已返棹。刻下卒歲無策，小兒天花未愈，竟不能還山，明早奉叩履端，當親聆塵談也。田文宗諸詩，前已發刻，但在奇窘中，未得取回，俟遣走索報命。如駕行急，只得再圖後舉矣，何如何如？尊賻致魏先生者，似宜備一禮單，方可賫往。弟初四即往真州，往返在旬日間，鄧尉之約，萬毋見負爲祝。小弟燦頓首。冲。

之三

前月曾郵一緘，并魏舍親合傳托周雪客兄轉致，至今未見報章，豈竟浮沉耶？聞駕尚留金陵，千里江山，三春花鳥，盡收入少陵彩筆中；恨燦阻此帶水，不能一誦黄初佳句，使白間生黑絲耳。燦潦倒無似，溝壑堪憂，雖不得望昌黎之哀號，豈不能效唐衢之善哭？然終無有起而拯之者，信乎其命之窮也！先生文章風雅，齒頬皆春，散吹煦而生羽翼者，端有望矣！近欲重理過日一選，現在鳩工。前先生携去序文凡例，皆較售已定，別無副本，乞爲簡出，交學在兄轉寄，俟修補完日，即當另繕一册，就政有道可也。黄生想已不售，其人亦已謝去，重煩尊念，銜戢不既。賤名另肅。左悉。

之四

前月附一椷奉候，想呈典籤矣。日望台旌之至，惄如飢渴。坐守蕭寺匝月有餘，又未見遣發紀綱，不知何故？知耽西泠山水，或又別有奇遇，故遲遲其行耶？今再以數行奉訂，如過此月不至，弟將送小兒南歸，取道錢唐，當親賫魏舍親傳稿及其文集奉覽可也。書到望即見答，勿令久稽爲感。本擬遣小力耑致，因刻下遭一意外之變，奔走經營，日不暇給，兹值便鴻，再函相訂，希惟原亮。臨穎主臣。賤名另肅。

田公不日即臨吴門，遲亦不出正月，有古文□欲來奉托，不審如何？并示。燦再行。尊稿并求一册，希速發。十二日。冲。

之五

弟本不能作字，欲録近詩就正，倩人捉刀，故爾遲遲。布鼓雷門，徒深皇恐耳。外箋一幅，求周年翁大筆以爲光龍，望轉致之。今日因有公集，不暇走候，遲晨當就教，并話别也。大作已向秋翁處領到矣，容面致歸，不一。小弟曾燦頓首。

之六

西泠邂逅，殊出意表，但恨未傾筐倒庋，飫聆麈談耳。還山即致家傳於叔子舍親，緣以伏枕呻吟，參苓藥餌，爲費不訾，一切筆墨，概行謝却。以先生爲文章宗工，景仰已非一日，又令祖老先生大節凛凛，爲誼所不容辭，故倚枕構思，日内方得脱稿。即欲賫送，因向有重陽之約，恐彼此相左，徒費往返，兹值有便鴻，耑椷附候。倘先生一時未得解維，或遣人到蘇來領，或俟大駕親臨，一聽尊指。大抵耑函禮幣，似不能少，先生幸一酌之可也。弟近奇窘異常，竟爲浙幕所累，小兒到吴半載，至不得歸。先生素重交游，能爲弟另見一席否？韓昌黎所謂哀號泥塗，不得不望于大有力者拯而出之也。學在昆仲，刻下即有真州之役，若到吴門，幸向申衙前問朱明寺方丈，可得弟踪迹；否則遣人至光福，亦不遠耳。諸容面頌，不既。賤名另肅。冲。

尊稿偶爲友人攫去，致七律一體，竟未登板，望速郵一册見寄，立俟立俟！

陳玉璂（二通）

之一

憶江樓奉教，過承高誼如雲，迄今銘佩。弟於上年三月抵都，即聞老年伯仙遊之信，不勝痛悼！束芻絮酒，深愧古人，罪歉奚似！益都夫子見示尊狀，稔知老年伯文章孝行，不朽天壤。大筆纏綿委宛，曲盡孝思，使讀者聲淚俱下。溽暑節哀，千萬珍重！接手翰，極荷注存，感刻無已！但以弟樗材而濫登薦牘，方日夕惶懼，門兄應有教我，乃亦爲不知己之談耶？拙刻散亂，無以就正，容俟台駕赴都之日，細求指南耳。蘧使旋，草此布復，臨穎翹馳！弟名另肅。

之二

弟行矣，儲年兄尚有數日留，當更與老年門兄暢晤也。底事深感周旋，乃君自圖展報，悉之玉兄煩間。其别商，玉兄意欲藉鼎叨惠，弟于中亦可分餘潤，想老門兄所樂爲者。餘皆玉兄面悉。瀕行肅勒，未一。陳玉堪拜。

伊關（一通）

憶違儀範，再易裘葛，注念之私，與日俱積，因乏便羽，未得時修候音，耿惻于懷。接翰教，悉老年翁孝履清佳，深爲慰藉。弟日事俗冗，逐逐於車塵馬足中，通無好懷可聞知己。草此布復，附候起居。令兄門翁不及專字，幸爲叱致。不盡馳切。弟名另肅。裕後。

柯　鼎（一通）

昨台旌俶發，未遑祖餞前行，以抒款曲，耿耿在中，至今不忘。既聞孝履清嚴，復不能以時布候，殊深懷抱！兹當服闋，引領星躔，而惠音肆好，不啻面晤。發函展讀，何深以厚也！弟近狀平平，無足粗述，把晤非遥，姑需來日。别諭使者俱已領悉。肅械布復，可任依溯！弟名另肅。慎。

翁　英（一通）

前勞枉顧，以外出未及倒屣，殊深悵耿！豚兒荷老年翁栽培，弗敢自弛以負恩施，但賦質駑鈍，即日加淬礪之功，未審能仰副惓切否耳。月課求嚴加改削，倘得藉南指以不迷所往，感刻寧有既耶！表題有時務急擬者，并求賜教。所諭河差，前任以四月初旬到任，但今歲多一閏月，赴任則在來春三月。初定例以三個月，前題差自不出臘月初事也，倘可稍遲，尚圖面傾。率此暫復，未一。弟名另具。冲。

鄧秉恒（一通）

拜别之後，於八月六日至豫，是日即赴宴入闈，不敢因循。本省舊［習，平］正并取，濃澹兼收，惟以不背朱注者爲尚。幸外監諸同事力矯從前之奇苛，一切謄録收受，悉從寬大，以故得卷甚多。除孤經卷少、不得不節取外，其三大經，盡拔其尤，文風稍變，廿名之内，似不遜江浙諸大省也，老年長兄自鑒别之。惟是所最苦者，舊撫［守］制謝事，新撫履任尚遲，場事一畢，内簾星散，求望顔色而不得，弟輩不得不束裝就道矣。然事例又萬不可廢，業已照上次措足，倘有一切不及檢點之處，望概爲包容，弟非木石，敢忘所報哉！弟爲先壟，不得不歸家一爲料理，幸即［賜］完結，遠人得以安心。總容至京之日，泥首百叩，不既。賤名專肅。左冲。

郭棻（一通）

拜别後，晝夜兼程，屆其抵汴，鎖闈視事，冰淵戰兢。中州文字素多平弱，謬欲矯偏，諸美咸録。幸外圍諸公力反前苛，士子各盡所長，頗得佳卷，老年翁玉尺冰鑒，自能照徹弟等苦衷也。獨是孤經寥寥，無由拔奇選雋耳。次第［之］間，大意可見，撤棘以前，慎重檢點，似無舛錯。但因郎撫軍督促甚迫，當日封卷，即刻起發，字句差訛，未敢自信其全無也，總恃老年翁愛我憐我，慨爲錦覆。貴衙門諸大君子，并求切致。微有苦者，豫州節鉞新舊往來，人情涣散，分校者見解卷迅速，漫不關切；弟兩人事竣冰冷，雖大聲疾呼，誰其聽之？千里之外，深慮愆期，不得不勉力從事。弟之素況，久在洞鑒中，知老年翁自能憐我愛我也，就中緩急肯綮，悉惟台命耳。元老函中言之甚悉，不更覼縷。弟不久抵都，當泥首崇墀，稱謝高厚，并布餘悰。倉皇草率，不盡欲言，伏惟照注。臨楮禱切！賤呼單肅。

倏 杲（二通）

之一

［前］駕駐龍江時，小兒輩往來潯上，過蒙老年兄猶子之愛，優渥過情，教誨之餘，復損隆惠，歸道種種，愧感何極！弟自去秋罹變，煢［煢］苫塊，殆無［生］理，遥聞老年兄新履勝常，惟有北望額手而已。兹以敝邑歲貢士王諱仁灝，故粤憲霽軒先生之令嗣也，齒少於弟十有五年，績學善屬文，敦盤之好，推牛耳者，幾遍海内。今甫逾壯，已裒然爲多士冠。入對大廷，久仰龍門，思欲自進於臺下。至出咨考校諸項，俱乞老年兄一一提誨而獎進之。弟［係］總角交而兼至戚，故敢代爲先容；若夫文章聲氣之合，知老年兄別有賞鑒，固無倏弟言爲諄囑也。部中滿公，各求爲弟叱名道相念。苫次率勒，不備不莊，伏希崇照。憑穎瞻切！制名另肅。左恪。

之二

憶晤别猶昨，而花事又一年矣。年兄擁江南勝地，值此春華，命斝飛觴，必多樂事；若弟寂寞江村，惟日與同事愁眉相向，幾不知爲春到人間也。捧讀瑶翰，色笑如親，不勝慰藉！前小兒來，便過龍江叩謁，閽役套辭，然弟實不敢謂年兄之薄。惟蕪關顧年兄相計錙銖，雖舍間携一蔬菜，必不使沾河潤，故彼銅役來，亦以直道相報；豈親厚如我年兄，而敢有所致疑乎？或誤指顧年兄之言耳。承示不敢不自白，倘終不能見信，差竣時，亦惟有如台諭所云可耳，笑笑。小兒旋，再令叩謁，幸進而教之。種種俱俟面悉，不既。弟名另肅。左慎。

王如辰（一通）

弟自前冬重入都門，以爲可昕夕得領良朋指示，不意年兄忽讀禮言旋，離群之感，時切寸衷。頃接手教，方知老年伯仙脱已返名泉，祇以里地阻隔，疏節多端，罪歉當何似耶！屈指明春，台駕自當北上，聚晤有期，是爲跂望耳。近日孝履清和，并闔宅康吉。謹此附候，不勝瞻切！弟名另具。

孫浣思（一通）

高賢賁止，得覲紫芝，草野後學，榮藉何可言喻！日來陰雨，未得趨叩絳帳，尚擬天時少霽，潔治葵藿，奉攀騶從，以伸嚮往也。思戰伐餘生，依人乞食，小集實類蛙鳴，顧影自悲形穢，謬以大君子不棄，不敢自文其醜而不就政有道。日來諒蒙塗就，望即擲下；如謂小子可教，或可錫以弁言，思且不朽。《侍獵圖》可賜一覽否？佇立俟之，等于飢渴。先此瑣瀆清嚴，再容走晤，不一。賤名正肅。

張楷（二通）

之一

竹樓豪飲，已醉飽明德，復承台惠，愧感益深。所訂已商之舍親，遲一二日，即圖面教。兹以便羽，附謝雲誼，兼有敝相知吴姓，以臬司處細務來省，凡可以神照者，希推分援之，感當無既。不具縷私，臨穎馳切！弟名另肅。左悰。

之二

過承渥愛，謝謝！柬札收到，并切雲誼。所訂明春，弟必預來面教，萬勿他就，禱切禱切！佳卷新句，統此謝教，不具。制楷再勒。冲。

何規中（一通）

前月二十三日，台駕遊放鶴亭，山野適東渡越水，失迎爲罪！并未知駕發吴門，不獲摳衣相送，抱歉更何如耶！承賜聯句，令人爽目快心，懸之山樓，垂不朽矣！昨在山陰，擾兩水亭主人，道及台駕相叙于此，有「澹影亭」三字失于面求，因特囑轉懇大筆。山野昔曾面求《放鶴亭詩》一二首，已蒙俞允，倘不吝珠玉，伏乞即賜。鐵畫銀鈎，勒石孤嶼，爲山靈生色，猶勝蘇公解帶矣。臨楮翹切之至！外附呈拙墨并一扇請正，匾紙一捲。賤名單肅。左玉。

史逸裘（一通）

叨附夙雅，仰庇雲天，浹歲以來，無時不溯洄麈下也。特以庸菲守拙，肆應無方，翹企之懷，徒困於心長綆短。緬惟世講之誼，雅契淵源，益勤仰企！敬因報竣之役，文牘之外，附陳家刻，用寫寸私，伏冀鑒存。諸藉青睞，不一。賤名另肅。左慎。

釋興源(一通)

憶雲輧枉過，楊柳依依、春風融怡，今忽白露爲霜矣。流光如電，念之耿耿。每嘆貴顯名流，華屋深居，高自嚴重，閉置形骸。役役聲容之内，賢者或能放情詩酒、披閲經史，以自陶寫；即一城一邑之事，猶未周歷，又安能網羅見聞、恢廓拘蔽？欲爲通人達士亦難矣！即司馬子長以曠世逸才，尚窮歷天下名山、周行萬里，而文始奇崛；故其論叙陸離光怪、波飛龍躍、驚心駭目，豈非山水之靈，足以發人才思、滌人襟抱耶？君侯以泗上衣冠、聖門華胄，乃能驅車南北，遍求隱逸。五嶽烟霞，披尋殆盡，而温温和雅，不以富貴驕人。道性天悠，勝情霞舉，但恨交臂而失、懷想爲勞耳。華山之遊，元訂晨登夕返，再談世外因緣；不意熊軾西征，竟上九華黄海。不知深林大澤中，亦有至人逸士，可遇而不可求，一興猶龍之嘆否？晤長干沈君，知旌節近駐青溪，極爲欣喜。小言一章，奉懷明德，山野之語，不必以工拙計也。與三給諫歸楚，可曾來白下否？念之念之！尊寓鄰近有藏恕庵，其僧正信，頗多功行，閑時散步迴翔，翳然林水，亦可追濠梁風味矣。野刻山圖附覽。敬專侍僧，恭候興居，臨楮瞻依！近作五首呈教。名正具。冲。

□超（一通）

前者承年兄見許魚鰾，幸付來手爲荷。弟超頓首。冲。

王九齡（一通）

前承老先生年臺軒車枉顧，緣僻處荒村，離城六十餘里，有失倒屣；隨厠名諸同人之末，奉邀大駕，又不獲趨陪譙笑，彌深耿愧！昨捧讀瑶篇，格律高渾，意旨清深，直令盛唐諸名家退避三舍。邇來古調不彈，蟲吟瓦響争鳴於世；今得老先生李杜文章，振起頹靡，真風雅之極幸矣，服膺何已！不揣效顰呈削，珠玉在前，自覺形穢，如何？幸直教之爲荷。刻下擬輕舟奉謁，因賤體冒風，而家君又以年衰，憚於遠出，東道之誼，殊抱歉然！外具微物，聊供一箸，伏冀笑留。家君命筆申候。臨穎翹切！賤名正具。慎餘。

張　鵬（二通）

之　一

都門得奉教言，受益良多。頻年因鯉鴻未便，未能時候台祉，然馳想之私，實與日俱積矣。年兄讀禮之餘，著述必富，方今聖天子延訪鴻儒、振興古學，其足應風雅之選者，不當爲年兄首屈一指乎！未知服闋何時？入春明何日？拭目望之。至令兄先生，文行俱堪楷模，金昆玉友，可方軾轍、機雲，便中幸爲道意。敝通家兩孔兄，近日學業若何？高賢在望，不當時爲就正乎？相晤間亦祈叱名爲禱。率此附候，臨穎神依！期弟名另肅。冲。

之二

此題捧讀年兄大篇及令兄先生擬墨，使弟有觀止之嘆。令兄先生作，如登泰岱，俯視一切，千山盡是培塿；年兄作，如游溟渤，目空萬里，百川皆屬支流矣！真稱一代機雲，弟當爲之拜服！僭評不能盡佳文萬一，望教之教之！弟再拜。

劃然二比，具大闔闢。化古文爲時文，妙直一氣卷舒中，有無限精藴。非沐浴乎大家、沉酣乎先輩，未易臻此。即起文恪諸公於今日，讀之亦應頫首。弟南溟擬評。

張士甄（二通）

之一

久疏麈雅，顒企殊殷。使至接大翰，承注問殷切，極佩遠懷。向以至誼攸關，自應相照，何敢煩齒及耶？寄箋書上，深愧塗鴉。何日命駕來都，得一叙契闊也？顒望顒望！使旋肅復，并候新禧。餘未縷陳，臨池瞻切！賤名另肅。左慎。

之二

疏隔塵談，兩更裘葛，每懷雅範，時切顒思。兹拜大函，承老年親翁注問殷切，莊誦之際，殊佩遠懷！使旋，肅述謝悰，并候孝履。餘容嗣布，臨穎瞻馳！期侍士甄頓首拜具。左慎。

沈胤範（一通）

臨行承年兄諄諄提命，長途銘刻，矢之没齒矣！今藉芘試事告竣，一時公論頗蒙許可，僉云夙習頓清，爲歷科未有，庶幾少副良友切磋之雅也。惟是榜發匆促，恐不無疏忽，仍未審足當大方衡鑒否耳。近詩三卷，祈年兄逐句分疏，一有差誤，即祈郢正，或再有未盡之言，容[弟]入都補作。刻下[神疲]心竭，一字難成，想知己定當慈諒也，不盡委曲。在麟兄代奏，百凡祈鼎力維護，統俟旋日泥首以謝。率勒不備，臨楮籲切！弟名别具。左玉。

別諭貴役，曾唤數次不來，當事處已細述台旨矣。并復。

孫一致（一通）

知己不加譴責，重以回示，謬爲鑒許，足見吾兄原天性敦篤人也。乃以水旱輕棄其鄉，數年來違手足之恩，割兒女之愛，疏親族朋友之好，爲東西南北之身；縱放意於山水，山水果可樂飢？即肆力於詩文，詩文又安可立命耶？君子立身有本末，制行有輕重，吾兄所云白首他鄉而不悔也，果從其本且重者乎？抑從其輕且末者乎？兒女長大，婚嫁似當關心；田地荒蕪，差賦將誰撑撻？種種未了難完之局，吾兄清夜自思，恐不能不一作歸計也。尤宜念者，長公寄行踪於旅食，次君荒正業而嬉遊，媳不得以夫爲家，女安得以伯爲父？然則吾兄所云山水文章，夫復何用？而白首他鄉者，亦獨何心？吾竊謂不可必之功名，姑宜少待；不必濃之遊興，似亦索然矣。歸與之嘆，其能已耶？其能已耶？唐之世兄王姓者，已北行矣，不肖時懷集木臨谷之懼，不敢以片紙進都也，幸知我愛我，鑒之恕之。見惠壽山石，頗屬時尚，敢不登拜；其繭紬一束，仍便付令兒女爲衣，弟當之不忍也。草此謝復，無任激切懸望之至！弟致頓首。

鄧旭（一通）

去春爲送三小兒江北完婚，遲留先人舊棲甚久，種種疏節，難以言盡。後聞老年世臺陛還之信，買棹奉候，冀圖一申祖餞之私，不料台旌十日前亦已啓行，悵惘無已！未幾承高足白仲調年兄見過，出老年兄留别珍貺見貽，捧對之下，益深感愧！兹因羽便，特此報謝。貴衙門改授之例，雖目下暫停，側見皇上破格用人，都非常情所能窺測。以老年臺世家鼎望，兼之才隆德厚，計不次之擢，當在指日，佇賀佇賀！但山中病骨，未審何日再奉天上清光，念之可勝馳結。晤吕錫老，乞切切致懷想之私。至洪谷老南綰淮關，生以意外牽滯，未獲造訪，迄今耿耿。都煩叱名道念，臨楮不盡依依。賤名單具。冲。

聞仲調入夏有春明之行，諸容另報，再贅。

撒木哈(一通)

報命北行,叨愛諒容附驥;,招徠無術,底事正爾關心。捧讀來翰,真不啻面領教言。即欲遣人再往,第恐亦緩,無濟於事矣。蒙諭銅斤之説,自是事出一轍,弟因錢銅買辦艱難,勉將銅板、廢銅湊足,今裝運在船,以俟開行。貴關所欠無幾,惟尊裁酌收完局,蚤便起行。所云有不容已之事,弟詣省之日,當面商可也,并祈老親翁心照,不既。弟名正具。左玉。

田種玉（一通）

隆施盛餞，稠叠有加，每一思之，感慚交集！十九日自潞長行，仰藉蔭芘，一路安驅，二旬内已竣兩河試局矣。此後扃户索居，毫無事事，勞人草草，何以消此歲月耶？窮愁岑寂，尚未深嘗，不敢預陳以廑台慮也。率修短楮，用慰遠懷，臨穎依馳，惟有延佇。名正肅。冲。

劉 良（一通）

得覲台光，如挹紫芝、坐春臺之上，温醇和厚，祖風宛在。大拜有日，分榮不小，忻羨忻羨！仙源三十載未到，孔方訓近日如何？同時知交，不及細訊。束裝東渡，［溽暑］枉顧，無勞軒車，遣童叩止。蠡城秋爽，賜光爲暢，相陪看山，爲大快事也。貴門人數數相見，泛而不切，不過常套所言，乞即惠瑶函向商，此事如妥，本役自來叩見也。區區圖維，敢不黽勉！念昔在尊先祖教下，患難相依，豈比泛常哉！尊札乞草付來手，斷不敢勞遠顧，居居于往返俗套，切訂上禱！依依不既。劉良頓首。不另具單。冲。

陳一炳（一通）

自年翁之歸也，無日不矚望東山。當風雨晦明，思一時共事之雅，每爲惆悵者久之。昔者叔田有「無人」之歌，闉闍有「匪存」之咏，詩人之旨，良不誣也。讀孝靖公表傳，忠概孝行，爛于日星，令人想見復聖之家教、平原之遺烈，但恨不及親炙休光、聆其餘論。猶幸而獲讀表傳，悉其生平，真可謂不世出之人矣！今聖天子正作興忠孝，他日采風者上之，將錫之謚，光史册以永垂不朽，寧一鄉之私謚而已哉！聞之陽明先生居喪之日，肉食不戒，曰：養其身報朝廷，以顯其親，此乃爲人子之大孝，愚亦敢以此進年翁。天氣暑溽，讀禮之間，望節哀强飯。握晤尚遥，臨穎可勝神逝！生名别勒。左玉。

錢芳標（二通）

之一

青瑣追趨，時聆麈誨，醇醪饜飫，鄙吝都消。自台旆南臨，忽更裘葛，屋梁落月，吾勞如何！弟以尸饔久愧，不獲已乞假南帆，適丁東省慈幃之變，愁緒如絲，亂不可理。蹉跎跋涉，冬仲始抵里門。先在潞河與家兄握别，曾有一函托呈清覽，因歸心孔迫，不及紆道面奉，并話闊悰。二水三山，惟有神馳不置。兹耑奴呈上，代候崇禧，即日令其北轅。家兄處報章，并祈即發來手何如？呵凍率勒，臨穎不盡瞻溯！弟名另肅。慎。

之二

數載西清，得佩教益，迄今寤寐依依。弟自里居侍養以來，匿影菰蘆，不敢以野人姓氏達輦下故人。疏懶成癖，恃知愛之深，或勿加譴訶也。兹值内叔董蒼水北轅，便附荒椷，肅候近祉。蒼老爲文敏總憲兩先生文孫，舉名孝廉，敝郡陳李以後，文章領袖，指爲首屈。弟廿年來鷄鳴風雨、詩酒倡酬之交，一人而已。今遊長安，諒老年臺神交有素，必傾蓋如故，商榷風雅，披寫胸臆，愉快何如！詞刻二紙，寄呈斧正。阮亭先生近已有一行道闊，不及再瀆。同人前均祈一一呼名。燈下率勒，不盡縷縷。弟名另具。慎。

程汝璞（一通）

別後星馳北發，途次山左而病劇矣。停舟請告，荷允言旋，一路間關。側聞新猷懋著，行旅之人，無不嘖嘖頌之，病卧中欣羨當何如也。弟所乘小舫，原屬虛空，又因屢歷驚濤，復買一葉以備不虞，毫無所載，祈老年翁俯念歸省心切，即賜放行。感佩之私，容當耑人叩謝。舟次草草，可勝神馳！弟名另具。冲。

張貞(二通)

之一

貞側伏草莽，即聞老先生日坐廟堂、進退百官，政術而外，則跳跋藝苑、上下千古，真爲一世龍門，仰止深懷，豈一日之積哉！但以敝屣蹩蹩，未敢踽進台階；乃承老先生不棄葑菲，納之藥籠，沐殷子之清風，挹山公之雅度，至今夢魂猶在冰壺玉鑒間也。見委七印，不敢匿醜，敬鐫呈教，幸一笑置之。草堂一匾，欲倩法書，倘不見拒，振筆一揮，增榮益觀，當出於尋常萬萬也。不揆鄙陋，妄意仰干，所恃弘慈，統加亮宥耳。匆匆草削，不盡所懷；春明北上，更布區區。晚弟貞載頓首。慎。勉厚堂(裁衣尺中高徑一尺三寸方妙)求作行楷，十月下浣當有人去，不識可能即得否？貞又拜懇。

之二

貞偃蹇支離，人間長物，方爲時所共棄；老先生獨篤念世誼，惓惓有加，若忘其骯髒瑣尾也者。貞即頑悍不自知，聞者當何如其榮耶。數月以來，雖未敢以寒暄無益之語輕瀆清嚴，然而酬恩徇知之一念，亦何能自釋於懷。特顓一介，代候起居。想福履愈增，旂常日懋，爲海内蒼生所共慶，政非僅貞一人之私幸耳。附懇者：敝縣父母既以罪行，前月廿五日必已得人，計其出都當不在遠，仰冀鼎吕，以賤名相囑。即體分闊絶無可通之理，亦望托其鄉人，喻以尊旨，則貞受厦芘已莫可量數矣！貞塞兑杜門，甘爲蠖伏，得其知貞生平，不至過相鄙賤，于願已足，無他覬也。夏暑方溽，惟爲道爲天下自愛，不宣。晚弟貞載頓首。慎。

朱弘祚（一通）

都門别來，回署即有繪圖之檄。二十餘日之内，奔走二千餘里，僕馬勞費，大火正流，其苦有非人所堪者。定限迫促，不容少展，以五六十處之州縣城堡、萬餘里之紆折程途，欲其遍歷山川形勢、河道源流，考究典故、繪畫精詳，豈不大難大難！相愛如老年臺先生，其何以教我，得［免於］無過耶？昨接［孫赤老］手字，已得列［正］印，老年臺［先］生篤念夙誼，古道如此，均感弗盡，耑此附謝。外具不腆，伏惟垂納。

張永祺（一通）

素車東發，忱悃未將，暌隔芝光，倏焉三載，翹企之私，無日不神馳左右，知垂注正復相同也。使來接教，深佩注存。滿擬即日還朝，統均正位，爲當宁之慶，不第世誼分榮。乃以尊體調攝，北上稍稽；然區區向往之誠，日夕以之。至不佞行能固不如人，而官資亦在最後，量移未卜，恐有負知己期許耳，爲之奈何！因便附候，［闔宅迪吉］，不盡願言。生名正具。

成　性（一通）

去春闈中同事，亟承教愛，别而南也，不勝尊酒論文之思。弟問水雙江，帆影落落如晨星，雖拮据萬狀，尚不能充額，爲之奈何？老年翁貴闒，想大德福命之所歷，必有遠超於荒榷者，亦可慰同人之懸切矣。接尊翰，每晤孔令親訊及，知無有不得當者。盛伻旋，值弟抱疥癬之疾，呻吟床褥間，草草奉復，臨穎曷勝馳慕之至！弟名另肅。冲。

袁時中(一通)

昨日不得入直,承門兄照拂爲感。舍親五十誕辰,欲借光燕許,前日弟曾面懇,祈門兄推愛,勿吝珠玉,則弟與有榮施也,顒懇顒懇!舍親吴心樞,紹興人,丁酉武榜,其高堂具慶,有子三,一在庠,爲人甚孝友,有俠氣,亦流俗翹楚也,此聞。弟時中頓首。冲。

茅 麐（一通）

前者摳謁，不獲親領教言，枉顧又失倒屣，自愧無緣，殊深罪歉！乃蒙華翰下頒，又值抱疴于友人齋頭，不及裁答。初二日竭誠奉候，此復。上顔老先生大人台侍。晚生茅麐頓首。慎餘。

沈季友（一通）

屢蒙高誼，極［應］奉命，但鬱鬱羈蹤，留此無益，一動歸思，便如走丸矣。十五日斷擬早發，尚容作歌，留謝雅情。未盡。修翁老先生大人吾師。小侄沈季友頓首。

汪耀麟（二通）

之一

去尊寓遠甚，不得時相過從，殊懷戀戀。俗冗尚未扳教，容集諸同人，作竟日談。承賜太翁老先生表傳，讀之令人敬佩，高風豈近今可得耶！先君行述墓志，附呈台覽，適送拙刻時，未敢附上，恐以爲不祥耳。豹老紙價，即致之。修翁先生大人。晚弟耀頓首。

之二

雨中未得走候，疏略之罪，知不可贖。十九日奉攀大教，虿至是禱。送徐健翁詩，曾脱稿否？同人俱齊，耑候佳篇壓卷。來册一葉，乞書其半，彙成即寄京師，至望至禱！修翁先生大人。晚弟耀麟頓首。

顧　宸（三通）

之　一

頃見老年翁七言絶句，真絶調也，已借重六首入拙選矣。更有佳咏，幸多多惠教。《縉紳》借一看。年家教弟宸頓首。

之　二

嘉肴旨酒，深費主人之心，偶以小疾，未能久坐，竊自憎其薄福耳。此刻適櫟翁訂晤，尚欲一進城，不敢再謁謝。昨絶句一册，并大作一紙，幸即發付。有貴省名詩，惠數册更感。侍教弟宸頓首。

之三

令叔金陵諸咏，可録者多，尚未細細選定。弟此選最嚴，毫不徇情面，故録出者絶不示人；今遇知音，敢以絶句一種呈正。尊作亦在内，看過即付還可也。令叔可一晤否？弟宸頓首。

曹申吉（一通）

寄舍親一函，幸携至江寧，覓便與之。渠僅一細民，不足煩照拂。今奉銀五拾兩，中分拾兩寄姚親，其餘四十作置衣幣之用，如有不足，暫借用可耳，幸驗存之。遠行不得祖帳一握手，惟長途自愛。江寧藏書家，如有曹能始《十二代詩選》，幸覓一部見寄，餘不□。申吉拜啓。沖後。

董　樵（一通）

蒙賜鴻篇，兒婦借垂不朽，感勒無極！先此鳴謝，容晤叩，不盡。修翁先生知我。小弟樵頓首。

高 詠（二通）

之一

卧病經旬，初十日始得小愈。老師台委，緣貴長班送至趙老先生長班宅内，沉閣許久，前晚始送到，即已力疾爲之，但未及脱稿，不敢呈覽。至于筆墨疏謬、姿質駑劣，殊愧不堪鞭策，統冀慈原可也。門生高詠頓首啓。

之二

歲月遷延，久疏函丈，緣貧病交侵，日坐愁城苦海故也。三詩脱稿，恭呈台覽。應酬填委，殊愧不工，伏乞老夫子加之魯墨、運以郢斤可耳。王阮亭公祖前面徐老師，甚相督過，云有見顧不答之罪，蓋王公祖榮補時，詠曾以紅全謁賀，三日後方蒙寵答，此後別無見顧之事矣。賤貧之子，願交鉅公，足迹屢及門而閽人辭焉，則有之矣；豈有長者車騎光臨，乃反悍然自外者？此可以理度者也。或比時未面，司閽忘登掌記耳。晤間乞爲叱致，感甚幸甚！門生高詠啓。

汪琬（二通）

之一

今又製乳金印色少許，可賜一盒分用，妙極，可以甲天下。印油乃十竹齋者，不盡佳，容自製好油奉鑒。金扇二柄借用，嗣容償弟可也。弟琬頓首。

之二

別後即將注過諸章送山子趙親翁，云得面商字之陰陽款致方妙，弟即令親叩晤教，希善待之。此公忠厚人也，勿吝見是禱。弟琬頓首。

路鶴徵（二通）

之一

日來屢叩寓齋，值老先生探梅山中，未得把晤談心，怊悵殊甚。拙刻已遵台旨，借重尊評，特印就呈覽。妻弟彭念韋，夙仰老先生風雅主盟，渴欲奉教左右，奈彼此往還，不獲謀面，殊悵緣慳。兹又迫於掃墓，偕晚鄉行。渠所送文集，思得玄晏大叙，以光梨棗，特囑晚轉懇，不識可慨然俞允否？扇三柄，并求椽筆一揮，統俟返舍時走謁面悉，不盡。晚生鶴徵頓首。

之二

昨偶過湖上，知老先生自昭慶移寓，渴欲趨謁，朝來竟爲雨阻，悵怏殊極！來扇求椽筆寫小行書，容少霽面謝，不既。修翁老先生大人。晚生鶴徵頓首。冲。

王晫（一通）

渴欲一登龍門，面領教益，不謂久病未痊，遂遲晋謁。辱承不吝彩毫，兼賜尊刻，何啻百朋之錫耶！尊照領到，容俟精神稍王，當草數語請政也。率復不一。晚生晫再頓首。

李　植（一通）

別來猶得借庇，以叨主人之惠，但日望返駕，終以不得常侍左右爲歉也。屈翁老原約一二日間，同赴雲間一晤，不謂商議間忽睹來諭，開視捧讀，如親謦欬。但制晚何能，而克當此殷殷垂念耶？州中事已經子老書内説明，亦無容再陳；至劄付一事，曾屢托羅致，全無行之者，奈何奈何？春色撩人，愈增客況，伏惟珍重，是所願也。上復并候老爺萬安。制晚生李植叩具。

周在浚（三通）

之一

昨家兄手摺，承留意，至感至感！明日大收，家兄亦逐隊而往，總乞必當，知先生定不膜視也。再瀆，不一。修翁老先生。晚在浚頓首。

之二

昨暑中褻尊，罪罪！稍涼當圖再聚也。大刻拜領，謝謝。《神讖碑》、小説書目，適正馳上，使來藉奉。諸容晤悉。晚浚頓首。

之三

聞台駕有真州及勾曲之行，故未敢走候，此時想已歸矣。天氣漸爽，稍遲尚期作郊外之遊也。《惡姻緣》小説，前呈五册想已閲畢，幸付來价，因吴門近已梓完，來借一對，欲寄往耳。諸容面教，不一。修翁老先生。晚在浚頓首。

□阮（二通）

之一

陽和初届，瑞雪芳霏，想老先生擁爐吟咏，坐中佳士，共爲欣賞也。若蕭條野人，徒多戰慄耳。承委拙筆，呵凍爲之，未能如願，仰求諒恕。容圖躬叩，不悉。上修翁老先生閣席。晚阮頓首。二紙小印，并完上。

之二

昨奉叩，承老先生教誨飲食，謝謝！二章完上，愧以雕蟲刻鵠之技，仰承龍翔鳳翥之文，敬附圖書，藉光不朽。知茯苓芝之遇合，洵可千古也。不揣疏拙，於尊銜内妄增一字，以配其文，不識有當台意否？泥濘不獲躬致請益，草此代面，不宣。上修翁老先生閣下。晚生阮頓首。冲。

李之粹（一通）

巴里之音、塗鴉之筆，皆足爲大方絶倒；但以願教之殷，不暇自匿其醜，惟老年臺不吝郢政，足仞雲誼。容晤未既。弟粹頓首。

龍光（一通）

辱年翁骨肉之誼，故亦不敢自外，但謝去筆墨已久，所見未必是，幸諒之。弟在此尚有十數日，便道幸常見訪也。兩詩統璧上。修來年社盟翁侍史。弟光頓首。

鄭 淮（一通）

昨藉吴老先生獲登龍門，深慰鄙懷；更蒙垂青不棄，隆誼殷殷，真沐我于春風中也，謝何可言！拙染一册，恭呈大教，幸莞存之案頭，必賴青雲游揚。私喜葑菲之幸，但愧末技不堪爲説項之資耳。不盡欲言。顔老先生大詞伯。晚生鄭淮頓首。

宋實穎（一通）

聞先生歸寓，未及過候爲耿。歲除無以娛客，小物二種，聊供清玩，幸莞存之。春聯祈右軍一揮，感荷感荷！餘面戳。小弟穎頓首。修翁老先生。

汪徵遠（一通）

歸讀老先生翰教，即與周梓人説明，山志暫停數日，先囑從事大集。今日因送吴山大師龕子過真州，不獲面復，歸時容趨教，不盡。修翁老先生。制晚徵遠稽首。

曹　重（一通）

春雨不絶，阻我良晤，念可知也。昨聞老先生庚韻詩已成，祈即惠教付刻。夜來觀堂分咏，録供噴飯，幸斧削，荷荷。尊箑畫完附繳，敝扇定已揮就，并望發歸。餘俟趨對以悉。修翁老先生年臺大人。晚生重頓首。

孫　燕（一通）

適得拜睹儀型，後學獲有矜式，大快生平。奉懇藩臺一札，求先生鼎力即爲轉致。倘獲寸進，皆屬栽培之力，不獨燕與諸生永矢弗諼，即家君亦爲心勒。更乞索一的示，愈沾作養弘恩矣！恃愛悚仄，伏冀原宥。上修翁老先生大人。晚生孫燕頓首。

耿願魯（一通）

連羈俗冗，致疏走晤，深用悵然。兹啓者：江南新援例監生沈光埈，目今文在貴衙門，未得到監，敢求老年翁留神，俾旦晚送監，佩德不僅弟已也。諸容晤悉，不一。弟願魯頓首。冲。

沈泌（一通）

屢混興居，殊增悚仄，岱宗之不遺培塿，於此見一斑矣。恭聞田大文宗於今日起馬回本衙門，所懇二一呈詞，能即趁今日鼎致批發，尤爲直截了當，而舍妹夫梅生之激感高誼，寧待言耶！率稟不莊，皇恐皇恐！年家晚生沈泌頓首頓首。愼。

黄之鼎（一通）

拙卷呈政，所言傭書者，乞代爲一問，容謝。不盡。啓修翁老年臺即太史。弟之鼎頓首。

柳　燾（一通）

雅集定期，候年兄酌示，以便遵行。是日邀大年兄，弟當具柬，再同年兄共帖，并請王鶴汀年翁一叙也。主客單附覽，分金伍兩奉到，嗣容補送，不盡。弟燾頓首。

魏麟徵（一通）

昨承鼎吕，允賜解推，翹切無似！今爲時已迫，諸凡未能就緒，敢求老年兄爲弟多方設處，以濟然眉，弟至兗時，必持送潭府也。耑此瑣瀆，不一。弟麟徵頓首。冲。

惠周惕（一四通）

之一

比日多病畏熱，有失侍教，馳企不可言。新製已付刻未？急欲諷咏，不能待刻工之竣，得以付寫後稿見賜，所至禱也。連日擬録客中文字，先呈一二義，幸即改抹付下。《詩説》上卷，亦求擲還，下卷録未竟也。晚惕再頓首。

之二

刻樣極佳，連圈似不可少，但不須滿幅。前輩選本，但連圈佳處，餘俱不用圈點。評語載後，應署姓名，且去其無意義者；若大人先生不便書名，可以不録其評。蓋論次文章，原屬後學之事，如李漢之序昌黎、子瞻之叙歐陽是也。今雖制義，亦宜略仿其體。附此奉商，不審先生以爲何如？愓再拜。刻價幾許一百，便乞示知。

之三

刻工令其詣府自言，可用與否，亦唯尊裁示之。《詩説》及制義，幸即付來。舊刻一紙，并附請正。令弟先生近藝，肯一賜讀否？念始廷試卷已不刻，前有札曾及此段也。刻下將養疴蕭寺，恐疏問難達，旦晚容趨侍，且聞一言自廣，不宣。晚愓頓首。

之四

前日承翰教，即便奉詣，直尊從出門，不敢請見；若今日得暇，當即相造，且端策一問詹尹，否則異日趨教可也，特此。晚愓頓首。

之五

每思趨侍，輒復懶廢，仰止之懷，無時不依依也。屢讀新製，賞心不已。私心追慕此種文筆，恨學力不追，而有司尺度，又復束其心手，局趣若驂之隨靳，可發一嘆也。偶録三義，就正有道，幸輟忙塗抹即付，禱禱！扇一枋，求書近作。餘語另布。晚惕頓首頓首。

之六

翰來正直出門，故信歸不及取答。尊意即語廣平公，渠再四辭讓，即托致謝，且請遍告貴衙門諸先生。《奇韻》暫附上，另日尚欲借鈔也。晚惕頓首。

之七

日來甚無事，出外奔走，拉友朋清談而已。頃叩謁，直駕將出，不便請見，特屬鈴下致語。

漪亭先生定已得選，恐彼尚未知，曾有書達之否？聞兩日正在通州，然否？示之。晚惕頓首。冲。

之八

祖氏園乃在東栅南湖，此刻即行，不及奉别，耑望後日嗣音。筆賈陸孔庭兄，爲人誠實可交，其筆在吴中諸工之上，進而試之何如？以後若有書問，孔庭可托也，特此。晚惕頓首。

之九

日來小冗，性不能堪，致脾氣作惡，明早即同從游者養疴祖氏園，旬五之期乃得還也。近作一首附正，幸輟忙塗抹立付，或晚間奉别時走領。尊刻若印過，亟求賜讀，主臣主臣！晚惕頓首。

之一〇

兩閱月不獲趨侍，企懷何可言！尊刻計已告竣，幸一一賜教。八月初入城，當覓快對也。敝門生宋基業，廣平相公猶子，前曾在貴衙門考過州佐，刻下復就科試，令彼造謁門下，幸教之，不一一。晚惕頓首。冲。

之一一

野人性懶，病與之會，遂爾廢棄人事；雖仰止如老先生，亦不能時時趨候，它可知矣。讀來教，深感雅誼。旋聞之孟夫子，明日旁午當來叩謝（望日即旋里矣），且欲望見顔色，幸假片時之暇，略一接席晤對，頃當知其人之長厚也。新製送還，《詩説》及雜文，望即賜下。時文若未批抹，明日來領。刻工即日令其呈樣也。令弟先生久未得晤，極念極念，希致語。晚惕頓首。冲。

之一二

久未入城，聞尊體不快，極懸懸；嗣奉手示，始知病瘧，此亦未足爲困。經云「夏傷於暑，秋成痎瘧」，略服消暑湯劑，調節飲食，指日可愈也。南人慣有此症，絶不經懷，北方頗不爾，大都一寒一熱，不能少忍，反增病於快意中耳，然否然否？萬望實嗇自愛。尊刻求即賜讀。近來亦有經義幾首，然無足觀。外間議論，痛惡典雅，奈何奈何！附此發一笑。令弟先生統此致候。晚惕頓首。冲。

之一三

尊酒論文，平生快事，但過費枓餐，差爲不安，敬謝敬謝！大著領到，容屏除塵俗，悉心細讀也。賤子持論，常謂古文時文，不從六經而出，總無是處。漢唐人作注疏，即一字一句，必考證出處貫穿諸經，柳子厚所謂溲釋融洽、與道大適[一]者，今人未曾夢見。安得懸尊文於國門，使倀倀無見者，皆知青天白日之清明耶！欣賞之極，發爲狂言，知執事不以爲罪耳。鄙著尚有可請教者，惟時文最少，然既命之，敢不録正。旦晚趨侍以悉，不宣。賤名單肅。左愼。

之一四

制義若得盡讀，豈非快事！入京來未有所獲，但得侍教先生，爲平生一樂。以賤子鄙見，時文終非傳世之業，以此種心思手筆，爲六經作箋解，不更快乎！歸熙甫先生言語妙天下，輒自鄙其時文不足爲，此非無見也。愚人狂論，未知有當高明萬一否？《詩説》乃是常語，何以得蒙欣賞，慚愧慚愧！刻下幸暫付還，另日再録《詩考》及他經解，一并呈正也。舉世録録，知音者希，非執事無以發其狂言，勿罪勿罪！主臣主臣！晚愓頓首。

〔一〕 柳宗元《送元十八山人南遊序》有云：「搜擇融液，與道大適。」

吴元龍（一五通）

之一

夜來見我兄形容少減，心竊憂之。西風獵獵，正宜鍵關静攝，以俟復元，况病加小愈，尤當慎重乎！弟凌晨早發，更無遲回，但離愁萬狀，欲去不忍，晚刻當偷閑再叩，以悉别悰也。名爐甚精，何當割愛，台命諄切，誼不敢辭，第家藏一二儘堪撫玩，仍留長兄案頭，如弟日侍左右可耳。若以它物見貽，弟自不敢璧也，可發大噱。筦籥乃衛生之寶，再拜珍藏。此中所以，尚容面求提命。束裝匆匆，先此暫復鳴謝，不既。小弟元龍頓首。敬冲。

之二

知己分携，倏焉三月，懷想之私，形諸夢寐，恍然若日侍左右。離愁千萬，實非毫楮所能罄述也。潤州返棹，以老親多病，晨夕焦勞，每從吴門訪醫，輒探老年長兄返旆之信，寂無確音，懸念不可言。適蘧使至，審悉台祉平安，踴躍無量！拜讀瑶翰，懃懃懇懇，愛我憐我之誼，溢於紙背，中心藏之，何日忘之！銀篇檢入，當奉爲枕中鴻秘，不敢輕以示人。倘前津得渡，決不忘老師傳心之力。口篇似有微驗，第因作輟任意，未能呼吸入神。手教勉以力行，從此益加奮勵，念茲在茲，不敢辜大恩也，感謝感謝！墨妙甚精，懸之座右，如對芝宇，永永勿諼矣！硯兄前四月間有信來，囑詢起居，望駕北行甚切，俟月杪便鴻至彼，當再囑。潭府種種，不止台諭所云失案一事也，年兄安心消暑，不必内顧縈懷。時當炎溽，百凡爲我道珍重。金壇新樣雲葛二端、宫扇一握，聊志區區。餘候文韶過吴閶時，買舟細倒闊縷，不一。小弟龍再頓首謝，六月二日茸城拜寄。冲。

之三

兩日正擬出門，以文旆山遊未返，用是欲行且止。登臨所至，定多佳咏，少頃當趨讀，并悉縷縷也。二册裝潢告成，耑伻奉覽，其工值弟已給之，不必重營清慮，二套明後亦可得。先此代叩，不盡。史處竟爾寂然，必祈竣局乃妙，并懇。弟名恕呼。冲。

原差可恨之極！須一儆之，又行。榮發的在何日？示下，切切！

之四

極欲叩晤，以事機尚未有成緒，用是逡巡，然行止亦只在旦晚也。前小价事，當事未見施行，豈爲奸滑沉擱耶？乞年兄速命尊管，再往力催，否則小人道長，我輩氣沮矣，奈何奈何！初十日候駕蚤光，并禱，不盡。恕賤名。冲。

之五

瑣事重荷鼎吕，得以雪忿，感且不朽！聞群小正在禱求，用是避嫌，未敢趨叩。駕行尚宜少紓其期，祝祝！台册題就呈政，操斧般門，殊不自知其醜矣。冗次草草，不盡。弟名心肅。冲。

之六

年兄有意西來否？弟在寓鵠候，幸惠然是禱。前懇亦出不得已，望年兄留神再囑，必於薄面有光乃妙。朱雪田風流名士也，皈依甚切，聞駕今午有當事之席，或以此情節致之，不審可否？惟台裁之。其來札附呈清覽，不一。弟名心肅。

之七

同作天涯之客，承年兄臺種種渥愛，入人肺腑，感激殊恩，夢寐以之！弟自二十日叩別後，扶病遄行，至二十六晚刻始抵里門。一路跋涉，而腰間所患陡然奇瘇，其痛楚不可當，至吴門即覓醫胗視，云此係濕痰流注，非藥石可能奏功，必用針治，乃望瓦全。目下計無所出，遣人赴浙中延醫，吉凶利鈍，俱未可卜，或叨長兄福庇，不致長謝人間，得它年再瞻色笑，深有願耳！所事其父母兄弟，俱心悦誠服，奈閏秀八月中染患脾症，久痢之後，元氣未復，至今猶支離芙蓉繡褥間，一時萬萬不能迫其遠道。弟恐此中或有他飾，特令小婢親往驗看，一一不爽，何佳人福薄而才子緣慳一至此耶！序逼歲寒，恐征軺不能久待，或俟春和氣暖，台旌到都之後，即命使乎來迎。或以山川阻修、往返費重爲嫌，另尋别章，行止俱候妙裁，非弟所敢出也。萊兄至今未到，不知留滞何處。前件大費苦心，竟爲愚弄，觀其動静，仍耽耽於舊習，奈何奈何！容俟萊兄來時，再與熟商，或令有所歸着則可，否則棄之不甘也。菲物肆種，奉佐長兄清玩，亦千里鵝毛之意，祈叱存之。舟車漸寒，途中萬惟珍重保養。倘遇南鴻之便，不時惠我德音，至禱至禱！病中倉卒作書，不盡萬一，仰祈崇鑒。臨風馳戀之至！年小弟名心肅。九月廿七日燈下。
山陰曾晤否？幸確示之。台駕瀕行，再托德州公留意，切囑萬勿遺忘，又行。

之八

晨起正擬趨叩，奈酬應無少歇，而腰間發腫作熱，深悔不聽長兄之言，以受此奇苦，明日遂杜門謝客，延此殘喘。接教，知有同心，我兩人當力圖静攝，以俟復元可也。長兄精神雖旺，然外實内虚，亦爲可患，節勞保重，至祝至祝！旅邸同病之憐，感銘肺腑，敬謝不盡。小弟元龍頓首。頃江寧郡守賜顧，譚及曹澹翁先生爲逆所害，一門盡節，其言甚確，末路誠可蓋愆也，并聞。

之九

夜來酣擾，幾忘旅況，非年長兄愛弟之深，不至此，感切感切！晨起瘡勢略緩，尚未能酬應，故不敢出門，想荷慈鑒。午刻覓得一花，望年兄拉萊翁早過快叙，作竟日之歡，幸勿它拒，至禱至禱！萊翁處乞即訂之，切切！在公家兄，弟已走札約之矣，并聞。小弟元龍頓首頓首。

之一〇

頃承教，因對客，失復爲罪。賤疴疼楚如故，不發不消，醫生束手，今惟静以聽之，更無它法。台體服藥後，可得平復否？舌爲心之苗，心火盛則見諸腫熱，黄連乃勝藥也，不審方中及之否？旅病交營，歸心如箭，明後當叩悉縷縷，大駕萬勿出門，祝祝！小弟龍頓首。疥藥用完，可再索也，又行。

之一一

痛楚場中想及長兄，咫尺消息時通，煩悶亦去八九矣，方生平平。頃江寧郡伯送一醫來，頗有道理，看晚間動静，再當馳報左右，以慰諄注。尊恙似外感居多，萬祈静攝，以節勞清心爲第一勝劑。弟歸思甚切，接教又不敢遽返，容面商之。小弟龍伏枕頓首。

之一二

台恙聞已平復，尚祈益加珍攝，慎用飲食爲上，勿過啖也。昨内科劉兄胗視弟脉，氣血兩虚，氣盛則血行。服藥後，病勢已去其半矣。倘今日過尊亭，幸再致其來。晚刻賤體略可展舒，當趨叩九頓也。附謝不盡。小弟龍頓首。冲。

之一三

敝相知鄭桐原兄，高士也，長於宋元名繪，昔在王孝翁幕中，弟深服其學行，望年兄進而試之。前臨别時曾爲特薦，即此兄也，留神汲引，切切！小弟龍頓首。冲。九月二十日辰刻。

之一四

頃劉兄來，知尊體已全愈，不勝慰悦！刻下宜大補元氣，不宜再用剋伐之劑。揀參少許，前敝房師從都門郵寄者，其味精厚，乃真土木也，敢以奉用，幸照入。賤恙將痊，明後或可出門，即圖趨叩，不盡。小弟龍頓首。冲，參計三十四枝。

之一五

早承手示，以高卧失復，罪罪！賤恙瘇勢少退，尚未能頓消，因日來服破血藥太甚，元氣剋削，脾經（鄒按：此下原札疑有脱漏），遂致困倦，即欲不伏枕，不能也。台體初安，萬祈保重。昔人云：養身莫若寡慾，誠爲良藥，諒長兄必不以鄙言爲狂瞽也，祝祝！德州到省不遠，再圖快叙，正未可卜耳。小弟龍頓首。冲。

山陰雖執法，然未能大快人心，昨已發府再勘矣，容晤悉之，并聞。

李鴻霔（七通）

之一

江湖散人，忽來京洛，正借因依良友消遣歲年，乃老年兄及子綸兄相繼言歸，望望停雲，不啻失左右手。每欲寄候，苦無便羽，讀來翰，慰契闊矣！弟以不才潦倒，兩年來居然教讀老生，此中况味，局外人未許問津。源源新例，雜沓而來，財無卜式，遇則馮唐，積薪之嘆，將不知何所究竟。袁杜少贈句有云：「白首爲郎猶絳帳」，那得不令人感慨！去年秋，例得分校，自謂清正之操，可沽名於士夫，而孰意反因以得罪！雖我輩中人，無一不諒其無他，而讒忌之口，亦難盡泯。既不圖利，又不得名，甚非自命之初心矣！此中委曲，子綸兄能悉知之，因年兄骨肉之交，故并及之。大年翁不專函，孔年兄許，并祈致聲。臨池依依，不盡。弟名單肅。冲。

之二

别離愈久，懷想愈切，自入春來，屈指老年兄抵都有日，謂可朝夕談心；接來翰，始知行旌暫稽，溯洄殊深。各曹壅滯多端，獨貴衙門升轉甚速，年兄宜乘朝氣扶摇直上，勿徒久戀東山也。吾鄉大概無雨，敝縣尤甚，深慮人情不静，不但一家衣食之計。頃聞貴郡秋禾頗盛，乃亦枯旱至此耶？丁巳之役，可謂公慎無他，而讒者之口，猶有煩言。浙中真屬弊藪，幸借同事諸君子廓清殆盡，而好事者又皆歸功於區區，前所謂求全之毁，後所謂不虞之譽也。獨是散曹末品，當此人情世事上下交困之時，於花花世界中，猶然冷落以歸，此固人所不信，即弟亦初不自信耳。便道里門，侍家君膝下者月餘，又健壯善飯，尚能步行二十里，差慰於懷。弟連年爲典籍所累，形神疲憊，竟與詩書無緣，偶爾涉獵，都不濟事。近中博學弘詞兼之年家子弟，選館多人，極盡一時之盛，對此同學，依然故我，不能不有馮唐之慨。五月間，第五小孫生，則弟落寞場中佳事耳。題名并全卷呈覽，餘容令兄先生到時再寄，不宣。弟名單肅。冲。

之三

服官以來，稔知至性篤情、脈脈彼此相關者，年兄而外，指不數屈，故自建節以往，不禁離群之感。久欲一函通候，而不得便，惟有時向怍兄問訊。前知有西清故人之句、乘車戴笠之誼，何以異是。新任江寧令海嶠年兄，束裝匆遽，未及一字帶致台端；江寧張守，亦未修候。海兄爲念年知交，幸推分及之。翰到不啻面談，喜極欲狂，詢知近履佳勝，慰懸切矣。關署雖清，而詩酒江山、佳興勝緣收攬殆盡，大是人生樂境。閉户可以讀書，開門可以積德，持身報國，俯仰所樂，我輩胸懷，當不徒温飽着脚，何如何如？弟於明年之冬、後年之春夏，計當升而且内，但念父母年高，急欲圖歸侍養，已告暫假二十餘日；所以未即遞呈者，因此時衙門仍復舊制，當年曾有三年咨部候升之例，如果得妥，則明年正月初七，弟即滿期。大約衙門内無一善況，恐此事亦成畫餅，但既有此機，不得不稍候數日，以定行止耳。任仲玉年兄現住尊宅，行即詢之。單年兄行時，曾以年兄椅數把、條桌一張寄弟處，弟如家行，當轉寄伊翕老許；獨美人屏，弟欲携之而去，聊作金屋真嬌。年兄遊名勝地，眼界大闊之後，視此畫或土苴矣，一笑。

澹兄處，行致台意。中情縷縷，不能盡及，且有不便形之紙筆者，統惟照鑒，神往不宣。八月二十四日弟霆頓首寄。冲。

舊年冬，弟舉一孫，方面肥軀，頗勝乃祖，附聞。此事爲年兄所知，誤及可笑。

之四

北野、子綸兩門兄下棋，得錢數百，作東道，吃了登高。今子綸已傳進署，而玉乘、子山、左珣又復爽約不至，弟與北兄兩人，如何吃得許多？且登高未免太寥寥，幸速過爲妙。弟霆頓首。

之五

敬啓者：王冰壺夫子連生兩孫，又值其次公子進學，弟以及門，被同人以詩裱屏爲賀。如此大題目，又衆耳衆目所在，自非名手如吾兄不可爲光。明知年兄不輕操刀，而又正當公務繁多之際，弟深體此情，故自入都以來，從不敢以此等相干。事迫於不得不然，千祈年兄走筆一揮；且初十上屏，望於明日賜下，斷勿見拒爲感。如不見允，弟當親至奉懇矣。不盡。弟霔頓首。冲。

之六

榮行的於何日耶？舊年以五言杜詩一套求選，不識已看完否？暫祈檢付。弟霔頓首。

之七

日作教讀事，不得與知己故舊朝夕縱談，苦情多端，憑誰訴語？初四阮亭處陪吊，是日同事否？弟九年覃恩一軸，已到部矣，當時弟即假歸，未領執照，無憑往領封軸；昨承慨允代領，幸留神，容謝不一。修翁老年兄。弟鴻霔頓首。

周　碩（一通）

去人持手示旋，開讀如晤，極知大費曲折，更見老先生不以疏遠而忘故人也，感甚感甚！承諭都中一遊，足徵始終摯愛，第以家累縈懷，且值此粟如珠之歲，目下雖欲往而未能，以待來年躬叩大教，何如？尚冀留盈尺地，容野鶴側立於階前爲幸。或者捉筆賣手，借大人之德，可附不朽，定可知也。臨池北望依依！晚名另具。

鍾朗（六通）

之一

客歲小僕南旋，荷老年臺深情過愛種種，使人刻骨。敝役到都時，適值差回到部，凡所傳命，俱已銘之心版。夫何新正留神訪問，絕無至者，心壹怪之。及至巡試商洛，時晤令親孔涵老，備道顛末，竟因機緣相左，垂橐而返。弟聞之汗淋浹背，不知所托何人，乃荒唐至此，使我何以自贖也！孔涵老竭盡心力，止得二百章報命，其家報中，想能詳悉耳。弟試事粗完，循例解卷，耑令敝役叩謝，并致歉仄。老年臺文章道義，久爲吾道宗盟，今幸主持，或可邀庇。百凡上下左右，還祈加意照拂，非筆舌所能盡者，小僕晉叩。外致戔芹，非敢謂已盡區區，更望茹鑒。秋冬間圖報，不既。弟名另肅。冲。

之二

承委駢語，適賤冗猬集，未得搦管。值路湘舞舍親到都，因爲乞鄰，振筆立就，泉湧露垂，頗稱工敏。湘舞聲華才望，敝鄉推爲祭酒，不第十倍晚朗已也；不以實告，則是藏人之善，而且以欺吾知己矣，敢以原稿呈覽。湘老係葉芥舟受業，素慕老先生風雅，想芥老必爲先容，則是稿亦屬士見大夫之贄矣。徵詩引亦即草呈，諸容晤悉，不一。前所商已繕一稿，俟查確，面悉請正也。晚名另肅。冲。

之三

獻春叩賀後，曾再過問奇，俱值公出，不得一奉清揚，悵惋無似！辱委壽言，逡巡再四；先生騷壇哲匠，何忽問道于盲？不敢方命，强爲屬草，然一見大巫，神氣盡奪。鮑家累句，觸緒紛來，先生見之，必當掩口盧胡也，愧絶愧絶！暇即走訪面既，不一。德翁先生年臺。晚弟朗頓首。

之四

秋來因賤體委頓，息影内城僧舍，承老先生賜顧，有失摳迎，且未得報謝，殊抱歉仄！太老先生雙壽，勉成俚句，自愧拙劣，尚容躬祝以展鄙忱。敝省試事，正未有期，前説當姑止之，便中并及，不盡。晚朗頓首。冲。

之五

接教，極荷留神，謝謝！朗少困賤，更因工握算，况清江榷税，爲數五萬有奇，項款無多，易于料理，心計之餘，正堪追陪嘯咏，幸先生鼎力吹嘘，感戢無既！草復德翁老先生。晚弟朗頓首。

之六

連日賤冗，不獲趨領大教，殊深歉仄。近工部咨過貴衙門，監生慕國璿，係敝鄉藩臺慕公乃郎，托沈繹堂老師爲之照管，日來未見轉咨送監，屬晚轉懇老先生，得即咨送，深感照拂，未審日内能即移文否？晚本圖面叩，緣内城有事，不能如願，特此布瀆，希台原之。冗次草率，不盡。晚朗頓首。

鍾朗

蔡兆豐（三通）

之一

別後走澄江，與賡明竭力，方得達尊札於當事，不意竟成畫餅；即不佞亦有所求，仍未見允，束手而還，垂頭喪氣，作客之難如此！目下解維北去，囊中止餘十金，故分家累之半回南，望門下少資助一臂，不過數金已足，再乞示知，何如？不佞擬孟夏中旬至白下，邀門下一面，并有所求，方能返都，但不知簡年兄曾考否？有王誠者，二峰周夫子薦於不佞，在關一年，亦無甚提挈；兹以不佞差滿，特轉送門下，尚懇酌用，容面晤另布，何如？是瀆。名另具。冲。

之二

介子抵淮，知門下已從中路到任矣。此中况味，不佞領略已盡，但門下才福過人，自與不佞蹇劣者不可同日語矣。會試得人，不佞竟不知姓名爲誰，幸一一遣一的役，送過蕪關，俾其無阻，則仰仞高誼，豈啻百朋哉！小詩已刻就，謹呈覽。至毗陵時，賡明已代不佞災木，故阮亭之叙、門下之跋，俱未壽梓入，相時即應借光也，餘不一。名另勒。冲。

之三

白下返棹，復寥落於吴門。謙老之札，又辜高誼，所以項客之金，竟負門下而北，至今中心猶䠯𨈷不安也。入都應酬，一切不能少，而索逋者盈門，銅斤參罰叠見，必不能依限完公，停升待罪，竟成廢錮，將來不知何以結此局也。去歲長家兄渡江時，多承雲誼，并及小力開罪門下之處，諸凡皆不佞過也，俟台駕抵都時，當泥首以謝不韙耳。關上風景何如？知門下才福兼至之人，自必有佳況也。鄧元昭夫子，乞念及淵源，時時照拂。不佞廿年索莫，負知己者不可名狀，方將無以自立於天地間，門下肯代不佞稍進教焉，與有感佩矣！仲調年兄，此際想聚首，何樂如之！賡明曾一過從否？此君好義而貧，淵明瓶粟，不致相累乎？此今瓜期已及，計晤對時，或在初秋。南方溽暑，萬祈珍攝。來教領悉，容謝不一。名另具。冲。

張錫懌（六通）

之一

二十餘年道義骨肉之情，遥望音徽，如在天上。昨晤魯公，知文旌適臨敝郡，把臂在邇，喜不能寐。緣敝居淺隘，蓬蒿之徑，不足容高賢之駕，有艾舍甥居，稍覺軒爽，已令懸榻以俟。正擬遣价奉迓，先辱手教，極荷注存，耑此布謝。即日面傾積悃，諸不及贅。臨楮翹切！小兒囑候老世臺先生。賤名單具。左玉。

之二

春初舍親王克成入都，曾以一行奉候，想達記室矣。每詢南歸人，知門下近履安和，聲望日著，朝野俱傾注公輔之擢，故人雖卧滄江，分東壁之光，欣慰又何如也！兹因舍侄澤復應試之便，復此附候。舍侄爲先叔學憲子美公冢孫，敝同門繹翁先生玉潤，才品頗佳，想高軒在敝郡時，曾已識韓。兹來晋謁，祈門下青盼對之，曲爲揄揚，即感推愛，餘非有所干請也。另有褁言，托賓門舍侄轉達，幸垂照，不盡。名另具。

之三

別來數載，知己骨肉之念，時切於心，而南北阻修，末由把晤。昔在秣陵，耑使叩候，荷蒙雅愛惓惓，不勝感佩！足下膺特達之知，處郎官之重，盈門桃李，聲望日隆，不肖叨在故交，與有榮施矣！兩年來爲老父抱疴，日事湯藥，今已幸就痊可；止以親老家貧，連遭荒歉，不免北門之嘆。倘有出仕敝地者，祈足下留神，專囑。夏初偶過禾中，秀令李君，相待甚薄；又以公正發憤，爲舊令屠伯所辱，况味尤屬不堪。此人革任，而鞭棍橫及多人，飛詐遍乎闔邑，奇貪異酷，述之大堪髮指！同邑秦兄，僕筆硯交也，其人英爽真摯，大可結納。特有褭言，囑之奉商，幸足下進而教之。救民塗炭，爲我輩種德事，不止一邑造福耳。餘情種種，非筆墨可盡。如有便羽，希惠好音。賤名單具。左玉。

之四

己亥之春，與門下握別城隅，屈指已九易裘葛矣，每念雅誼，感不去心。六益兄歸，具悉近况，知更肆力于詩古文詞，喜慰特甚！嗣從舍弟處得接手訊，聞捷秋闈，踴躍可知，更望來春大魁高掇，爲故人光寵也。賢橋梓叔侄孝友風雅，瑞鍾一門，而不佞得以一日之知，叨附孔李之契，暮雲春樹，百倍恒情，未審快對當在何時也。不佞罪放以來，南畝半荒，困厄已極，所幸高堂無恙，稚子在庭，而登臨詩酒之興，尚復不淺。但苦塵冗紛然，不能力學著書成一家言，以副知己之望，異時相叙譚衷，滋深抱愧耳。偶刻二種，附呈粲政，恐中有忌諱，切勿示人也。同人中如謝兄賓、馬兄珵、李兄憲、程兄佩、吕兄律，不及另啓，俱望一一道念，使知故人好在，足矣！旅次偶逢舍弟入都，草草附候，諸未盡悉。十一月廿五日。生錫懌頓首。

如有便羽，乞時惠好音。中翰中諱鋏者，乃胞弟也，從彼附信亦可，并及。

之五

前勞尊使至舍，慢去爲歉。日來時望台旌賁臨，懸榻以俟者久矣，想因尊冗，未即惠然耶？不肖時欲赴郡一候行臺，而俗冗糾紛，刻下又以掃墓往鄉，未能如願。望前二日，家兄壽誕，鼓棹茸城，奉迎台從過舍也。先此布候，臨楮神馳！賤名單具。左慎。

之六

憶自亥春把晤，叨擾德門，承足下情文倍摯，曲盡款接之禮，握别依依，十年來如一日也。嗣聞賢書高掇，隨捷禮闈，又以聖天子臨雍盛典，超擢儀曹，粉署含香，盈門桃李，在足下可謂極遭際之隆；雖故人摇落，與有榮施，可勝欣慰！别來連得手訊，深荷不遺。近知駐節秣陵，去敝鄉止數百里而遥，每欲鼓棹一候，而以家君年届古稀，適抱危疾，周旋湯藥者四月有餘，難以痊可，此心耿耿，未遑如願，特此先勒數行奉候。足下回京之期，當在何時？幸惠德音，以慰縣注。戊榜貴門下諸兄，乞示姓氏一單，晤間希爲齒及，以見水木之雅，尤佩高誼。鼎爵董書二種，出自鄙悃，不敢具套，并祈鑒入。臨楮不盡瞻溯！賤名單具。左玉。

金煜（二通）

之一

燕越阻修，良晤維艱，馳慕之私，想同之也。丑之冬，舍妹丈自京門旋歸，荷兄翁所致一函，具稔至誼，不意所事不果，可勝惆悵！前函尚存，俟另日乘便繳記室耳。啓者：敝鄉平子遠先生，越中名宿、天下全才也，都門縉紳碩輔，靡不重爲斗山。其文章歌詩、氣誼經濟，度邁倫伍，實有不可一世之概，以故聲望滿長安、交遊遍宇内，且與不佞素稱莫逆，風雨同心、晨夕晤言，非一日矣。兹者訪友金臺，企兄翁之雅，進而摳覿，凡有可以爲子遠先生地者，祈不吝多方揚美，曲爲玉成，心銘臆志，豈僅子老一人已哉！顧在兄翁，慎勿以不佞爲曹丘之請也，亦曰以素所相契者達之足下、以天下所共推交重者聞之足下，知兄翁定當心鑒也。太翁暨秩宗令兄，希爲叱致，不及另柬。臨風瞻溯，餘悰縷縷，願言不宣。名單勒。冲。

之二

別後倏彌月矣，盈盈一水，不啻相隔萬重，跂懷日夕在抱。貴銀鹿至，備詢年兄近履康勝。曾有苕上之行，目今尚在鴛湖，渴欲一到嘉禾以看烟雨，偕足下再爲談心；奈緣俗務所糾，未獲如願，悵也何如！蒙云稅契一事，已經印出，荷年兄志學之數，臆志心銘。至帖雖一次更正，皆雅誼所致，而未能常若如此，亦惟有付之度外而已。不佞數載家食，仰屋興嗟，從未以窘狀相對，諒年兄必知之悉。倘便中郵寄衡齋王父母，函內希加意道及不佞蕭蕭近況，每事注眷，即如躬賴垂照也。明春意欲前赴京門，有懷欲吐，想定勿我遐棄耳。臨風瞻溯，不盡所云。名另泐。左冲。

戴京曾（一通）

青門惠餞，感昆玉雅誼不置。返里少圖養疴，不意即有鄰警，飲食夢魂，總無寧晷，而貧落更不待言；時念都門周旋，尚不寥索。見邸抄，知借金天官清通簡要，斯地與斯人正相當，喜甚喜甚！令兄又留玉堂，直令人羡健，而故交如僕，歡慰更異尋常也。武定張容庵入都之便，草勒附候。容庵氣誼過人，才情亦超軼，貴鄉待罪時，甲午拔士也，其臭味當與門下有針芥之投，幸垂手接引之。諸張公能口述，不具悉。令兄同此致候，不另柬。仲春望日。名正勒。

劉芳躅（三通）

之一

年來潦倒無聊，資生乏策，往來燕山易水間，自顧可慚亦可笑也。「計拙無衣食，途窮仗友生」，殆今日咏乎！頃在奇峰學舍拄藜刈麥，接得從子手稟，應考職之試。總之此時蹇滯，難以得官，不如得少優于頂帶者，爲榮身計之爲當也。從子爲先伯兄第三兒，自幼在僕左右，敢邀世好，代爲禱祈，幸吹屋烏，列於州同爲望。文雖久疏，字亦尚堪作養也。僕於望後亦擬策蹇來京，補夏至祀墓之禮，當面頌雅誼。曩屢拜注存，皆以陳廢，步未出門，頗多失答，疏節之罪，定荷知己亮之，附及未一。名另具。冲。

劉興詮，順天人，附例監生。

之二

僕抱病連年，展轉山舍，不返里門者，兩閱歲矣。曩聞尊先人乘箕而去，凡仰芳型者，罔不雪涕，矧僕親炙輝光者乎！唯是不能力趨執紼，特從同人後一申鷄絮，至今歉仄耳。惟門下以禮自持，爲國珍玉，良用遠慰。使旋，附候孝思。啓事匪遥，諸容面悉。名另具。

之三

道兄居白下之勝區，賦黄初之麗製，驚人之句，定滿篋中矣。不孝自遭大故，萬緒荒迷，於六月初旬，草草扶喪北返，中元前二日已達潞河，值葆翖弟南還，話别津次，念其襆被阮途，深切懸注；特以菽水事遠瀆知己，幸道兄推愛，格外潤之，俾邀仁人之粟，以歸奉高堂，即不孝數千里外，藉慰孔懷，雖在堊廬中，不異身佩渥賜已。臨楮禱切！名另具。冲。

顏氏家藏尺牘

下

（清）顏光敏等 撰
鄒西禮 整理

尺海 第一輯・主編 丁小明

鳳凰出版社

張應瑞（一通）

曩者帆檣失濟，幾没廣陵之濤，雖貽戚自人乎，亦數奇偶相值耳。廢棄以來，丘壑是甘，緑野午橋，固未敢希踪昔賢萬一；然而時命自遣，頗達盈虛。每臨風一嘯，覺怨尤都捐，而身世枯榮，猶未能累我方寸也。門下當衰絰傷心之際，乃承不忘夙昔，叠相注慰，加以湔勵，厥情渥矣！惟是驚弓之翮，無意高飛，又况時勢殊昔，更非蹇足頓蹄思起之日。正未知豐草茂林，何時釋我，尚能再礪鉛刀，以副知己之望否？邊陲未靖，中外需賢，統冀順時節哀，善衛寢興，爲蒼生自愛，所謂移孝作忠者，生且拭目望之矣！因鴻布復，心與楮遥。令兄年翁不及另函，希致意爲感。名具單。左玉。

張鴻猷（一通）

暌違道範，轉盼三年，每憶芝宇，惟仰看屋梁月耳。邇者春光滿眼，景物增輝，老年臺福履與時并茂，榮補在即，會晤想亦不遥。弟向日校士，恐致迷目之誚；今雖量移，大有蚊負之懼，何當遠念，敬謝敬謝！承諭事，弟即特懇家孟，已慨允留神，勿煩清慮。謹此奉復，兼候新祉。臨池依依！弟名另具。慎。

曹首望（一通）

不晤道範，夢寐爲勞。老年臺典禮南宫，思皇多士，以視弟之伴食河濱者，真雲泥隔矣。兹有敝業師諱朱清豐者，豐庠寒士也，半生螢雪，甫就廣文一席，萬懇老年臺拔之前茅，庶幾河清可俟也；即達之堂翁，無不可者。伏候崇禧，臨穎馳溯！弟名肅勒。冲。

謝兆昌（一通）

憶夏間分袂，裘葛倏更，瞻企之私，與日俱積。老年翁剔釐多方，商民咸戴，固知大經濟人，事業迥越尋常萬萬也，欣慰欣慰！弟碌碌寡緣，素餐自愧，不敢擅附魚函，有溷清思，惟抱疏闊之愆而已。兹啓：家表兄孝廉范諱克礽者，近以就塾宛城，匆匆南下，與弟丱角問業，同體關情；幸其道由駐節，敬修尺素，令謁崇階，祈老年翁推國士之愛，弗靳春風而和煦之，銘佩不特家表兄已耳。臨楮惓切，不盡依依！弟名單肅。左裕。

高恒豫（一通）

久暌芝範，企慕良深，第俗緒勞勞，弗獲趨聆麈誨，殊爲悵惘耳。承諭自當仰遵，奈昨已定議，不能復更，非敢故方台命也。草此奉復，幸惟鑒原，不一。弟名心肅。冲。

王日藻（一通）

星迴律轉，歲序將更，東閣一枝，早逗陽和景色。想老年世臺經術旁昭於啓事，詩才仰繼乎臨沂，履泰運以宣猷，對芳辰而屬句，景禧滋至，孚契彌深，企羡之私，奚可言喻！秋初辱賜瑶函，并貽瓊玖，屬以順郵裁報，未罄縷忱，兹草蕪律四十韻，藉用椒觴。北望五雲，濡毫莫罄。弟名另具。左餘。

桑開運（一通）

老年臺瑚璉重器，望高山斗，遥想仁風，悠悠我思。自憶都門聚首，常聆麈誨，霏霏玉屑，迄今猶在耳伴間也。春序融韶，老年臺福祉駢臻，無容遠卜。弟迂拙散材，濫竽珂里，正愧螳臂當車，所幸指南有藉。辱承賟貺，俾弟益增惶悚，而老年臺千里隆情，不敢堅却，謹登錦卮，餘儀就伻附璧。一切雲誼，嗣容面謝。匆匆草復，臨池曷勝悚仄之至！弟名另具。冲。

于璉（一通）

日望老長官早到，爲衙門主持，且侍得藉以息肩歸省，不如别項告假之屬托詞也。昨見暫以恙請之疏，殊失鄙意，仍祈速出東山，侍當作湖海散人，以慶榮遷耳。雅望原自出群，而諸堂臺揄揚更切，足稱兩得，已將台意致之矣。大年兄執照未到，他人俱駁，以老長官故，止以再議了案，其繳之遲速無定限，即遣人與親身皆可也。各長官俱道台意，并復不一。覆稿呈上。侍名另具。冲。

張 英（二通）

之 一

日來未得奉晤，小兒卷聞已在部中，幸年兄入署時查示，萬萬！弟英頓首。

之 二

《地輿圖》爲芳傳家兄持去，竟不見還，奈何！無以奉覽，幸亮之。弟英頓首。

孫焞（二通）

之一

老年臺以聖系而膺帝眷，久爲當代所景仰。小兒在豐得托門墻，永締世誼，誠三生之有幸也！弟時擬鼓金陵之棹，親承芝宇，以慰鄙懷；奈去夏竭蹶于報費，秋即有遣兒婦往北之役，三冬飛雪積旬，今春又緣文衡在敝郡，坐是有懷輒阻，而中心之神馳無已。兹者令叔老先生賁臨，捧讀瑶函，恍如提命；但弟僻居鄉曲，不能常隨侍令叔老先生之側，至所委又不得當，負疚益深。台旌指日北上，小兒在署，伏望多方栽植，不啻再造之恩也。荒函率復，不盡縷縷。弟名另具。慎餘。

之二

燕臺别後，數載企思，幸遇台旌南指，小兒獲聆教言，且悉福履萬安，忻慰忻慰！夏初暫詣會城，忽患河魚之疾，即鼓歸棹。聞尊駕將至敝郡，準擬望風晋謁，一罄積忱。前讀翰誨諄諄，感仝骨肉。知蒙賜顧昭慶，茗行尚待稍凉，弟又爲暑雨經旬，蒿目巨浸，未及至省，稽此良晤。衰年種種疏懶，罪歉殊深！兹值小兒趨侍左右，率此奉復，唯冀老師臺先生以時珍攝，爲國自重。遥情縷縷，臨穎瞻溯！弟名另肅。左慎。

孫　焞

王尹方（一通）

夏斗巖至都，得悉老年伯近履，後接台教，如覿紫芝，欣忭欣忭！前所委事，侄明知難行，故欲假手觀玉，以圖得當。不意渠漫不經意，至臨時始將原札發出，致彼此兩誤。至今舍弟輩尚不敢與此童覿面，皆觀老之過也。原札去歲臨行時，不知收歸何處，今于書笥中翻尋數次，絶不可得，俟檢出時寄去何如？侄自浙省回後，終日病鄉，氣息懨懨，漸無生理，而他省之主試者反揚眉吐氣、奮發精神，此事殊屬不解。意者文運漸衰，黄金勢盛，白雪無光，侄之所爲，亦自取逆天之咎耶？今已貧病交作，勉强支持，正不識究竟何似耳。因便附候，再呈拙刻三種、新稿一部，統希教定。諸祈慈諒，臨啓曷勝依切！侄名另肅。

劉始恢（一通）

冬仲拜別，倏易葛裘，時序易遷，懷思彌切。都門聚首三月，極荷老先生世臺骨肉之愛，古道古心、至情至誼，每一念及，感勒久之。當波靡之中，有此大賢，真中流砥柱，侍實爲之心折，非敢諛也。先叔謬叨一日之知，承老先生世臺諄諄念及，真令人感入肺腑！侍于展墓時默陳古誼，想先叔亦銜結于九原也。侍閉户守拙，一切聞見甚短，凡有可相關者，務望留意。家兄就試中翰，現寓都門，倘有大札，即轉付郵寄可耳。敝地如有新任公祖出都，統祈齒芬，俾家居不致岑寂，其感佩曷有既耶！大世翁不及另啓，統此致候。餘衷縷縷，不盡。侍名正勒。左脊。

張鵬翮（二通）

之一

入春以來，兩讀手教，深荷垂注。計事得邀照映，感不去懷。東郡一章，出自公心，惜乎爲例所格，乃老年兄亦加扼腕。緇衣之好，實有同心矣！復聖門坊傾圮，弟既居此邦，自當力任其事，不待諄囑。至書院顛末，藩司覲旋之日，已聞大略，今台諭復及之，容令司道郡邑熟籌以報也。辱在契厚，諸凡幸爲留意，不吝指南，是所禱切。《澻源倡和詩》《小清河議》二刻，奉塵清覽。老年兄爲海内宗工，乃自忘其陋，舞斧於大匠之門，真不滿一噱也。弟名箋具。冲。

之二

客夏重承教愛，瀕行復荷寵餞，飽德銘心，曷有紀極！履任來簿書鞅掌，心勞政拙，久稽謝悃，時切悚惶。承諭貴鄉所行事宜，翮雖賦質駑鈍，敢不竭蹶遵奉！幸藉餘波，東魯時和年豐，民生樂業，貴桑梓亦無不拜老先生之賜矣。去秋得瞻復聖廟貌，益切景行仰止之思。近閱邸抄，知有榮遷之喜，由此端揆節鉞，指日以俟，殊爲忻忭！專力肅賀崇禧。不腆侑函，伏惟鑒茹。臨啓馳溯！名另具。慎。

吴一蜚（一通）

都門叩别，復屆登龍令節矣，斗山在望，無任神馳！敝治係塞外彈丸，荒凉萬狀，且又當往來要衝，迎送之勞、供應之苦，不可言喻！近復調入内簾，雜費不貲，將來考成之事，殊切憂心。外吏艱窘之狀，有不堪爲知己道者。承老年兄厚情，未遑圖報，令人愧赧無地耳。闈中分閱《易經》，與沁源、馬邑兩公同事，其中倘有簡點不到處，萬望老年兄曲爲照拂，感佩高厚，靡有已也。草勒荒緘，恭候興居，統祈原宥。臨穎翹切！賤名另肅。左餘。

夏州梁（一通）

漂泊西南天地，已越冬春，調飢顔色，返覺仙源是故鄉矣。今東君北上，弟亦東歸，前肅椷兩次奉候，曾達記室否？公郎學業，想已大進。豚兒在京，屢沐青照，感懷何已！歲月飄沉，關河闊絶，瞻晤不審在何時也。聊寄土物二色，萬里鵝毛，薄將遠懷，伏惟叱茹。拙稿數篇呈教。臨池曷任依注！名單具。慎玉。

于覺世（一通）

老伯大事，未能執紼臨壙，以伸猶子之誼，五中恧然，迄今未已。有自貴縣來者，争傳年兄哀毁之中，祭葬一一如禮，以此知年兄孝思，固度越倫等，而經緯幹濟，更自非常也。弟久病之後，懷想教愛，夢寐維勞。捧誦翰教，如久别故人，思獲快晤，不覺霍然。當兹溽暑炎歊，惟冀年兄節哀自玉，恢鴻大業，以顯前人，則又孝之大者矣。來管遄發，强病率復，不盡百一。弟名另肅。

魯 超（一通）

輶軒前賁雲間，得以晨夕侍聆教益，奚啻黄叔度消人鄙吝心也。違晤雖無多日，而瞻戀縈懷，卻似三秋之久，何令人之思慕，一至于此！武林佳麗之地，得老先生大人行旌至止，品題歌咏，湖山草木，倍開生面矣。遥望紫雲，殊深泂溯。頃接尊諭，捧讀之下，仰見高雲，周詳篤摯，感佩何極！當備勒心版也。大駕臨松在即，接膝非遥，統俟面罄。先此謝復，臨池翹切！名具正幅。

祖允圖（一通）

臘底一别，彈指春深，迥望璇霄，彌隔塵坱。弟待罪珂鄉，繁劇萬狀。前承瑶函遠及，未遑修候起居，歉仄殊甚！老年臺先生領袖人倫，澄叙群品，遥瞻紫氣，已映台躔矣。兹有啓者：曹邑監生趙從大，父子濟惡，贓款纍纍，撫軍震怒，必欲訪拿，以除一方之蠹。今伊子趙嶍潛入京都，未審作何勾當。忝叨肺腑之誼，率此奉聞，幸爲留神，敬候回示。匆匆不莊，統希鑒宥，不宣。弟名另具。

王君詔（一通）

客歲握別，至究隨謁太翁，温恭閒雅，冠冕東國，方知老年翁本源有所自來。奈緣行間碌碌，不獲時親笑語，後又奉命移荆，并老年翁興居亦未遣候，至今歉仄。錢生重蒙作養，弟實銘刻，但以後照拂，望老年翁終始以之也。至弟一身從役，百事邅迍，兀坐江濱，未知税駕，老年翁鴻猷碩畫，胸中定有成算，不識能一指示否？春華燦發，淑氣迎人，福祉諒多，駢集德門。草草泐候，欲言未罄。名單具。

張鋏（一通）

前者大駕賁臨，獲領教益，契闊之懷，於兹稍慰。極欲謀一尊邀叙，而台旌遄發，未遑少盡地主，歉何可言！尚擬再過敝邑，一罄積悃，不意遊屐久羈，日深翹企。昨從家孟處讀手札，知仙舟已抵吴門，渴欲趨候，携濁醪數杯，同醉生公石畔；而歲前多冗，未得如願，悵怏無似！老先生以命世偉人，處得爲之地，將來勛業，正未可量！不才如弟，淪落自甘，優游終老，所恃雲霄知己，垂意剪拂。公祖田文宗、父母史大令，俱乞不吝鼎言，一爲諄托，俾田公念及寒署追隨，史公俯推烏屋，草野鄙人，榮施無既，皆荷老先生噓植，寧有涯涘哉！荒椷附候，臨楮神馳！

臧眉錫（三通）

之一

都門侍教以來，倏已三匝月矣。過荷雲誼諄諄，有逾仝懷，鏤刻五内，曷其有既！顒候青瑣黄扉，以慰鄙懷，然屈指亦指日間矣。弟因狼狽出都，自覓費之艱，稽遲至于閏五月到任。一入魯境，滿目荆榛，百無一熟，人民寥寥，絶無市集。然固窮之教，分所宜受，猶幸者僻耳簡耳。僻則無兵馬之苦，簡則少供應之累。豈料初三到任，即有皖兵移駐之事，百孔千瘡，左支右吾，至于從前雜差之弊、凋殘之病，筆不能道。以千百僅存之孑遺，半爲差徭所驅逐，有鬼無人、有土無屋，竟不成邑，言之於邑、聞之駭絶者，老門臺愛我，將何以教我乎？鄭俠之圖，豈足繪其一二耶！李管精明幹才，不必言矣，亦因困苦之狀，日日告退，弟勉留之，亦五日京兆耳。

適有便羽，先此附候，入秋尚容差人走叩。馮夫子一札，千祈面致，并道弟地獄之苦狀。生我成我，或援而救之乎？他若掣肘之處、貽累之事，巧婦無米之炊、功令苛求之類，尤不敢述之左右者。回想丁未連鑣之日、今春聚首之時，其可得乎？惠子知我，幸起之枯鮒爲禱！諸仝人處，不及遍啓，千祈叱名。鱗鴻不遠，荒函之罪，統祈慈宥。臨穎主臣。晚弟名另肅。左慎。

之二

前者敬修小札，郵寄塵覽，想老門臺新禧倍佳，指日梧垣竹坤，使風塵下吏得荷栽培，感何可言！都門過荷雲天，銘刻無既。不意菲樗如弟，筮此瘠土，幸簡僻庶可藏拙，詎知兵馬之旁午、天災之暴厲，荒疲之狀，筆不能盡。尤有甚者，向因安插之未當，致軍民之多故，張弛之際、寬猛之間，有大費籌畫者，老門臺愛我，將何以教我乎？至于糊口無策，冰署蕭然，此吾輩分内事，不敢訴之知己者。前有一札呈馮夫子，想已致之；梁夫子處，亦祈緩頰。但兩月内大兵迭至，不擾一民；大雨滂沱，虔禱即霽；流移之民，歸者日多；屯營之悍，危者復安。弟之告無罪于知己、以告無罪于朝廷者此耳。至于多方提携，尤恃二天之在望耳。便羽附候，臨穎主臣。李使幹才，惜窮邑困頓，囑稟候萬安。仝人前乞叱名。郵報上乞示一札，至禱！小弟名另肅。慎。

之三

獲附驥尾，已快平生，乃復蒙雲誼殷殷，真如就日飲醇，不知其煖。弟匆匆策蹇歸里，遂違笑言，每憶芝眉，疑在天表，不識比來道履何似？想年兄讀書中秘，化日舒長，樂可知也。弟自返里中，一味杜門，不知户外何事；但奉七旬老母，日夕盡膝下之歡，即蔬食菜羹，自覺甘美不厭。第未審税駕何日、出宰何年，修職業以報知己，未免摇摇耳。肅此附候，愧乏侑緘，伏望鑒原，臨潁悚仄！紀年兄不及奉柬，祈叱致。賤名單肅。左慎。

施天裔（一通）

接發初六、八日兩次台函，具見真切婉轉之至，感激感激！令兄价回，賫到尊札，即當如教祗遵，而行一氣之説，洵爲直截。諸惟老親臺張主酌定爲之，弟自是竭蹶，勉圖以應。前所言銅，原是無多，皆散在各商，陸續于臨關賣去。今顏親翁須銅，必須另行覓購。但地方缺乏銅斤，浙藩袁輔老差人東來采買，臨清關又以缺銅遍覓，一時銅價勝踴。且買銅托人，甚爲難之，銀入其手，即如己物，弟十分拮据，追呼尚餘千金未清之價。兹爲老親臺許顏親翁踐信之故，弟當力任采買之事。此處多方覓購，亦得八分五釐一斤，或可覓三萬斤之數，即賠價數百金，以報台命，仰承老親臺踐宿諾之意也。其銀留用，諸惟知己心照可耳。臨穎可勝翹企之至！不盡不盡。仲冬吉日。弟天裔頓首。

任楓（一通）

曩承雅誼，銘感之忱，與闊别俱長；兹復承注問，天上仙班，猶念泥塗中有故人，此德此情，具有心胸，能不耿耿耶！奈弟時命不猶，墮落衝途，百苦俱集，真如坐地獄中受諸惡趣，將來但求生還故里，便是厚幸，敢復作功名想哉！以此負年臺提携之意，誠足浩嘆耳。其襟肘之狀，筆不能悉，蘧使當一一口之也。敬托八行，藉手起居。薄儀伴函，仰祈莞恕。倘天念苦人，不即淪没，尚容圖報于異日也。年伯壽啓，聊抒猶子華祝之誠，然自愧布鼓矣。區區之衷，惟冀鑒原，不盡。賤名另具。慎。

李迥（一通）

都門數年共晨夕，備荷提誨，顧良晤無幾，年兄遽歸讀禮，聚散之感，時廑寤寐。客冬老年伯卜葬之吉，不獲與聞，既未能遠將鷄絮，躬奠靈右，又不遑遣子侄輩代效執紼，猶子之誼闕然，能勿歉仄滋深耶！乃年兄既不過督，更辱垂注，感慚交集。竊憶服闋在邇，惟台旌早發，以慰蒼生霖雨之望，翹切翹切！謹此布復，臨楮依依，不盡。弟名另具。冲。

郭　昌（一通）

自違台範，已届深秋，溯洄之私，與日俱積。弟以匪才，謬典晋闈，公慎之懷，天日可矢。但入闈未及一旬，而監臨以大兵即至，欲親自料理，敦趣放榜至于再四。弟以軍機所係，不獲已，于十八日竣事，其爲匆遽，實從前所未有。兼之山右人材，劣于他省，時日既迫，僅取充額；至若諸當事交際之間，况味索莫，更甚于往時，凡此諒皆在老年臺洞鑒中者。今諸卷俱已至大部，校閲之時，皆式遵功令。其間字句或有未安，此係謄録之誤，皆已細細抹出，惟懇老年臺特爲照拂，并祈鼎致同事諸公，稍爲寬假，俾弟得免衡鑒不精之戾，皆出老年臺之鴻造矣。專函奉懇，更托沈、余兩敝年伯轉致鄙私，惟冀崇照。臨楮可勝主臣！弟名正肅。左慎。

方大猷（一通）

展叩瑤階，老年台握手道故，青眼相視，優渥極矣！弟囊空如洗，沿門持鉢，竟無定寓，暇當過訪，并不敢勞尊駕也。張公處，昨許賜鼎函，伏祈留神。最汗顔者，弟旋里不得，欲求老年台轉貸三五金，未審肯作此瑣事否也？恃愛唐突，自顧内慚，惟老年台古道自處，想不鄙此舊交也。旅中文房未便，草草宥諒。制年弟大猷頓首。

張永茂（一通）

習習新凉，秋衣殊爽，仿佛披麈訓於清襟前也。欣接翰言，深慰飢渴。然永茂謬承糧儲，實切蚊負之懼，惟藉知愛如老年臺先生，奚啻芘之以幬而滋之以露乎！辱荷雅貺，另容圖報。餘教書紳，臨風可勝心醉！此復。銜名另肅。

鄭僑生（一通）

握别來，經年積緒，咫尺未通，實深悵歉！年兄福履，諒在佳暢。弟叨職已期，一無善政加民，何當優譽之過及也。令親孔年翁過署，緣荒邑窮員，不能厚有所及，何以謝命？兹順羽便還，率附荒函，祇候清居。伏惟崇照，不宣。弟名另具。

許承宣（一通）

幸托淵源，方以獲承音旨，慰十餘年渴飢；不意復爾遐阻，徒令我廑東山之望也。蘧使至，得拜手函，稍慰翹切。老師叔騷壇宿望，當此鍵户讀禮時，正可放懷嘯咏，想琬琰盈笥，以之應聖天子風雅之選，自有神契，可不蔡而知也。晚目下有纂修之役，欲得尊府《陋巷志》以資考證，已于夫子稟函中致懇，并希注神速惠。臨潁不盡依依！晚名另肅。慎餘。

王　騭（一通）

計與老年翁違離，十數餘載矣。其間吾鄉之卓越飛騰者多有，而文章聲望，則君家兄弟真不可當！弟里居遥存，佩服切至，時以隔遠疏候爲歉。入都又復相左，季春賫表時，得聞起居于桐江處，回閲邸報，見老年翁既補而旋升，不勝雀躍！弟揮出荒蜀命，軍前拮据，年餘備極勞悴。所事粗就，比之古人不敢當，較之今人無多讓也。然所費者稱貸之錢、所辦者耘田之事，一番勤苦，卒同逝風，豈非拙者之效乎？山川險阻，隔在異域，恨不能向知己一傾吐也。兹借胡貞巖先生入覲的便，肅此敬候台履新禧萬安。附呈《咏懷》十二韻，雖不成詩，然亦撚鬚數斷而得也，幸勿以短歌擯之爲感。臨穎馳依，弗既。弟名另具。左裕。

徐國相（一通）

別來又幾一載矣，每憶知己握手談心時，不可多得也。春初入省，雖不能留益地方，然硜硜守拙，無愧乃心，差足自安耳。適接翰教，知老親翁秋初發駕，深以爲喜；情多關切，不待諄諄口吻間也。佳惠遠頒，不敢固辭，謹登款爵，用志高雅。一芹伴函，殊慚輶褻。草裁附復，并候近禧。臨楮可勝瞻溯！弟名另具。左慎。

太老師在安順，想萬福萬安。弟於五月間晤丁制臺，已諄囑之矣，并此附聞。又拜。

魏學渠（一通）

酉冬都門言别，辱老年臺雅誼稠叠，感勒心腑！嗣聞校士南宫，而得人爲盛；司筦江左，而惠政遥傳。徒以音驛疏闊，未獲申賀爲歉耳。頃白年翁入楚，得接瑶翰，兼讀闈書，如侍色笑，深荷垂念。所云鄒子，蚤已遵命矣。若弟與仲老，原係同學宿契，其令兄遠來，值弟煢煢在疚，兼謝事已久，雖黽勉周旋，而于中尚抱耿也。舟過金陵，以不祥姓名，未敢入謁。聊布芹私，并復前教，統祈慈鑒。臨楮神馳。歸舟并祈台庇。制弟名耑肅。左冲。

趙開雍（二通）

之一

曩者承乏東魯，年翁不鄙棄俗吏，琬琰鴻章，虛懷問字，追憶舊游，依依如昨日事也。彈指十載，年翁翔步雲霄，蜚聲文苑，不佞以衰病郡守，予告歸田，亦曾念及蘭譜中尚有此老人乎？頃訪舊石城，去臺端咫尺，特遣小力泥首台階，不腆之儀，聊申積忱。小刻積有十餘種，皆零星散去矣，謹將存諸行笈者，先呈教正。江上布帆若未即發，仍圖面布區區也。開雍再頓首。左冲。

之二

衰頽病叟，荷老年翁篤念故人，不遠二十之遥，高軒枉顧，古誼哉！今人所未有也。賤體纏綿，又在逆旅，觸事增人懷抱。刻下力疾登舟，頭涔涔作痛，不能躬詣臺端，惟老年翁原鑒。所懇轉書，俟當事按臨有期，令胞弟開禧親來面瀆也。臨啓不盡。開雍再頓首。

朱綵（二通）

之一

昨於句曲，聊寄數行奉復，想入台覽矣。弟今已抵京口，晤涵老，盤桓竟夜，擬於望後次日長行，此後晤期未卜，中心依依之私，實晝夜不能去懷也。年兄入都遲速，吾三人所見略同，綸兄已先作字田二年兄，大約言年兄自能念同鄉之雅，而樂道甘貧，在桐老亦自應有實際之處。弟之家函，亦復爾爾，想不日即有回音，斷乎不致落空耳。連日清恙，當已全愈，打鐘固不必言，復有餘興鑄銅否？并望示知。山東試録，涵老處亦未曾到，統此布聞。不盡馳依。弟名另具。冲。

之二

地間咫尺，渺如天際，每憶曩春趨叩台階，時蒙兩年兄過愛，飲食教誨之德，迄今宛然在意念間也。兹接手翰，捧讀恍晤有道丰範，兼荷垂注殷殷，五中感勒，曷有涯哉！時序迭更，倏已節届履霜，兩年翁先生孝思，興感無已，幸惟抑情自玉，以慰鄙懷拳結。羽便，肅候近履，統希丙鑒。不盡馳切。制弟名另具。

朱紱（一通）

寒門不幸，忽罹先伯父變故，過蒙雲天高義，歿存并爲銜結。弟乞假歸里，日經營喪葬，未遑修尺一伸候孝履，正深歉仄，忽接手翰，慰藉殷殷，雅愛隆情，益深銘勒！别諭已悉家兄函中，不敢多贅。羽便率復，并候近祉。臨楮翹切，不既依依！弟名另具。

沈廷文（一通）

去冬傳年兄歸里，接手翰，深荷垂注，感何可言！年長兄晋陟清要，雍容翔步，八座可期，而且琴瑟克諧，賞心悦目，大福澤人，固宜有此耳。偃蹇如弟，家居困頓，不知何日得補一官，與吾兄弟歡然道故也。室中吼聲稍息，附聞以當一笑。兹以小伻探親入都，代叩大年兄、年兄闔府萬福。漵縣新父母王公諱天壽者，爲旗下筆帖式，不久到任，敢乞台駕親往一晤，鼎吕道意；或開一單，云候補某名，更感！兹接官衙役數人，忠厚守法，或可便中一言，特令叩首台端，并酌之。臨筆依依，不盡。事例全停否？即用、先用確數，乞一一示下，祝祝！弟名另肅。冲。

許聖朝（四通）

之一

別來八閱月，傾慕無時去念。前於清和得拜德音，骨肉之語，溢於墨楮，弟感愧交集矣。夏仲聞新旨有中翰之選，即爲吾兄屬望者久之；及覽邸抄，已知巍然高列，歡喜欲狂。綸扉要地，以俊才居之，深爲朝廷得人慶，不特吾兄弟分輝已也。譾劣如弟，昂首何時，惟望年兄錫之教言，砭我屯蒙，并惠佳篇以爲楷式，幸甚矣！年伯、年伯母納福可知，曾迎養都門否？年嫂在京，抑在家耶？乞一一示之爲慰。今以家兄入都，敬候新禧，諸凡更懇指南維持，足仞至愛。茲具不腆，少伸賀私，萬惟叱存。扇頭俚句，可供一噱，并希削正。臨穎馳戀，不盡欲吐。吾鄉年友及別省諸公硃卷，并惠數册，望望！新詩賜一讀，更感。弟名另肅。冲。

之二

去歲夏間，大年兄道經敝郡，曾剪燈爲竟夜之談，一洗兩載渴塵也。瀕行附數字候年兄起居，自久入掌記矣。今閱邸抄，知大兄榮補。邇聞台駕有江南之遊，想亦當早晚入春明也。偃蹇如弟，無足比數，滿望年兄爲一疏通之法，便造福無窮耳。茲宗侄許祺慕闕里之勝，兼訪沈漢老。此子繪事頗工，如年兄處有燈屏等類，可命效勞，非尋常畫士營營逐逐者比。羽便，專候近祉，憑穎馳切之至！弟名另肅。冲。

之三

數年契闊，梁月之思，時勞夢寐。向知年兄久遊江左，桃葉賞心，令人健羨，但不識河東先生，見之猶憐否？榮補入署，清通望重，從此雍容翔步，晋陟崇階，在指顧間耳。弟困頓無賴，家居數載，苦無佳況，不審何時得入長安，共知己快聚也。乞留神查示，弟上邊共有幾人，目前無別項事例源源而來者乎？南遊吟咏必多，佳刻幸賜教。兹以傳年兄北上，敬候近祉。無緣言面，臨穎但有神馳。大年兄道意，容再報。弟名另肅。

之四

咫尺龍門，心密形疏，誠恐年臺事冗，未敢時煩起居。弟以冗坐衙齋，又不便常爲出入耳，忽聞報命在邇，不禁悚然。榮行定於何日？如有暇晷，弟當馳走階前一别，以見數千里外故人相遇，存此戀戀之私可也。專伻敬請，幸惠好音。前紙求書賜下。弟名另具。

李 漁（四通）

之 一

昆季聯翩而起，又同仕廟堂，不分内外者，自崑山三太史而外，指不數屈；澹園、修來兩先生，其匹休者也。野老入都，聞此等盛事，不可無一語紀之。謹撰一聯，以祈尊壁，未審有當否也。前以貿書鄙事奉托，想荷留神；行期日迫一日，幸早圖之。附聞不一。名具別幅。冲。

之 二

前以貿書瑣事瀆聞，想爲留意。兹行期已届，乞示德音；即購者寥寥，亦求自用一二十部，輕我行裝，爲惠多矣！立候回示，不盡。晚弟李漁頓首。修翁老年臺大人。冲。

之三

來單一紙，即求專役代傳，其求售之故及價值多寡，悉在其中，可省一番揮翰之勞。但擇可與言者幾何人，悉發尊刺，煩貴役面索所用書單，則此事半日可了；至查各書分送，亦易爲力。多去一部，少受一部之累；早去一日，少擔一日之憂，皆知己之賜也。貴役自當勞之，即日遣行是禱。弟名單勒。冲。

之四

漁行裝已束，刻日南歸。所餘拙刻尚多，道路難行，不能携載，請以貿之同人，或自閱、或贈人，無所不可。價較書肆更廉，不論每部幾何，但以本計，每本只取紋價伍分，有套者每套又加壹錢。南方書本最厚，較之坊間所售者，一本可抵二三本，即裝釘之材料工拙，亦絶不相同也。不用則已，用則别示一單，以便分送。書到之時，即授以值，不誤行期，至感至感！漁具。

書目

《資治新書初集》，每部八本；《資治新書二集》，每部十二本；《四六初徵》，每部十六本；《尺牘初徵》，每部六本；《閒情偶寄》，每部八本；《一家言》，每部六本；《古今史略》，每部六本；《論古》，每部四本；《廣字彙》，每部十二本；《傳奇前四種》，每部八本；《傳奇後四種》，每部八本；《傳奇内二種》，每部四本；《十二樓》，每部六本；《連城壁》，每部六本（以上各一部）。

箋目

韻事箋每束四十、製錦箋每束四十，每束計價壹錢貳分。書卷啓、代摺啓、衣帶啓，以上每束一十，計價叁分。魚封、雁封、什襲封、衣帶封、竹封，以上每束二十，計價肆分。

顧雲臣（一通）

謬承老先生台愛，委寫《待漏調琴圖》二幅，塗鴉之伎，殊不堪入大方之目。歲朝復蒙降重，諄諄話别，敢不以病軀力疾，勉握管城；祇以撫軍命晚雲寫照，方苦辭咎不能，故爾稍爲延緩；今如命附呈，惟祈台宥不工之罪。隆貺遠頒，謝非筆罄。不識旆帆北發，可能再渡吴門，使鄧尉梅花生色？倘可嘘植處，萬望老先生多方留意。令親社翁，統惟叱致。臨楮曷任翹切！賤名單具。餘玉。

王士驥（一通）

公集以後，匆匆旋里，造謝不及，負咎良多。弟於時意欲南行，以爲白下仍可相晤，不謂資斧不給，終於不果。憶老年門臺簫鼓樓船，峭帆金焦之下，壯遊高咏，正堪羨耳。兹家兄士表代候近祉，特懇推愛教之，俾其行李得達粤東，則愚兄弟均戴高雅矣。臨楮南望，不盡欲言。弟名另肅。

顧芳菁（一通）

弟被放南歸，未遑趨賀左右。客冬因坊人有拙選《源雅》之約，更承敝郡宋既老、蔡九老、章鶴老諸同人見托，祈老年翁即惠瑶章，以便彙選。臨楮無任翹切！瑶章乞寄西河沿豹變齋書坊。名單具。冲。

成德（一通）

成德謹稟太夫子臺下：前接手諭，因悉起居佳勝；翹首南天，益增悵望！悠悠夢想，願飛無翼，種種并志之矣。使旋布候，不宣。成德頓首。

史夔（二通）

之一

日來館課碌碌，未獲聆教爲歉。兹啓：家表叔陳諱宗石，向曾以領誥命事奉懇，適有彼處衙役明日回縣，老年伯如已爲彼領出，乞即發下，幸甚幸甚！餘容面謝，不一。顔老年伯大人。年侄史夔頓首。冲。

之二

捧讀老年伯大篇，理熟程朱，學兼左史，起大雅於近今，振絶響於初古，正希、陶庵差足比肩，餘不足道也。抄本五篇完上，幸檢入。家叔嚮慕已久，渴欲請教，兩日内即擬造謁，闈墨當自携到也。呵凍草復。顔老年伯大人。年侄史夔頓首。

楊丕顯（一通）

別後歸來，又造一「五」字橐籥，并華山仙方之原文并録。乃丹房法器，寧可備不用，不可用而不備。果識水沉金浮，實爲延年一助，再備之濟人，乃是補虚癆瘵之第一件事，可不知乎？今日秋分，金水平平，人氣在下，人神在腎，正當静坐調我真呼吸。識得外呼内吸，出實所以入，入則實所以出，古云：「君休輕此一聲呼，八脉週流似轆轤。次第地中雷隱隱，遍施甘雨潤屠蘇。」正在此中静默，又不知台駕榮旋，還到真州否耶？再得白水豆腐，説方外餘言，以作快談。早示一信，恐其他往，以便候教。近聞糧憲陸道臺風波，台臺早已一口道破，真大儒之明理明道之識見，成先覺者台臺也，我惟爲陸公好人，真可惜也！不知連日有甚新聞耶？陸公尚可保全耶？若有真信，示我以聞，何如？再台駕南回，實何日可定耶？外慨許闔台前囑之，更望留神是荷。犬兒不敢另稟，神馳不盡。賤名另具。楊丕顯耀祖。

余國楨（一通）

耳芳名者久矣，徒懷山斗之仰，莫遂識韓之願。昨得傾蓋龍門，相見恨晚，乃蒙老年臺雅愛有加，溝中之獸，有污顔色矣！復承寵召，誼何敢辭，以歲聿云暮，即擬北渡，然隆情至意，已心版鏤之矣，謝謝！江浦徐年翁，係舍弟舊屬，曾附門墻。昨冬舍弟北上時，存一椷，屬弟往謁，以家兄之故，恐不敢徑晤，懇老年臺俯賜一札，先於所往。弟即日北行，郇伯膏雨，可資阮途，幸惟慨然。至家兄事，札内可不必及之。束裝匆匆，不及再候，把臂聚晤，當在來歲夏仲燕臺復命時也。臨穎可勝依戀！弟名另具。左悰。

張惟赤（一通）

蒲月舟次一晤，別後曾幾何時，忽又霜楓如醉矣。昨從張幼青舍親處得接手教，深慰鄙懷。銅斤爲榷關第一義，得如額，便可報最矣。門下玉笋聯班，寅清望重，興會之饒，自可想見。不佞自歸田以後，癖杜甚堅，視户外一切，絶不與聞。然三徑雖幽，而二豎時侵，近狀不足爲知己道也。適因徐舍親之便，率勒附言。舍親名賡元者，慕六館之中，英遊群集，有志觀光。恂恂少年，初入都門，百凡望推分照拂，感不獨舍親也。匆匆布勒，不盡神歧！名另具。冲。

范珮 范璋(一通)

滋陽縣范珮、范璋謹禀：切珮曾祖諱淑泰，字木漸，生於壬寅年二月二十三日，中丁卯科舉人，戊辰進士。初任行人，二任工科，三任吏科，四任兵科右，五任吏科左給事。壬午年典試浙江，又轉兵科都給事。場中以暑勞太過，感患瘧疾，迴途病甚，十一月中旬到家，即遭大變殉難，年僅四十一歲。蒙總河黄具題，准贈太僕司少卿，蔭一子入監讀書。遺男三人，長男名懷仁，字子人，係府庠廪生，年二十四歲，於順治元年六月傷寒病卒；次男培仁，字知人，康熙元年出貢，三十七歲病卒，遺一男二女，男宗鎮，十八歲夭折，有負諸恩師培植，二女將近成人，尚未出嫁；季男弘仁，年八歲，甲申年被擄。懷仁遺男景麟，父母俱亡，祖母撫養，順治十四年，麟十七歲，蒙恩師丁諱澎、莊諱遴二大人念昔先人，扶持讀書，爲滋陽縣庠生，不幸於康熙十二年三十三歲又卒，遺孤珮、璋二人。是木漸先曾祖一綫血脉，止珮、璋兄弟。珮今年十八歲，身中，面白無鬚；璋年十六歲，身中，面白微麻無鬚，俱業儒。母孀子幼，煢煢無倚。謹詳陳具禀，伏乞憐憫，先曾祖亦感恩地下矣！

紀愈（四通）

之一

孫北海先生著書，統借一閲爲望，容謝未既。阮亭詩集，亦希惠觀。弟愈頓首。

之二

敝省放榜日期，舊例京兆具題，今日曾見有疏否？適未之及也，希示之。弟愈頓首。

之三

又聞點奉倩年伯與朱穎老序次而行，則年兄與穎老爲是也。當日車乃長班所僱者，聖駕起行，此項最多，容遣人覓之另報。衙門皂隸，儘可不用，領馬等事，俱不必親往，此復。昨奉訪不遇，午間再當趨晤。外具薄分八星。小弟心名。

之四

南郊竟日之談，足堪絶倒，兼之名園渌水，豁我煩襟，迄今清凉猶在望也。趙掾收標效用之事，有定議否？希詳示爲荷。令兄年臺門墻硃卷，賜教是感。弟名心肅。

梁聯馨（一通）

前承年兄體念，知我之感，耿耿銘心矣！尚容踵謝也。咨監當在何日？幸示弟知，以便復彼耳，切切！小弟聯馨頓首。

李彦瑁（一通）

前所商者，既蒙年兄諾發，有緊要舍親，此間尚餘瑣事未結，不久亦將西歸，希年兄速就外面封固，交付敝鄉梁峒樵年翁處，萬無一差；，弟亦丈夫者流，慎勿以區區小件作狐疑也。臨行不及走別，悵悵！孤弟彦瑁稽顙。冲。

王轂振（一通）

蔡夫子遷居，吾輩當設一公席暖房；張長來言，云是夫子之意。弟思此舉，亦斷不可少，昨已與謝門兄商之，云兼以祝壽，實一舉兩便，乞年門兄裁之，不盡。來翁年門兄賜覽。小弟王轂振頓首。冲。

郭　昂（二通）

之　一

郭昂謹禀：昂自卧病以來，賤體虧損，元氣尚未平復。衹因家計單寒，帶病出遊，不意舟車又復勞頓，痔瘡痛楚，日夜呻吟，氣息懨懨，醫藥無效。本擬初九日叩辭，蒙老夫子注留殷殷，不敢造次；至初十日午後大便時，忽然下血，不啻碗餘，昏卧榻上，衣被盡赤，浸淫半夜不止，奇痛剜心，莫知所措。昂竊自惴，恐非佳兆，想本薄福之人，不應過叨知遇，昂之命蹇，何一至此乎！因念離家之日，兒女棉絮不周，妻子饘粥莫繼，留於家者僅支半月，充行槖者未滿十金，内外關心、負病交集於此時也。即欲大度排遣，有不可得者矣！昂非不諒老夫子榷使苦差、兼多賠費，然而窮兒女有苦莫訴，苟不向慈父母痛哭陳之，則將誰告耶？在慈父母之心，雖或憎其絮聒，亦必轉而憐念也。倘得藉此調養，病痛霍然而愈，生我成我，圖報當必有日；即或不能邀天之幸，終以貧病而廢，陶淵明所謂「冥報以相貽」，亦自有不爽者。昂今急欲返舍，旦夕必行，若明日瘡痛稍止，尤必勉叩階前，以謝明德；否則忍痛登舟，取便而返，惟有稽首翹謝而已。先此布告，臨行再爲上聞。附有懇者：昂有一弟，繼嗣寒族，家貧不偶，讀書未成，聞老夫子處有贄禮劄付，倘蒙見惠一紙，俾得了其終身，是亦附與門墻之末也。不盡欲言，臨楮翹切！慎餘。

之二

郭昂謹禀老夫子台臺：昂一介寒流，蒙老夫子知遇之恩，千載一時，餐花結草，自矢生平；而福命舛薄，得此奇窮極苦之缺。去秋藉庇，方得出都，抵任以來，士傲民頑，靡所措手。額糧二萬有奇，每歲逋欠十分之一；存款全裁，一毫無可通融，而又迫于功令，不得不借墊起解。公私逋負，如水益深，兼之材短勢孤，汩没苦海中，未知税駕也。門墻之下，久疏問候，側聞特簡銓曹，私心欣忭，而賀忱莫展，轉貸逾時，亦尚缺焉未報。負罪如山，靡敢即安，乃蒙慈鑒，遠辱手筆恕之教之，高天厚地，非尋常師弟之誼所可方其萬一者，昂惟有感泣而已。盂邑僻在深山，不通孔道，耑使則力所未能，便鴻又不易有，適崔門人從此入都，敬候函丈，一緘蕪詞，稍見依戀之素。至于晋中上臺，驛憲相待頗優，外此不無危疑之慮；有可以爲昂地者，乞老夫子留意焉。種種積忱，容俟深秋再圖報稱，伏冀覽原。昂臨禀可勝悚切之至！

孫在豐（六通）

之一

自春明拜送絳帳南行，依戀之私，旌旆同馳，雖仰斗瞻雲，未足寫其勞積也。恭惟老夫子榮任以來，道履清勝，諸事多福，慰藉慰藉！在豐以散材而逢匠石，斧琢所加，欲使成器，在夫子聲名，自遠出韓、歐二公之上，小子何人，亦同李翺、蘇軾之遇！其叨榮非分，真異于尋常萬萬矣！寸草春暉，何由報答，惟是力行困學，期於無負宮墻，而基薄墻高，汲深綆短，常恐不克負荷，如何如何？在豐於季夏之八日進館，入則有受書問字之勞，出則有賃舂索米之苦，獨居顧影，形神俱瘁。兼之函丈遥天，指南無自，茫茫塵海，深以隕越爲憂。必得老夫子錫以矩誨、示之周行，或不致迷罔無從耳。伏冀俯念樗材，無忘葑菲，倘遇便鴻，時賜郵寄天上嗣音，不啻親承風旨矣。秋高露白時，家君尚容晉謁龍門，頓謝生成大德，以申御李之懷；先於郵報中，肅函稟候。臨啓不勝翹依之至！孫在豐載頓首。慎餘。

之二

奉違函丈，自春徂秋，翹首程門，時切溯洄仰止之想。日承老夫子手示，得悉近祉清和，私心忻忭；但以饒贛一帶，旱魃爲憂，龍江課額，致廑清思，捧讀一過，不勝依結。所可慰藉者，恃老夫子鴻福所庇，自然秋濤乍至，可藉天休，以裨國計，幸勿以一時課額焦勞也。豐自數月以來，夙興夜寐，期於無負生成；自分庸流鈍質，才短學疏，謬厠清班，撫躬惶悚。每思古人讀書立業，輒期努力自愛，但恐愚昧無知，不克進步。蒙老夫子不棄樗材，賜之教誨，真字字金石，頓然開拓心胸，敢不書紳佩服，朝夕勿諼！長安習俗移人，深可戒省，況在冷署冰寒之地，惟有甘淡泊、耐勤苦，力行困學，庶幾勿憂隕越；若稍有縱逸，不第喪名，亦且伐性，自當奉夫子之訓，必不敢出此也。葭蒼露白，極目南雲，惟望天上嗣音，時時郵寄，不啻親承提命矣。夢鼐、嵩、烈三門生處，當肅將意旨。來人行促，不盡縷私。臨稟曷勝瞻依之至！孫在豐載頓首。慎餘。

之三

老夫子駕駐武林，門人誼應陪侍函丈；乃以俗冗，暫時返棹，心甚不安！緑暗紅稀，春光漸老，苕霅間風景，猶可及時覽勝。望前耑候老夫子命駕，門人謹掃徑鵠俟也。此稟，未盡。門人在豐頓首。謹冲。

之四

絳帳南來，湖山生色，獨是門人治裝匆遽，種種疏節，未得時時隨侍，負罪悚惶，惟恃老夫子大人慈照，曲賜垂宥也。清秋爽氣，師駕臨苕，家嚴於郡城敝廬掃徑以候。門人初八日長行矣，舟過任城，當圖趨至闕里，叩候太師母大人、師母大人萬安也。舟次留稟，不盡願言。八月十三日。門人名正肅。謹冲。

之五

昨歲仲冬之望，敬接老夫子手示，知絳帷暫駐維揚，即臨虎阜。隨於臘月之朔，先耑人在蘇候信，俟師駕一到吴門，即拉仝馮門人前驅負弩；候至望間，未得確音，至除夕信來，始知騶從過蘇，於婁東署中度歲。獻歲即欲鼓棹叩謁，因月内有萬不得已之應酬，須至月初乃得出門。昨托徐彦和先爲致禀，惟祈老夫子慈照。二月上旬，門人耑赴蘇臺，趨至婁東晋叩函丈，未審尊馭尚駐婁東，抑至金閶晤當事也？肅此禀候萬福。食物不腆，奉之從者，并乞慈鑒哂存。臨禀悚息。門人名正肅。謹冲。

之六

命使遠臨，叩讀老夫子手示，具詢太師母大人起居萬安，老夫子孝履清和，師母、世兄并獲安吉，深慰依依！去秋苫次荒迷，不能匍匐前赴太夫子靈几，僅遣价馳奠，北望搏顙，中心負疚，如何可言！繼蒙老夫子回示，知於仲冬舉襄事，其時亦爲先慈營窆，不得趨事執紼，又無羽便，末由寄將寸衷，罪戾至今，夢寐靡寧也！先慈於正月元旦歸窀，諸事荒率，動不如禮，并不敢以具聞，真抱無涯之憾也。伏承隆奠，賜以鴻章，謹對使百叩，敬薦几筵。家嚴仰藉福庇，幸健飯如常，晨昏子舍，聊奉菽水歡。回思世途塵網，不覺冷若寒灰，第君恩師誼，高厚未酬，恐亦不堪鞭策，尚望老夫子示以矩誨也。明歲專候絳帳南來，隨侍左右，罄寫悰誠。門人廬次無狀，杜門掃迹，久已不出户庭。近於小祥後至吴門謝吊，寓邸捧接台函，旅次荒凉，褻使者。附帛貳種，伏惟照存。别諭趙姓，即諄囑當事照拂。肅泐復謝，臨禀惶悚感切之至！制孫在豐稽首。謹冲。

佘雲祚（一通）

佘雲祚謹稟老夫子台座前：雲祚自庚戌之秋暌違函丈，倏爾十度星霜，遥瞻夫子純嘏天錫，道德日崇，可勝忭慶！癸丑舍弟公車回，獲捧琅玕，如親提命。嗣後鄉園氛擾，里道悠阻，久疏音問。迨戊午初春，祚抵都門，始悉老夫子讀禮珂里，未遑躬候，抱歉殊深！兹以聽選，留滯燕邸，萬里萍浮，蕭然囊橐，尚未知所税駕。惟冀夫子超晋崇階，爲之指南耳。邇聞仲澍張門兄道及，老夫子指日榮補，不次之擢，拭目可俟。頃因張子赴任入楚，順道歸里，特肅荒函，上候萬福。臨稟曷任瞻馳！雲祚再頓首稟。左恪。

顧二榮（一通）

恭謁老師座下：辛亥迄今，倏逾三載，客歲曾布手奏一緘，附致同學袁向若先生轉達函丈，以少申謝悃，諒蒙電照，不敢再贅。嗣欲緝候，又自揣一介故吾，無以上答高厚，畏瀆清嚴，輒爲中止；然而嚮往之私誠結于中，不能自已，敢自外乎？伏念風會維新，帖括一道，駸駸乎日趨於古，皆繇庚戌南宮，師臺力任起衰，諸鉅公又從而應之，一時闈牘焕然復古，遂爲三十年中之所僅見。是以子丑兩科，相繼迭盛，不可謂非斯文之大幸也。以愚揆之，今日者猶有文行本末之説，所當亟爲講究者爾。夫六經四子之書，所以明道也，道明於上則教化興，道明於下則人心正。教化興、人心正，而太和在宇宙間矣。迨道德流爲文字，其間風氣之升降，有難以悉舉者，而惟好古學道之士，必欲起而維持之，何也？其所言者，皆其所行者也。不然，《史》《漢》之風神、八家之論説，苟以材智自擅者，莫不發憤爲雄，窮年矻矻，以求快夫胸臆；而究其所至，亦足以自名一家，第考諸踐履寡當焉。蓋徒務乎其末，而本之不立故也。至若廓清功利之私、滌蕩虛浮之習，一切邪説小慧與訓詁記誦之陋，俱不足以溺之，而奮然振拔於流俗之中，惟以躬行心得者發明聖賢之蘊，此其志非猶夫人之志、其業非猶夫人之業可知也。求之當世，不知誠有其人焉否歟？使有之，則其修辭立誠、敦本積行所關於風教者，爲何如乎？愚知師臺興起大化、扶進人倫，未有不樂得其人，以與之朝夕者也。二榮蓋竊有志於此，而恐恐乎愧所學之不克逮焉。雖漸摩攸及，亦歷有年所，而龍江一謁，未罄心期，乃荷師臺一旦收而登之門墻之列，稱隆遇矣，夫豈易遘者哉！矧非有夙昔之雅，信諸生平，則其爲人之賢不肖，固未之知也。而二榮又不欲急急自鳴其志之所存，而師臺拂拭勤懇、加於等倫者，意謂其人之可以有造，以庶幾適道之一日耶？抑二榮之所遇者，猶在形迹之間；而師臺之所鑒者，已在意言之表乎？榮每於平昔反求之際，自念功利之私，何以廓清之必盡？虛浮之習，何以蕩滌之無餘？邪説之不敢遽闢，小慧之未能悉忘，訓詁記誦之結習，未易旦夕之畢化，則躬行心得者，未可以自信而自安也。是非躬承聖緒者提命於前，無繇達矣。今者幸遇師臺，弘克復之世學，明博約之心傳，進小子而裁成之，以底於明道之歸。此自昭代所希有，而先聖人以後二千餘年，振興絕學之一日也。因不揣固陋，敬布愚衷，伏懇師臺賜以明訓、飭以條章，二榮雖昧劣，敢不殫力奮志，冀無負於師臺之厚期也。茲有神鋒近選，上呈法鑒，其中甘苦所歷，已於評語稍一露之，不審有當與否？祈公餘之暇，間賜斧削，俾小子知所從事爲禱。近聞内院熊先生昌明斯道、振起末學，必與師臺夙有宫商之應，其語言文字流播左右者，并祈賜觀一二，以慰想慕、以襄志學，何如？臨楮可勝悚惶翹切之至！肅名正具。

璧翁孔先生、季翁老先生，祈叱名一候，不敢另啓，并懇。門人顧二棨百拜。

張 烈（六通）

之一

門生迂疏之質，謬蒙聖恩，出于意外，實皆吾夫子餘庇也。史事重大，學識難周，深望夫子時時指示之，俾勿貽譏千古，則至幸也。河間大節，乞夫子備録顛末見示。試卷并彭年兄卷呈覽，題難而出于倉卒，門生僅能切題，殊乏藻麗，恐未可令人見也。詩文向無刻集，今似必不可少，謹略抄數首，敬求夫子删正。倘有可存，乞夫子即賜弁言爲重；如不足問世，亦候夫子直教，不復敢災梨棗矣。顒望教音，不勝翹切！伏候太師母、師母、世兄闔宅全福，未罄欲言。賤名另肅。後裕。

之二

拜别函丈，倏已年餘。太夫子窀穸之事，莫克躬親負土，罪戾已多；又不能一介專馳，代叩階下，依依南望，徒渺寤思。邇白門生相要，正擬藉鴻恭候，乃忽蒙師諭遥頒，慇慇垂問，拜讀之際，感愧交并。因詳請老師台履，太師母、師母、世兄闔府全祉，私慰下懷，非言辭所能盡也。門生拙滯如故，絶望通顯。今七月十八日服闋，計驗到之日，居前者不啻百餘人，萬無補理。雖禁錮盛世，不能無慨于中，然竊念古者爲己之學，缺陷良多，應無暇較計榮枯也。春間荷任、楊兩先生疏薦，出之意外，揣分難當。今部催甚迫，門生尚在制内，不能恭與盛典；即使考在制外，詩賦素非所長。今方舍田芸田，全無揣摹，萬不能得當。門生年五十七矣，非復馳逐康莊之時，念服除後，惟有編蓬環堵，彈琴而咏先生之風。此不禁人自爲之者，勿爲不肖以遺宫墻羞，即所以仰報造就恩者，尚望夫子指示教戒之也。恪具不腆，藉手拜獻，無足齒及。伏祝老師孝履清勝，未一。制名正肅。冲。

之三

世妹遽罹此變，慘切之極，即欲趨庭恭慰，阻雨遲遲，罪也。暑中尚望老夫子寬解自重是祝。捧諭，祭用綾帳，稱「皇清待贈孺人李家婦亡女之靈」，此兩項似無可易；至主祭書名，似止宜老夫子率世兄，而祖母暨母哀意具于文内，不必列稱于前。京俗有内眷另爲一帳，列書某氏，雜懸衆帳之内，非縉紳禮也。若師伯可列老夫子之前，而祭文仍夫子自語，固無礙也。草略無當，惟裁確請益。門生薄奠，亦在二三日内，附此禀知。烈再頓首。慶餘。

之四

正月内，四師叔惠顧敝齋，捧讀賜札，知老夫子闔宅納祉，不勝欣慰。門生試事，尚未有期。春來病眩，蓋積勞所致，今少愈，尚弱，求能畢事足矣，不敢有他望也。小兒偶倖鄉闈，荷夫子骨肉至愛，喜溢于詞。雖烈私心，亦亟望焉，但恐德薄福淺，未知能仰副至意否耳。不腆一卮，遥祝岳降，輶褻之罪，實歉于心。硃卷六册，敬呈夫子教示，并呈師伯、師叔、世兄教。小兒受知于孫貞子父母甚切，胥麓庵有力焉，合房則陳椒峰大行也，并附以聞。臨池曷勝翹企！烈再頓首。慎餘。

壽爵一品，硃卷六册。張烈敬候新禧。敬復。

之五

伏惟老夫子不以烈爲不足教，示以著書，俾之參閲，烈反覆尋繹，聞所未聞，精詳慎重，異乎世之泛爲著述者。雄邁遒逸，不惟遠過近代文人，而末篇攻闢異端、究極原委，即歐公本論，有不能及。然夫子非爲文也，爲明道也。道在詩書，患在不著不察，守訓詁以没聰明。讀斯編者，如震聾發蒙，使之瞿然而顧，庶幾新智日生，于聖道有所省入乎，其以嘉惠後學甚厚。顧其中最大節目，惟「格物」二字，而烈之愚闇，尚有未能遽愜于心者。誠以程朱立説，皆沉涵出入、躬行心得，數十年而後灼見無疑者，其言平實精確，如布帛菽粟之不可易。蓋聖學攸關，非徒争文義也。自宋元以下，學者智深勇沉，無跂及近似二夫子者。夫學力不及什一，而一旦欲易其說，是以心悸而不敢出也。先惟精，後惟一；先擇善，後固執，萬古聖學，止此定本。倘謂窮理之先，又在去私克己，似仍是誠意之事；而所謂虛能生明、鑒物不爽，又似心正以後時矣。至于上增「窮」字、下增「理」字，陽明曾有是言。夫釋經之法，上增一字、下增一字者多多矣，可勝譏乎？即曰「格去物累」，不上增一「去」字、下增一「累」字乎？然此猶就文義論也，實就聖學體之，則聞見擇識、學問思辨，即孔門最先從入之功，未可謂窮理之先，又有扞去物累一節也。烈之愚滯不化如此，惟夫子有以教之。其他字句訓釋異同，似無關大道，竊意前人非不見及，特擇而不用耳。而烈更有隱憂焉：明代前百五十年，天下無敢非議朱注者，其時繩矩嚴而士心樸，天下賴以治平；及陽明發難，浸淫五六十年，至萬曆之世，人人操戈以向朱子，剌剟無完膚，今迴觀其時，人心世道何如哉？天下淪胥以亡，由學術裂而人心壞也。我朝乙未、戊戌以後，天下始復崇朱注，如濃霧撤而朗日開，群遊乎蕩平正直之途也。奈學者不能深識力行，而特務和合朱陸，以資口談；或兩是之，或兩非之，正學之不能赫「赫中天也，殆未知所終。當是時，發明表章之不暇，而又從而指摘之，愚心竊怵惕焉。恐不善讀者，失夫子虛衷訂證之意，而競以菲薄前人爲事，將議論紛紛，復如向日之所爲，如之何其可歟？且萬曆以來，學者姑恕一孔子，而於孟子，切切動齒唇焉。竊嘆孟子救世，大指如夫子所論，首章「功不在禹下」者，學者胡弗表章發明、服膺而施行之？至一二疑端，不以辭害意，姑闕之可也。伏讀《伐齊》《桃應》二論，深識遠見，孟子無以應矣。而愚心又惻惻然，以爲父母語意未周，子且反覆而辯詰焉；使父默然無以應，恐子未可以稱快，而反有大不安於心也。夫子幸惠教，弟子何敢妄言，抑夫子欲明道也，虚懷再四，以能問於不能，故敢布其所疑，附事師無隱之義，望夫子詳教之。門人烈再頓首。〕

之六

〔烈鄙妄無似，老夫子不即棄其愚而諄諄申誨之，諷誦再三，真如坐春風中，始覺聖道之廣大，而專己守殘者之不足以語學也。從此從容紬繹，倘因夫子之至教以略有所窺，凡有可請益於〕夫子者，仍望始終開示之，生平佩服無既矣。先此申謝，伏冀俯垂鑒悉，不宣。門人烈再頓首。慎餘。

馮遵祖（三通）

之一

馮遵祖謹稟夫子大人台臺：自離左右，又兩月有奇矣。閲小抄，知夫子駕臨三衢，未知何日台旌東返也？遵祖貧病杜門，雅志希顔，簞瓢陋巷，殆將終身，不敢學昌黎頻上執政之書，意欲師虞卿稍作白蟫之蠹。倘天假之緣，若得集成，亦可稍報夫子知遇于萬一。但歷遭荒旱，又值軍興亟賦之時，間讀劉炫、王孝籍諸君子立大隋之朝，文章名譽，焯焯一代，猶未敢忘輸税之苦，况於幺微乎？但蝸舍悲凉，問猪肝之無日；駒鞭迅疾，嘆鳳沼于何年。生當盛世，聖天子每飯不忘班馬，布衣皆賜金魚，遵祖獨爲崔亭伯之不辰、馮敬通之無命，此所以顧瞻形影，而悲從中來者也。嘗聞窮則呼天，病則呼父；夫子，遵之天與父也，能不愬焉而呼也？自庚戌及門中，思之孫子馳驟于天衢，白子得人于閩海，張子逞步于玉堂，其他屠、李諸子分符于花縣，其間不幸溘逝者二人矣。遵祖上不能備清華顧問之選，下不得民社簿書之榮，雖尚視息，與死何殊乎？而近且數十口之米鹽、四五載之逋負，對此空銜，能不落淚！惟夫子之前，遵祖乃敢述其苦境，他人之側不言。非不能言，言之無益；非唯無益，恐亦如柳子之言告冠者，詫其爲與我無與也。嘉禾陸年兄諱冀英，向宦粤東，今赴京候補，景仰夫子，囑遵先容以贄龍門，惟夫子剪拂，使其長鳴，遵祖沾榮矣！外詩兩章附上。筆已得佳者，月初耑上。遵祖稟。六月廿四日寄。左素。

之二

馮遵祖稟夫子大人台臺：遵祖兩附稟函，想塵尊前矣。十一月初，有潯中紀友傳台命，促遵入都，深荷天地父母之恩。但遵訟平之後，資斧無出，不得已上會稽，又垂橐而返，今在萬分拮据。但苕中景況，夫子所悉，一二親友，皆于加納時相累，今難再啓齒。此種苦情，前二稟所未及也。兹因于勝翁先生之便，再致稟候。于公治苕十七載，善政難罄，即如寅卯之間，躬擐甲冑，掃滅萑苻以活窮岩，莒中萬户，口碑如一。今來代覲，必謁夫子，伏唯多方嘘植，并吾鄉大老，亦望夫子便晤時及之。遵爲千萬户起見，非阿私也。又歸安何紫翁父母，治邑十載，瀝血飲冰，凑當藩亂，催字兼勞，其才其守，夫子在莒固所目擊。况歸安自天朝定鼎以來，從無升遷一人，何公之賢良，公道不泯，已報最内轉，乃以奸胥侵移，以因公之過，計典波累。雖公論在人，尤望夫子主持終始，俾廉吏可爲，循賢不枉，亦非一官起見也。外附拙稿兩册，先呈台削，因未竣事，魚豕多訛，集成再奉師席。遵祖論史，自遷固至五代歐鈔，已成二千餘論，目下正論趙宋。朝廷敦重史館，若論上下百代，亦堪一助。惜蟠木朽枝，無先容之者，此卞和所以抱玉而泣也，夫子其莞爾一笑否？入春拮据就道，以展立雪。臨稟激切之至！遵祖載稟。十一月十九日。慎餘。

之三

馮遵祖敬稟夫子大人恩臺：遵祖于前冬荷夫子使命之至，愧恨欲絶，其苦情，知使者悉之台左矣。昨冬聞駕抵吴中，即擬走謁，至新正三日，孫門生手札云夫子維揚度歲，頃二十日，遣兒到蘇奉迎，未得確秏；小僕走崑山徐彦翁年兄處偵詢，方知夫子行館在雲間。又云夫子不日到敝郡，之敝省三竺六橋之間，拱候仙舟，又恐夫子久逗茸城，先遣小僕上叩左右。若夫子果至武林，遵飛棹立雪，惟夫子諭以的期，感感。荒芹不腆，登之别楮。十年家食，種種悲涼，雖夫子亮之，然中心如焚也。遵祖臨禀激切！正月念陸日。遵祖拜禀。

張爲煥（三通）

之一

舟行後，風甚烈，深切懸念。舟子歸，知於申刻到茸，慰慰！續接老夫子手諭，知旌旆將指上洋，聞主人頗多情，且有張太夫子在彼，遊道定佳，可預卜也。吴門之行，似不宜遲，但聞撫軍已公出，姑俟回署日，逌往可耳。老夫子恩重如山，每承肝鬲教言，等於骨肉，私心感激，寤寐以之！日者更荷垂念，北行多方區畫，天高地厚，有非言詞所能鳴謝萬一者。此間倘有可圖，當飛信奉聞，祇恐機緣難定耳。花期想在月杪，顒候老夫子莅婁，當掃徑以待也。劉公札，已送紫翁閲過，并繳到，謹此附稟。統惟慈鑒，不宣。正在作札，適使至，藉手附復。台諭已領悉矣。賤名肅稟。餘慎。

之二

小价歸，拜讀老夫子手諭，勤勤懇懇，不啻耳提而面命之，謹鏤刻心版，夙夜佩服。更承曲賜軫念，於大夫子處特囑照庇，真所謂大德難酬，罔知所報者也！爲焕於十一日北發，匆匆戒塗，弗獲恭候老夫子旋旆，面申叩別，中心戀慕，惶仄無已。李、周兩先生在荒園，種種疏簡，負罪良多，或恃老夫子涵亮，不深督過耳。爲焕自蒙恩知遇以後，敬守祖父家訓，兢兢修飭，砥礪廉隅，饘粥守貧，固其常分。往者竊不自揣，竭蹶捐納，囊空如洗。此番治行，百計告貸，十無一應，草草拮据，内顧彷徨，有所未暇計也。老夫子生成厚恩，如天如地，仰承明訓，永矢勿諼。將來倘得税駕之地，自當勉策駑鈍，益自祓濯，以副老夫子屬望盛心，或亦仰報知顧之一端也。老夫子赴都，諒亦不遠，爾時尚可隨侍函丈，親承音旨，邀沐厦覆，正自無窮。百凡統惟存注，禱切禱切！吴門諸當事、果亭舍親，已曾致過，此遊亦未宜遲也。舟次附稟，不盡瞻依！賤名肅稟。餘慎。

之三

單使至，知老夫子問渡虎林。柳洲亭畔，天竺峰頭，佳景無限，盡入奚囊矣。爲焕深慚鹿鹿，弗獲追隨杖屨，然時時瞻念，輒爲神往不置也。荒園紫藤正放，敬候老夫子飛棹見過，少供清賞，佇切佇切！近者接得敝同年一札，知改授已有成説。爲焕卜於次月初二北行，本擬躬叩龍門，拜别就道，而治裝匆遽，未遂瞻依，懸懸此心，可勝戀結！倘老夫子即返婁江，恭聆提命，固所深願。如或台冗未暇，惟望老夫子曲賜指南，凡可爲之地者，仰祈殫心籌畫，多惠數函，俾得邀鴻覆始終，皆生成之賜矣。聞郭子齊河一缺，頗爲不佳，前蒙老夫子面商轉移之計，恐未必有濟也，如何如何？王子旋里將及數天，知咫尺台旌，瞻仰殊切。刻下經營就任，想爾時當圖晋謁耳。肅此稟候，特遣小价泥首，伏祈迅惠德音，翹禱翹禱！臨風遥企，曷任依依！賤名肅稟。餘慎。

白夢鼎（三通）

之一

昨奉麈教，聞所未聞，敬謝敬謝！古文詩歌，海内侈譚，大抵勝于才者屈于學，勝于學者屈于才，兩者交譏。惟我老師臺以高明峻偉之才，敦温厚和平之學，北地濟南，兼而有之，近今未有也。不肖窮愁失志，間嘗涉獵于此，然無才無學，又以遭逢不偶，抱愧良深。頃獲近大君子之教，自幸得師，而入春以來，貧病交作，困頓無狀，欲執經朝夕，未能也。頃不得已，欲走吴下，向一二故人乞米。自念賤士，誰可告語？敢藉老師臺大函一二，或不致途窮之嘆，如北關長興，想可多方接引耳。至于三吴選家，近奉龍門十八人爲模楷，自當布之國門、傳之百世，惟祈大老師行卷，多賜數篇，以爲風氣倡也。束裝匆匆，耑候台函。明蚤發舟，江山有懷，臨楮瞻切！《江寧郡志》，板藏府庫中，幸向太尊索之，并爲舍弟上致。兒侄輩小試，伏惟照拂，不宣。浙江新學使者，懇賜一函，荷德不淺。門下晚生夢鼎再頓首。

之二

夢鼎頓首頓首再拜老師臺閣下：自龍江拜别走江漢，今七年矣。未敢修尺素通慇勤、上候左右，緣愚賤之士，不得志於時，甘心窮餓，無敢復言天下之事、憶當世之知。然知己感恩，時時仰望風采、諷誦訓誨，無刻不依依老師臺左右也。舍侄眉鄉試回，敬聞垂問。不肖何人，行能無所表見於世，猶蒙大君子不棄葑菲，存之夾袋中。感念天高地厚，與山俱高、與江俱永也。私念章句之學，尚可邀遇有司，即執鞭冀北，登堂稽首，一吐積素，不謂困頓至此！茫茫海宇，既賤且貧，且將老矣，誰可告語耶？已而思之，與其呼於不知己之前，自取悔辱，無寧訴於知己之前，以求救解耶。展轉再四，益深景仰。老師臺當代之人傑、吾黨之楷模也，翱翔金馬，傳播金石，振起古人，興動來學。今者負用人之權，具知人之鑒，天下人才進退，無不持衡得當，以爲當世之用；即一能一技，俱在網羅布置之中。不肖鄙菲下士，骨性猶存，素蒙大君子訓教，許以氣誼、接以文章，一旦棄之泥途，聽其窮餓以老，與草木同腐朽，豈老師臺十年培植之意耶？韓子曰：「未嘗求之，不可謂上無其人」，况父母師保之前，何妨披瀝甘苦、求救水火也。兹時三十口待命於窮窶之子，又母妻之喪未葬、兒女之婚未完，人情至此，其何以堪！舍弟鼐又以加納入都，百端拮据，自顧不暇，遂竟窮餓以死，實所不能甘心焉！敢求老師臺拔之泥沙之中，置之衽席之上，千里内外，或館或幕，引以一席。文字之學，尤所熟嘗。學使諸公，如山左、兩浙、中州，皆不肖有舊者，懇仰憑高之呼，得荷筆爲役，自食其力，以餘給家，自此借以讀書，尚可鞭策末路耳。臨禀曷勝惶恐悚仄待命之至！慎餘。

之三

前奉麈訓，始知會墨房書，京本原有禁約。歸過三山，見懸之國門者，兩月餘矣。坊間諸選亂真，無如江寧選本之甚。適年兄程諱化龍之弟見過，言同許子位年翁奉宗伯公命，來南刊房書全本者也。前部示并封面，俱此兄携來，且家喻户曉；而賈人射利，竟視功令如弁髦，所選庸惡不堪，兼之錯僞亂真，所關風教不小也。老師臺職掌邦教，當此起衰振敝之時，天下望風者衆。南國首善之地，不遵部禁，長此安窮，此斯文之轉樞、世道人心之係屬也。伏乞老師臺均票收取坊間僞本，出示禁約，或行府縣，申明部堂來諭，庶幾斯文有厚幸焉。若同門會墨之盛，無過老師臺本房，此天下有耳有目者共聞共見，奈何諸本寥寥如此耶？昨查吴門盛符升持論、徐彦和文起，俱遵部頒，所選甚盛。若此間計甫草之法虞道巖之同書諸本，俱係坊賈僞本，非出其手。其中文字以僞亂真，不一而足，若不一爲研究，恐不可底也。老師臺起八代之衰、砥中流之柱，名山國門、先哲後學，均賴模楷，伏望留意，幸甚！選目一一呈覽，全本必祈票行收取，一覽可知。又啓者：上元覆試案發，寒家子侄無一與者，前蒙台諭，允爲轉致補入覆試，借光良多矣，并謝！晚名正具。

白夢鼐（一二通）

之一

受業門生白夢鼐百頓首謹上老夫子座下：夫子家居讀禮，盡誠盡孝，穀升火改，倏忽三年。鼐門墻小子，誼當執經襄事，緣匏繫區區，京華旅食，東望亭雲，惟有翹企。頃捧讀手教，猶如耳提面命，自愧頑劣，何以仰承德意耶！讀太夫子傳與墓表，忠孝節烈，至性耿耿。生平視死生猶旦暮，則考終之日，自能以談笑空死生。况夫子與諸夫子人品文章，卓越當代；階前膝下，盡屬璠璵；作者述者，傳爲盛事。在太師母與夫子，傷泰山之既頹，痛洪流之不返，而在太夫子降陟在天之靈，自顧瞻俯仰而無憾也。尤喜認庵、阮亭文字典質樸老，能不爲世俗之文。二君能自爲不磨，亦附太夫子以不磨矣。時事瀾翻，日甚一日，夢鼐自返，趑趄囁嚅，既無其具；樽彝鼎斝，又無其資。惟闔門株守，料理僕賃騶米，不遑寢處，何問其他！又所管江南一省，撫軍二人，督漕河三人，揭帖每日二三尺。滿堂以平日拙於逢迎，多方指摘。每揭一筆未點，則叱爲異事，以此日夜從事點鬼簿，書名畫押，惟刑部書吏之命是聽。夫子所謂無不悉聞者，想亦聞此耶？即如薦舉一端，朝廷肯右文，自是盛舉，而少司農謬以其名聞，雖甚不肖，亦當奮力無負兹舉。無奈入春以來，會審起奏，看稿日無停晷；加以熱審清獄，伺候大官，奔走苦憊，精力俱枯，竟不知筆墨爲何事矣！人命之薄，善事皆爲惡因所阻，奈何奈何！大江之南，陰雨連月，舉家數十口，嗷嗷無措；又催科之急，如雷如火，兒輩乳臭，安能枝撑？每家報到，遂不敢開，亦不敢想，終日忽忽，如醉如夢。頃聞近京一帶，旱魃蘊隆，蝗亦問起，告官告吏，到處皆然，瞻烏爰止，此其漸矣！夫子墓廬中，亦念及此耶？太師母道履大安，師母道履大安，世兄道履大安，求叱名道及。天氣亢而不舒，陽愆陰伏，萬惟夫子珍重。臨禀悚仄。外薄具一絲，不敢言禮，仰祈茹存。白夢鼐載頓首。長安五月念五日。愼餘。

之二

夢鼐百頓首恭候老夫子閣下萬福萬安！七月家報到，得悉興居佳勝，師母福履，世兄福履，百祥駢集，鼐數千里外，爲舉手遥祝。又家兄與眉兒輩，時蒙提誨，推恩及烏，感切心骨！頃李長班到，傳聞買銅一項，大費清心。前余太夫子所云修船抵兑之説，想成畫餅。長安諸當事前，鼐與余太夫子極言龍江之苦，大抵必須督撫題明，部覆方有着落，恐亦難事，想記室自有主裁，不待贅也。七月之杪，羅浮張太夫子到京，一見即訊夫子近狀，鼐已備陳。此差有名無實，非徒無益也。江寧彫敝異常，山川如故。自春阻秋，閲歷時變。鼐緣京華久滯，未克常侍軒車，俯今懷古；然中心摇摇，無時不馳座右。屈指歸期，當在菊放耳。拙稿發坊選刻，諸座師如魏、龔兩夫子俱有弁言，王、田兩夫子草而未就，耑望老夫子於公冗之暇，俯賜大序，俾瓦釜亦可效黄鐘之鳴。制義倘與漢唐詩賦并傳，鼐亦庶幾附青雲以不朽矣，冒瀆冒瀆！家鄉水荒，數畝薄産俱已漂没；眉兒乳臭，不敢啓齒，有可照拂，求老師多方嘘植之，感荷鴻慈，總非筆墨所罄也。臨稟悚仄！八月十二日午刻，報國僧舍。鼐百頓首。

之三

前使者傳夫子台旨，夢鼐即往余太夫子面訂一切，俱載前禀，想塵電鑒。後又使者賫夫子手教，復往太夫子處，云今歲原無等第，諸凡不煩清心，想使者先有禀帖到矣。鼐去歲奉命典試八閩，未出京，閩撫有疏，因海氛未靖，特請改期，但奉旨在前，不敢不行。方到貴鄉齊河，即聞撤回改期之信，緣部文未到，住齊河五日。大雨如注，寸步不能出門，方晴而部檄已到，即日就道回京。一切行李，俱係借貸，至今債索盈門，命之不猶，好事變成惡事。邸報中俱有，夫子想未見全抄耶？十月到京，又奉命同考武闈，與王阮老、韓元老同事，幸而各矢清白，不致决裂。武場近添部科磨勘，此亦奇事。頃部科疏將上，幸叨庇庶幾無事。目今京察在即，又候御試。夢鼐自授廷評以後，江南一省，揭帖如山，又會審起奏，日無暇晷，不知筆墨爲何事。以此草率應考，不問知爲孫山矣。緣使者之便，附禀不次，統祈鑒宥。臨禀悚仄！夢鼐百頓首。二月二十二日。

之四

疊承老夫子手教，知讀禮之後，留心子史，風雅文章，當歸曲阜矣。門生夢鼐久在門墻，時親提訓，拜別以後，一切荒疏。一緣衙門雜冗，精力消耗；一緣饑寒迫身，居者行者，内外無措。救死不贍，何言文事哉！惟望老夫子軒車蚤到一日，庶幾泰岱在前，峿嶁得有仰止爾。頃聞于桐老，頗有思歸侍從堂上之意。懸缺尚多，一到可補，此時出遊，地方荒歉，恐非所宜，總不如乘時有爲之爲第一義也，顒切顒切！京察大典，想詳使者口中，不敢贅。銓曹見在漢官，一等不過幾人，若家居而得上考，惟内升一兩人，其餘俱平平也。夫子望重，諸公推戴，故列一等之次爾。少司馬禮部科，骨肉關切，可感也。太師母、師母前，未修稟啓，耑候台安。臨稟悚切！夢鼐百頓首。左慎。

之五

端陽後一日，從令親孔老先生處接夫子手教，知孝履清吉，又聞太師母安康如常，師母與世兄俱和平清泰，甚爲欣慰！雖太老師終天之慘，苦塊煢煢，自不能已，然先王立教，不以死傷生，况太老師來時去順，生榮死哀，在《易》謂之「原始要終」，在《書》謂之「考終命」；德望邁於陳、荀，子弟過於王、謝，又何憾乎！惟願夫子以禮節哀，上慰慈親，并帥家衆，則太夫子於昭在天之靈，自爲含笑九京矣，念切念切！前素旌載道，拜送路傍，緣匏繫一官，未克遠送，後聞一路平坦，水陸俱順。正擬修候，而台翰自天，如躬侍函丈、面聆清風也。適見來諭郭門生云云，此亦異常大變，隨走敝同年大鴻臚公，托其家報中轉致當事；又向吴北老細述其詳，渠亦於邸抄中，有字致撫、提兩公矣。地方公道，久而自彰，晴霾晛雪，豈能久乎？觀縣錢年兄，今之古人，較之范縣，真霄壤殊也。郭門生又因盗案挂誤，命也如何！緣孔使匆匆，草附數行，上呈記室。大先生前不及耑候，求叱名道意。臨稟悚仄！夢鼐百頓首。五月初十日晚。左慎。

之六

鼐抵邗上旬日矣。回首江南，遥瞻夫子公署，如朱霞天半，可望不可即也。交代伊邇，百端齊集，夫子慎終如始，自無毫髮遺憾；但鼐自慚遠出，未克稍效區區耳。目前第一人，仍願夫子留意，滿漢同事不同情，所由來矣。鹽臺徐敬老，鼐鄉試同譜，極蒙枉顧者再，但此地鹹味化爲淡味；即貴鄉舊撫軍劉石水先生，在此多日，亦屬泛泛，况其他者。遊道之難、生命之薄，偏於鼐一人兼之。素性枯槁，從與阿睹爲讎，但舉家數十口，嗷嗷無以爲生，索逋者户外屨滿，而出門持鉢，復爾邅屯。此等苦情，惟我夫子前乃敢告之，其他富貴人，不與之言，言亦無益也。張太夫子告病辭歸，曹少宰夫子尚未出京，此撫軍劉先生之語。邗上去金陵衣帶水，片帆可到，如有見諭，或呼兒眉囑之，朝發夕至也。臨禀馳切！夢鼐百頓首。

之七

仰體夫子公務殷繁，不敢過溷座右，兼以陰雨積旬，咫尺戟門，如在天上。前者面陳，即欲渡江，又以家累過多，居者行者，無以爲資，遂至今日乃登舟望蕪城矣。雲關交代，想在四月望之前後，鼐當歸趨畫鷁，侍聆誨教也。經筵初開，益都太夫子首講《大學》聖經，高念老、沈繹老俱賦詩上頌。聖人事事右文，而鼐以藜藿之身，不克致青雲之路，所望輦上諸君子力爲薦揚。古人急於效用而耻於自媒，夫子回京時，一言九鼎，倘得側名小臣之末，生成之恩，皆出弘造！太夫子與海豐夫子前，俱祈鼎致。合肥夫子，衙門時時共事，又不待惄矣。螺浮太夫子，與鼐桴鼓之契非一日，且薦賢愛才，出自太夫子夙心。孫祚翁之接引後學，其手援鼐，總在夫子惄致區區耳。理學詩賦，一時鴻文大開，凡一長一技，俱可效進，漢唐故事可考也，夫子其有以教我。冒昧草陳，惟祈密之，勿使他人見也。登舟伏舷，不次。臨稟悚仄！夢鼐百頓首。

之八

蕪城之去金陵，一葦可航，而鼐以糊口四方，遂至暌違函丈如許其久，視古人立雪賫鏡、千里負笈者，真雲泥之不相及也。頃聞夫子還朝伊邇，從兹山川綿邈，道範遥深。擬當日侍座右，兼祖餞道旁，尚不克子弟服依之誼；不意肺病陡發，不敢御風，輾轉旅次，進退爲艱。遥望節麾，惟有神溯！倘青翰尚不即解纜，鼐從陸道馳歸，拜送江干；若追隨不及，惟於邗江水湄，趨承誨訓也。臨禀不勝悚仄！貴鄉舊撫軍劉子延先生，曹少宰中表兄弟，太當孫胙老同門密友，偶爲廣陵之遊，囑鼐致聲夫子前，兼問江寧吴父母，便中夫子齒及之。子老聲望夙著，想吴父母所必照應者也。夢鼐百叩。

之九

初三日冒熱向上谷做乞兒，人生至此，誠可悲嘆！然回首楚豫一帶，烽火無家，此又天上矣。

數日後便可追陪函丈。見孫門生，求以前所留粗樣家伙，暫借開單，將來一一繳還。其京師所用小轎，自然留下，并囑之亦暫借一月，七八月糧船到，自己一轎附載而來，亦并繳還。部中大抵無他，倘有必到之事，夫子諭寺中守房人，自可星夜趕至保郡矣。臨稟依切！夢鼐百叩。

之一〇

鼐從火窟中方下蹇驢，不克摳衣侍側。函丈部中，何日截缺？求詳示。路上中暑，此刻正在尋醫服藥，喘息稍定，即走候宫墻，面聆一切。王輔臣投誠果否？傳聞紛紛，并求示。薄命之人，因窮冒熱，因熱生病，究竟毫無救於窮，只可向夫子言，不敢爲他人道也。夢鼐百頓首。

之一一

今早踵謁，值公出。昨承命，燈下即草成稿，但題目平常，自序處不敢多，多則於文體不大合。末後引蘇軾數語，其中恐有訛謬，須將蘇文進陸贄劄子中對之，因書卷久發回，寺中無一卷故也。孔年兄謹慎老成，須芟削過，惟夫子大筆圖之。鼐百頓首。

之一二

晋候夫子函丈後，僵卧山寺，迷悶不知所措。此時惟有新推閩中督撫可以空銜題薦，而四顧岑寂，無有手援者，不知夫子能爲拯溺否？或與屺瞻商之，可乎？途窮之呼，語不擇音，惟夫子酌量之。前讀屺瞻碑文，其序事弘亮典重，與孟堅齊驅；其頌高視闊步，英偉不常，韓、蘇之亞。不意其古學進步至此，夫子見之，當爲不寐也。少宰推屺瞻之意，甚爲殷切，或煩屺瞻再以此訊之，何如？日來聞滇渠病死，果爾，則蕩平有日，但無如此生淹蹇、無能側身士大夫之林，奈何奈何！冒昧妄稟，不勝悚仄！受業門人百叩。

白眉（一通）

昨承教誨，如在暗地忽見大光明也。歸來檢得《史記抄》，乃鹿門先生手評，頗堪玩索。孫山人一册，亦隱士上乘。詩句兩種，愧未裝飾，蓋因台命急需故耳。家伯確于明日登舟，蒙太老師慨允北新一札，求椽筆即揮，隨付來价，高厚豈僅家伯頂戴耶！容面謝，不一。門下晚學生白眉百頓。左玉。

外家報一封，求付貴長班帶至京中，隨到隨送，萬勿沉閣，再囑。

□ 京（二通）

之一

所寫牌扁，想即舜老及年翁寫者。將來牌扁正多，今以年翁在内賢勞，又專委弟協同幫寫，故不得復入内直，發本當必更置一人也。特此敬復，尚容面謝。小弟京頓首。冲。

之二

弟奉堂諭，亦撥寫牌扁，暫離内直，諸唯年翁賢勞，少遲當再追隨年翁也。特此馳布，容晤謝，不一。京弟頓首。冲。

□貞（一通）

寓齋雨阻，過擾行厨，敬謝！承惠大集，歸來盡兩燭，始能卒業，真如見泰山滄海，覺前此之陂塘島嶼，皆不足名山水矣，拜服拜服！小照呈覽，倘荷不棄錫之數言，用壓歸囊，可免羞澀也。家乘二種附上。諸容晤悉，不一。肅啓顔老先生年臺。晚弟貞九頓。

□均（三通）

之一

十三日弟至婁中，奉賀新禧，不得相見，悵甚悵甚！廿五至崑山，廿六七可達雲間，快讀近作矣，敬此先聞。上樂圃先生吾師。弟均頓首。

之二

昨諸公苦拉，留在青老寓中，且有平山堂之遊，故不果趨教。飲酒不顧尚書期，狂奴故態，諒先生不罪也。夜來感冒風寒，身酸脚軟，今日將息一日，明日乃就教，快讀大作也，暫此復。

聞多碑刻，幸每種留一本見惠，感感！外：尊《家訓》二本奉復。教小弟均頓首。

之三

家累牽人，不得相從於金焦北固之間，殊爲悵恨！臨流高咏，徒想謝將軍風致耳。承命至金陵，即促汝老書之，初旬持至吴門也。雨雪增寒，萬惟珍重。扶老囑筆致謝。小弟均頓首。

國 猶（一通）

昨蒙高軒枉顧，以有事學宫，未獲趨候，負戾良多。亟欲叩首雲階，聞前旌將發，轉滋瀆冒，謹列賤名，走役代爲九頓，萬惟慈宥。附小刻塵覽，亦以拙工小技，得荷斧繩于當代宗工，甚欣慕耳。臨楮神悚！小弟國猶拜手。

阮濬（二通）

之一

家有危病之人，雖萬一可救，亦不能無醫藥之費。不識先生可以少那，俟月杪或有所遇，隨即奉報否？是懇是懇！修翁先生大人。學弟濬頓首。

之二

別後連日苦甚，以家有病人，而客囊如洗也。用是欲卒業不刊之書，而亦匆匆不克如願。雖妄識數則，略無當于高深也，承命暫返。文中子心醉六經，終有日耳。初八日不得已一字，附上，倘蒙矜念乎？不敢强也。修翁先生。弟濬頓首。

□ 洧（二通）

之一

新正未及面頌，承招極欲領教，奈明午有内城之席，萬不能辭，恐往返不及，隆情已心醉矣，謝謝！同郡范年兄諱繼施，以小恙尚未過堂前，曾荷留神，不識檔子上已注到否？抑另日補到也？乞即詳示爲感。修老年道兄大人。小弟洧頓首。冲。

之二

前飫擾，未及踵謝爲歉。楚中王山長諱岱，係老名宿也，因就廣文，即于任所起文赴銓部，移咨貴部，未經過堂。昨聞湖廣藩司册内無名，恐未便入場，乞年兄鼎力主持，即致曹老先生，務令進試。倘須同鄉印結，不妨示下，以圖萬全也。顒候回音，切懇切懇！弟湇頓首。冲。

程林（一通）

拙稿污案已久，供噴飯多矣，千乞即擲來手。尚容面悉種種。遜翁老年翁大人。小弟雲來頓首。冲。

祖　謨（一通）

椽筆已光蓬舍，愛敬之誠，未能已已。謹再呈上二紙，乞即將「瓶齋」二字，并尊銜酌量佳款短長賜下，感何如之！修翁老年先生。小弟祖謨頓首。冲。

篔谷主人（二通）

之一

昨承垂顧，未獲把晤爲耿。季友年兄事，其中委曲，門下諒知之甚悉，但退翁處尚未有人關會。僕雖年誼關切，而病劇不能親叩，祈門下明蚤入署切致之。僕病稍愈，容當面謝，只求稍遲二日足矣。伏枕再叩。名另具。

之二

聞年兄乳燕詩極佳，望即賜弟快讀之。拙作在子綸處者，知年兄已見，尚容親晤請正，不盡。翹俟翹俟！弟名心肅。冲。

孔毓圻（二通）

之一

春杪握別，忽已深秋，翹首雲霄，懷思何能已也！時從宅報問，詢知近履嘉勝爲慰。前者安慶所選禮生，原藉鼎呂而行，至今荷愛弗諼。但念諸生往來供事，全冀當事優恤作養，并免雜徭；若與齊民等視，未免多欲求退。然此一段用情，出自當事盛心，又難以筆舌請也。必得老親臺委婉一札，力致撫軍，諭令所屬加意恤之。即此相成至意，實爲俎豆之榮，而老親臺明德所垂，感佩寧有既乎！耑此附懇，萬望留神，臨穎禱切！賤名另肅。

之二

復亭剛長，道泰履祥；遥睇龍光，曷勝雀躍！每從北來者奉詢起居，知近祉增盛，竊爲欣慰。兹有圓、清二人，頗善承應，特令其匍叩台端，幸不惜階前盈尺之地，進而試之也。臨潁不既。名具正幅。沖。

孔貞來（二通）

之一

自去歲十一月念六日到任，海濱荒殘，衙署冷落，商困民貧，私販充斥，以百孔千瘡之身，萬里投閒，不知將來作何結局。所幸上台頗見矜恕，或可優游歲月。乃見二月十七日邸報，［陳］太平失盗一案，駁行江［南］總督，勢必由臬提取［口供］。若旌節尚未北返，同城相與，料成莫逆，仰祈留神一爲照拂，其爲感泐，何可勝言！天南天北，動逾數月，都門一切，統望垂意。寸芹侑函，伏惟笑存。楚中已有人促催矣，餘不能備。臨穎禱切！名具單正。左冲。

之二

趙年翁出闈，方接手教，并見使者。省老爲尊札，僅三二之數，俱係潮色，且每封短銀一兩。前鄭提塘帶去一字，王府賚奏者，又去一字，俱請示下，久候不至，於七月終旬，買去金三錠，由家抵都，不知都中金子不行也。福寧州黄知州［還］，知其銀亦錠金，知其仍差人赴閩，繳還原金，方知都門之金，無價至此也。旋有人歸家者，亦諭以此金存之，俟鄒舜臣進京，仍凑銀交上。又慮及生都中無人照管，親臺乃朝中柱石，泰山之靠，正在今日。渭滄將至，舜臣又往，俱賴指南。閩中人文不振久矣，獨我趙年翁治此科，將八閩人才收盡，不特爲閩中生色，更爲吾鄉望重，真不虛也！事事煩爲留意，想不［待來］之諄諄者。今督撫兩臺推重［之］極，生自是盡力周旋，斷不敢有負台命也。便中附候，不盡所言。生名另具。

孔貞瑄（二通）

之一

弟爲飢所驅，謀此升斗之禄，今得食近地苜蓿，皆餘蔭之所及也。弟意歲前受事，則可預支俸薪，爲北行之資。聞向來憑限，多有稽遲，祈鼎力一爲催取。［或］有便人，或令聖府的當人賫下，勿由地鋪，弟自使人赴藩司挂號。若有楮筆之費，自當敬復，希存清慮。握晤在邇，餘不具悉。弟名另肅。冲。

之二

抵都即爲煤烟所中，幾致狼狽，幸而獲全，其不得售宜也。所惜吾邑十人，廢然俱返，爲可嗟嘆耳。接［手教，雅意惓惓，勖以自遣，敢不韋弦佩之哉！泰山拙作，被好事者携去江南刻之，字句尚多訛落，未改正，版留太平未寄。聊呈紀咏各一册求正，惟教其刺謬爲望。關中劉年翁過岱，次日即有益都之行，尚未登山，匆匆慢去，俟還日，當申地主之］誼耳。親家釋服從吉，路遠不獲觀禮，兼伸鄙敬爲歉，唯亮之。餘不備。賤名另具。左慎。

孔貞燦（六通）

之一

樂圃數夕，荷風鳴蟬和吴歌，致足樂也。［幾度日］月，頓成往事，懷想何勝，回憶何勝！茲以藩侯王親家之便，八行候平安。外海太翁托事，唯望俯從。王親家乃五犬子丈人峰也，篤實君子，生保無虞，可存此爲信耳。不盡欲言，挑燈莫罄。賤名另具。

之二

前函寄候，在藩侯王親家入覲之時，不覺又數閲月，闊懷一耳，非面布無由悉也，奈何！茲單縣庫吏劉之粹，于二十年考過吏目職，今入都候選。倘缺出應選，不爲捷足者先得，即親家無疆之惠也。且此人於親家單莊事，每每極力周方，想已達台聞矣。更求推愛，叨寵無量，不贅。賤名正具。玉。

之三

燦頓首。曩者素亭中，無日不有上客高人至，劇談放飲，每相期爲第一流。自客歲春三月親臺入秦，凡九閲月，諸友人素亭爲樂，不過再三，親密已漸疏闊矣。及歸來，則整裝北進，又喜名登天府，屈［指間］，前後二載，如分［今古，良可］嘆惜！最恨者，生以無能下就，俗事羈身，凡昔所劇談放飲者，而今裹足絶迹矣！寂寥之況，自怨自悔；思慕之情，惟親臺是篤。未知親臺政事之暇，亦念及否？兹貴眷入都，敬修八行上候。外俚言一律，以表不忘受業云耳，并呈教。

想像平明近紫微，班聯序鷺曉霜稀。孤標有待參梧［掖］，靖節何難列柏扉。秘署［薰］香［秋］日冷，客窗迷路故人違。西園凍蕊將摇落，不見［新］詩［淚］滿衣。

之四

都門盛愛種種，風雨送行，知惜别之意厚也。歸來花事未闌，海岱春光，頗恣遨遊，用慰知己。兹有濟南李舜華諱英，考定職銜，赴部謁選，有援例之想，因相與甚久，丐言爲容，希諸凡指示玉成，均感高誼。臨池神往，不既。名另泐。左裕。

之五

□非不忠，聖手過從無多，是以未全有者。公餘□時日，木槿如命，此復。教燦具。

之六

出蓮在春分之前，所有大枝皆爲他［家］尋去，小槎數莖，聊以報命耳，希諒。教燦頓首復。

孔尚任(二通)

之一

潭府拜别後,閉關兀坐,奄至歲暮,無人肯與弟言,弟又不肯與人言,咄咄書空,即筆墨之緣亦斷矣。親家大經濟人,乘時利用,自有樞軸,區區假道學話,何與今事,即文壇騷雅之言,亦屬閒情。獨是鄒魯聖賢之鄉、孔顏詩書之主,必于此處大有斡旋〔二〕、大有整頓,方不負今日蒼生之望。親家蓋世[才]德,即[此]是[事]業;國家萬年基[業,即]此[是命脉]。綱目大書特書,皆于此留意,萬不得以一鄉一家之細事[目之]也。弟放廢人,留心四[大]妙理,[頗]

〔二〕 斡旋:原札如此,當爲「斡旋」。

能證五行之雜。前親家教我云，奈天有五星、人有五臟何？弟細心體會，亦頗能爲駁語，暇當繕録，并律吕管見，一并呈教。拙刻數種，已另人寄去。絶句百首，丐叙久矣，何吝之甚也？魯諺尚未成集，雖小道，必有可觀。且當六月酷暑之夕，紅炬兩行，灑汗如雨，親家赤體秉筆，弟揮扇充副座，漏下三更，采風于臧獲僕役之人，亦閎里之勝事也。寄語長安，冷炕寒士，亦可當萬間廈庇矣。昨北門風雪中，送先兄歸幽宅，連日神傷，欲[言]者皆不及言，所言者皆所不必言者也。劉世兄諱光天，適與歲[試過]里，云[不日赴]都，故有此[寄]。劉兄單邑[人，年]誼[故知也，其]尊翁諱之粹，吾輩中大有作用人，考授從九品吏目，深感親家之愛，祈親家刮目視之。餘不贅。敬候老伯母、大親家并闔眷福履。弟名正具。慎餘。

之二

春樹暮雲，備極懸切。前聞買花揚州，今知結夏西湖，到處有逢迎，省却腰纏之累，令人望跨下鶴，亦生健羨矣！吾里滄桑雖更，劫灰未净，何不及早束裝，來看蟻鬥？弟一室深山，雖不及扁舟漁父，棋傍爛柯人，庶幾似之。比聞六橋烟月，盡没風沙，得名士一洗滌，如夷光重歸少伯，悲喜交集，有不可勝語者。靈隱峰頭，蒼苔應已題遍，倘命小史録寄千里故人，庶了然于雲深之處矣。弟近況支離可笑，盡典負郭田，納一國子生，倒行逆施，不足爲外人道，然亦無可告語者。瑣瑣塞紙，遥博開緘一胡盧耳。臨池不勝神越！弟名肅具。慎餘。

孔尚鉝(二通)

之一

恭[遇]翠華臨祀闕里，弟輩得與講筵，遂蒙顧盼，渥恩殊寵，真逾涯分！而又特除清華之班，俾得雍容討論，肆力古學，皇恩高厚，匪可言述！况有親家提携汲引，師表當前，弟之前途不大有生色乎？昨讀華翰，悉親家福履，代弟欣喜之意，溢于紙背。且惓惓以進取爲鼓勵，愛弟之深，誼比雲天矣！弟即承教，乞宗主一咨投禮部，祈親家照拂指教，雖駑駘下櫪，能不[望伯樂而]思奮哉！感德佩教，容俟面布，不宣。

大親家不及另字，煩叱致。弟名肅單。慎餘。

之二

昨自都門别後，於十一日抵家。諸事借庇，感非一端，又何必喋喋多贅，作門外人語耶。但恨茅塞已久，秋試無緣，有負知己雅愛，是所深愧耳。楊氏之藥，大有效驗，尚有别懇，已載家父函中，祈爲致意。臨楮依依，無任神切！外胡二兄近狀，料應寂寥，相煩致聲，可奮志秋闈，不必作遊子顔、彈悽惶淚也。笑笑。

孔胤陞（三通）

之一

别後滿擬榮擢内府，不意大失所望，生爲怏怏者久之。想人生遇合有時，不必以此介意。纂年兄事，即欲敝宗主諄切言之，不能如意。見時代爲致聲，非不盡心也，特當事者不愿慫故耳。元忠李年兄處致意，不盡。生胤［陞］具頓首。

之二

去歲夏月一别，倏及一載矣。節届新正，想親臺道隨時和，福履倍增，喜可知也。弟邇來家計艱難，蹉跎日甚，不知親臺當何以教我乎？今令舅子赴都，便候興居。有懇者：代弟買涼帽一頂，并纓，足仞高誼矣！臨楮切切，不盡依依。弟名單具。左冲。

之三

前接來諭，真骨肉之言，已勒心版矣。恭候親家膺不次之擢，令叔恩榮、令兄高捷，一門喜溢，吾邑從來未有之奇，此必積德所致也。生忝在姻屬，不勝欣躍。生邇來命運蹇劣，遭家不造，去歲先父大變，艱難萬狀，難以備述；今又有小女出閨之事，諸事無備，又不必言矣。高明如親家，當何以教我乎？兹因元老在家時，曾言有相助之雅，今有一字，煩送奉懇，不知元［老還記憶否？乞］親［家便中以言挑之，如］有所賜更妙，如一時手中空乏，亦不必强也，伏乞留神。乘便附候新禧，并闔宅清吉。臨楮切切，不盡欲言。制眷教生胤陞九頓。左玉。

孔衍樾（一通）

弟中途卧病，昨已投呈于府縣，想旦晚申報。祈老年翁如遇地方諸公，希爲緩頰；倘遂首丘，永佩明德！昨盥讀大集，高華［幽］細，擅歷下竟陵之長，名下無虛，極爲心服！弟客秋入都，［蒙］令兄年［翁同耿又老携入詩］社，［積］有拙作，俱荷批評，恃在教愛之下，謹以原稿呈政。弟原屬率筆遣興，絶無法度，望賜南車，不忘嘉惠。臨穎無任翹企！名另勒。

孔興詔（一通）

比者數椷上候老親家福祉，諒荷垂照。茲耑馳懇者：閱邸抄，見總憲陳公［爲］捐納米草［一案］，將王撫臺［指摘。在陳公但就米草總數計算，以爲既留存如許，而價值又復迥異，自必駭然致疑，因有此舉；［不］知王撫臺［向來在任，事無鉅］細，［無不］兢兢惕慮，爲國裕儲。此弟素所知悉，今亦姑不敢枚舉。即就現在而論，此案事例，開自二十年大兵雲集之時，其年已隨到隨支；至二十一年春間，值大兵凱旋，因部議原有大兵撤日停止之文，是以于三月内具題停止。其時所收甚少，而尚有馬將軍留滇，大兵歲需頗多，故理餉［佛］學士等，題撥協餉，召［買支給。及］是年臘月［復］開事［例之］時，［而二］十二年之餉，［已遵例預請有款矣。及］至嗣後［急公者多，］撫臺每於季報疏内入告請撥，祇爲謹守成例，未准部文，不敢擅動，及准咨之後，遂即支給。後適馬將軍等忽爾旋師，遂致支撥不完，存留倉廠。至於米草價值，因時貴賤，非能預料，果係實情，并無別弊。若夫具疏折扣，係在省大小各官公議僉同，即弟亦在其内，原非撫臺一人之意；今獨論及於撫臺，各官俱屬不安，弟亦更彷徨。因撫臺乃長厚平恕之人，近來［每進謁時］，言及［於此，即自引］咎不遑，［想回］奏疏内，必深自刻責。但［弟與在省司道談論之］際，覺此事實非撫臺之過。用是弟輩深切不安，在各位大人同老親家主持公道，自有公照。特布下忱，伏冀崇矚。所有上余夫子、董老先生兩稟，祈爲相機轉達。其王少司農處，夙未［因緣，不］敢冒昧，知屬大親家年［誼］，耑［求］老親［家鼎吕婉］白，［統藉］弘［庇。前候］余夫子、董老先生二啓，曾［否投到］？倘有回音，并希查示。臨穎禱切！名具單正。左冲。

孔胤鈺（一通）

〔頃以曹舍親事，曾馳耑函托〕汪舍〔親轉達〕記室，想塵清電矣。興㷆舍侄自都旋里，知贛州舍侄暨諸侄事，均蒙親臺推分照持，即此樾蔭旁及，益仞垂注。雅意有加無已，銘感容可言罄哉，謝謝！昨因〔撫臺〕謁廟，弟赴闕里，曾詣〔尊府面晤老伯及四老伯，道體〕康强，敬此報聞，并候近履。附有啓者：舍七弟援例入監，兹偕舍親輩一兩人同赴都門。其李子大來，乃朋來胞兄，與弟爲至親厚知；而郭兄慶遠，亦弟之兒女姻家也。抵都之後，皆欲投刺台墀，求覲雲度。弟敢以片楮先容，俟舍弟輩有所商確，〔統〕望推〔所〕以愛〔弟者教之，何啻〕身沐優惠哉！又昨袁氏札至，言前物已全完矣，未知果否？并問。臨池翹注，不悉。弟名另肅。左慎。

孔興誘（一通）

［去歲聞］臺駕南旋入都，時有遊東之意，余不勝忻慰，恨不一望見顔色也；及子來説，遂生歸養，余心喜甚。但際遇多艱，無資進言，至今延延未决。因遐思吾與尊大人彈琴論道，與爾昆弟執卷螢窗時，不覺三十餘載。今爾昆弟當壯，行登樞要，余沉下僚，年逾邁，百感交集！雖然，吾兩家先聖賢之後，讀先祖聖賢書，便當體祖先聖賢心。爲吾子者，慎勿以勢利自封，而以道德爲念，庶無愧祖先大行之説可耳。又思古人有以一官自矢、一得自［效者，而］吾雖棄置終身，心竊［嚮往焉］。乃以所修《琴譜》成，是尊大人所較閲、余生平所積致然，而誠正格致、修齊［治平之］道具載［焉］，非［但末藝］已也。今托子修表上聞，惟祈［留意焉］，是余一得自效之一端也。外具《琴譜》一部，《筆疇二集》一部奉覽，椿紬一端將意。更有數鄙事，俾小兒面陳，統惟留意。臨穎神馳，不盡依依。

顔鼎受（四通）

之一

不侍尊前者，又數日矣，想台體日强，服食當如常也。前承命撰祭文，退而構思，以爲有韻之文，終不能入情，恐非家門所宜用，故憑臆草就一稿，因地濕不能趨面，專此呈上，或可用則用之。格字訓解，細查五經，已無遺矣，并附報。太公大人前。宗孫鼎受百拜上。

之二

日來少問台安，想平復矣。此時天氣燥濕不常，正須調養珍攝爲望。適以冗次，未得躬侍起居，耑此走訊，俟一二日後，面悉欲言也。前畣三有一乞言轉達，并綾一幅，其弟一扇求書，俱乞留神。太公大人尊前。宗孫鼎受百拜上。

之三

伏讀緒言，字字切實，竊謂凡爲子姓，皆宜手一編，爲傳家至訓。至於手筆蒼古，又語録中之文章，殊非小子所能窺測，謹卒業呈上。但受必欲得一本携歸，昨已面請，蒙許以副本見賜，萬幸萬幸！徐子明日將行，乞書其册頁付下，并《節孝詩》亦望見予。太公大人尊前。宗孫鼎受百拜上。

之四

台體日來何似？想已漸平復矣。昨承命《節母詩》，已草一章呈上，但恐不能肖大人手筆耳。畣三望之已久，萬望裁削書綾擲下。孫前日所懇題詞，亦乞榮賜數語，感切感切！太公大人尊前。宗孫鼎受百拜上。

顏堯揆（六通）

之一

在婁寺中，以李年翁欲即往雲間，作小椷附致。嗣聞仙舟從雲間往武林，有旬日之留，方返掉上海口。撫臺已旋，糧道臺亦抵虞山。敝相知户垣車與老從金陵來，月杪即到吴門矣，若武林事竣，望先到吴門，可與車與老共商，最爲切要。糧臺前書中云，欲請台駕至虞署，亦可不虚其盛意。從吴門到虞山，方往雲間、上海，至便也，特遣人馳懇，知必不靳金玉其音，顒候顒候！刻抄參疏，内有「查各案雖係因公，有無收完，尚未審明實據」等語，望旨意未必有革職，則似可無摘印之舉，即内部尚未知摘印也。時家表侄學士李厚庵，廿七八亦到蘇，能得一團晤商，尤便。臨楮瞻切！廿四日揆百頓首。左恪。

之二

曾歷三任，亦經蹭蹬，然解組之時，浩然自得。自履婁以來，俗惡民刁，賠累不貲；蚤知難以脱離，但不知如是之驟也。平日兢兢矢慎，只爲去年十月間，奉派叠叠，賠墊莫支，各州縣會同派於里下，誠恐刁民以私派爲言，吴門咫尺，豈是掩耳偷鈴？故出一勸捐告示：「爲勸捐事：日來軍需孔亟，各上憲極愛恤民瘼，亦出於不得已，行派州縣，叠提捐銀，林立堂上者，鎖拿經承者。本州歷經三任，一貧如洗，僅領爾婁江一杯水，安有多金可以賠墊？勸爾百姓，體念愛恤至意，量行捐助。」此乃剖白無私，誰知州中奸人拆去長安，撫憲聞知，即行題參；明知因公受過，出於不得已耳。來牌内云「藉公科斂累民」之語，查例因公科斂，其罪亦輕，況在赦前。告示雖勸捐，其實捐者，十無四五，依然賠墊之累。功名之事，原是鏡花水月，但中有難清之件，不知如何得了？且婁民刁横，從所未見，老兄臺古道照〔二〕，必垂念家末，深爲悵惋。望台

〔二〕原札此處疑有脱漏，海山仙館刻本於「照」下補一「人」字。

駕一到，將心腹事可以相告，而署事金山衛王公，初一日到任，可藉鼎力相托。此亦千載一時，知必不靳一行。弟雖無可報答，即見者聞者，無不仰頌高誼矣。拉淚泐緘馳達，萬乞留神迅發，懇望懇望！魯郡尊爲各憲最喜，并托之見各憲時，求其從寬，刁民誣告曁不准行，稍稍維持，亦要着也。縷縷難盡。廿七日揆頓首。恕不用單。

之三

歲底遊虎阜時，滿訂燈節前後，相與進艇遊上方、洞庭諸名勝，不意開正二日，遽爾仙舟揚帆，遂使三十里梅花無賞音者。然計遊踪，勾曲則有茅山，入金陵則有秦淮、雨花、棲霞、牛首，上皖由秋浦則可登九華。九華之勝，荆山如几所讓其奇秀者。昔作牧須江時，常從皖城往返江上，不及登眺華山，至今爲恨事。知素有高興，且有濟勝之具，必不虚所遊也。三月時一函，差小厮問候起居，聞猶在皖城；五月小厮來蘇，尚未得近況，深爲懸望。錢糧事，前將那墊各項，造列細册，致上藩司，業批本府查報。經署府趙捕廳，的爲因公那解，具詳司批覆審。幸遇新任陳府尊爲人盛德，兼之同鄉鎮江太守高紫老爲陳其受累之苦，日已覆審，各經承口供詳司矣。司有詳，院例亦須一駁，方得具題，總不能離那移一局，以看後來耳。昨晋見陳府尊，道台駕曾臨吴門，問今還在否，甚欣然有欲晤之意，則相愛可知也。錢糧大案，既經審詳，求台翰切囑之。諸凡照看培植提携，我自家兄弟，比他書自不同也，至懇至懇！幸付來厮領下。楊岱老三月初方巡泉，聞泉郡鄉紳同年，不論顯晦，只以一百二十金送爲部費，無不用情；以納例僅百金，故此平易近人也。小豚家信尚未到，但有同鄉人來，道泉州額已滿，語爲遞書者傳，云可往漳州去覓，不知的否？不日家報到便知，若濟自當完上，不敢稽也。溽暑異常，作字甚艱，不能多布，尚容嗣候。臨楮翹注！小詩二首録教。堯揆再頓首。左恪。

之四

奔馳河干，六日始回署。勞頓稍息，而上檄提錢糧、提捐助者差舍林立，勞形苦神，難以筆盡。雲間勝地，聲氣畢集，把酒賦詩，婁吏仰視，真如在十洲蓬島也！到婁想在望後，南郊大梅正放，可同賞爲快。近覓有二事，但不能多，似有學易之數，周年翁必道及也。冗中草草，不備。名端正單。左愼。

之五

乍合乍離，中心如刺，至於感激雲情，何可言喻！日見毗陵回函，内有「可效綿處，無不相顧」之語，足見鼎力千斤也！計賑飢事竣，方得與撫臺同回，有的信方馳請，全藉周全之力。三五日旨意可得，雖未見全抄，内有「應捐」二字，輕可知已。署事殊不用情，且有行不得之事，强而相加，令人氣短，無奈何，聽之而已。此兩日，士民頗有舊官之思矣，可嘆可嘆！周、李二年翁到婁，一點未能爲情，菲意將芹，愧恧殊甚，計能亮我此時也。外附古墨二片、純毫湖筆四枝，又青石細石二方，此時亦難覓者。雲間有名手可鎸，希叱入，以供翰墨之用。餘縷縷嗣布。十四日，揆頓首□。冲。

之六

昨日虎丘、半塘之遊，不可無詩以紀之，若有佳吟見示，當步和也。前白門回，帶有蘭花茶一錫，如無惠泉，亦宜河水，方不辱佳蕣耳。明日琴川的行否？不及躬晤，所托於劉道尊鼎言，知必留心，不待再贅。臨穎如面。揆頓首。

顔敏（四通）

之一

前兩閲邸抄，知老賢侄榮補，隨即榮升，喜甚喜甚！不佞入粤以來，衰病日甚，屢詳乞休，未蒙入告。九月望前，病勢漸深，復經力詳，幸蒙撫軍具題矣。不意二十五日，忽痰壅昏迷，不省人事；二十六日午後，已溘然欲逝，至夜半復甦。撫軍躬臨榻前，面驗不可復起，隨將司篆委右江道簡謙老代署。不佞杜門服藥，奄奄一息，忽醒忽迷，半月有餘，展轉床褥。倘稍延殘喘，生還里門，得與老賢侄昆仲握手欷歔，於願足矣！功名富貴，於人何有哉！伯虎於十月望前抵粤，幸舉室有托。竊慮部覆以覲期已迫、不允告病爲詞，耑囑文豹拜懇老賢侄，於當道前不靳緩頰，仍藉鼎力料理，萬惟覆准放歸，況入覲已有臬司偕道員代之矣，至切至切！把筆黯然。澹園太史均覽，不及另致。名另具。十月十九日。

之二

昨七月間偶得痰症，危篤之甚；今得調攝如初，實屬厚幸耳。茲叨注存，殊切心感！都中一切，凡有可爲相照者，望留意焉。想一本相關之誼，自不俟贅言也。瀛洲之事，俱已力爲清楚，于九月望後，領咨歸里矣。其廟工之資，前後共付去貳千捌百肆拾金，仍復別爲之計，或可不日告成也，并聞。餘不盡。名另具。冲。

之三

五月初接家報，知已到任。彼時但知爲織造差人帶信，初未知爲孫老先生之役也。別來三月，度日如歲，幼子幼女，相隔廿日俱以痘殤，暮年晚景，其何以堪！買銅一事，都門甚難。此時都門之價，每斤九分五釐，且苦無處措辦。岳甥之言，盡爲子虛公烏有先生矣，若指此完局，必然誤事，前長班去時，僕已言之矣。停鑄之議，詢之當事，云雖無此議，然銅斤久乏，已停多時。分造漕船，事隸水司，當事亦云造船係漕督委地方官管理，非内部題差，其報部止有請造之文，并無差官職名云云，俟查確另復。揚關鄭淡老差滿至京，見在措銅，看彼作何設處，再報可也。六老一天高興，處處索然，此亦自作之孽，但連累許書辦，爲可憐耳。若未往江右，止之爲上。彼中諸公，大費脣舌，近且俱離地方，有何益也。溽暑勞人，加餐爲祝，餘不及。六月初二日。宗敏頓首。

之四

客歲除夕前三日，紀綱至粤，得接好音，兼承佳貺，骨肉之愛，遠倍尋常也。細詢道履，知數載於兹。老賢侄以清階雅望，遨遊於吴山越水之間，名園載酒，畫舫徵歌，吏部詩篇，當汗牛充棟矣。第四海蒼生，屬望安石，幸早入春明，翱翔揆席，爲宗族寵光，如何如何？鬱林、象郡爲古來安置罪臣之區，不肖賦命不猶，適承其乏。矧當大亂之後，軍供浩繁，一切不經之費，皆取足於方伯，其賠累之苦，不可告人。勉遵來命，爲令郎代捐，謹將咨文、監劄、庫收、印結賚上，在老賢侄必有以諒我也。使旋布復，冗次未罄欲言。愚叔敏頓。冲。

顔　斆（一通）

別來兩月，積思日深。銅斤京師甚難購，而包攬者堅不肯令見現銅，恐屬設騙，是以未能相聞。但聞各省鼓鑄既停，南中購買，或較昔時少易耳。餘不多及。名另具。冲。

顏光南（四通）

之一

匆促一别，未得傾倒衷曲，只緣俗務勞人，實於此衷不安。廿三日更餘方至署，即將手札已致主人矣，渠極感戴之至，欲親往候。目今新餉開比，刻不能離，特遣使耑叩行臺，并申謝悃。外具不腆之儀，聊申一芹之獻，屬在至誼，亦不必見外，希存之，候犒郵者。廿七日主人誕辰，候祝過，的于初一日准至維揚，偕往家下，作數日之歡，何如？的於何日起行，幸示知爲望。大侄至寓，匆匆未話，聞欲回家，希留二三日，即來面晤也。周、李二位年翁，不敢另啓。廿五日次海陵。愚南頓首。

之 二

客冬拜别後，承約吴門再晤，及歲杪抵胥水，而彩鷁已先發太倉矣。黯然返掉，離索縈懷。不謂家嚴即於新春抱恙，調侍五閲月，未見霍然。每勉强掖坐間，猶翻閲佳句，不忍釋手。至蒲月廿一日永訣時，尚怏怏以不能重挹丰儀作呻吟也。至今言之，徒有慟悼！因未知行旌向往，不敢遣使訃聞，亦恐旅次聞之，不免傷情耳。頃接手函，備悉近祉。西湖風月，領略經年，悦性怡情之歌咏，又不知如何盈笥盈几矣。惟俟歸來，當於米家船上，索李杜遺音也。文宗按臨，冰心鐵面，僚屬多士，凛若秋霜，即至愛夙交、不遠千里來者，俱不得復，兼謝厚賜。如明春定晤文宗，紹兒仍望鼎言一薦，倘再得邀寸進，皆賴大力扶持，藉庇於無窮矣，至囑至禱！主人每以未晤爲念，戴紀綱自能細道詳細也。家慈暨内人侄兒，統候台安。因來者匆促，未具一絲申意，統容駕臨，再申鄙念。不盡欲言。不孝光南稽首。冲。

之三

嘉平在家，雖然草率無備，正好握手暢談。朔風猛烈時，又匆匆放舟吴門，别時深爲惆悵。至次日愚亦往海陵矣，途次又遇主人往蘇，即拉偕往，廿日始邸閶門，隨命小使往徐園，遍訪竟無一音；又至繆年兄處問，始知行臺尚駐太倉。空有懸懸未盡之言，不得一晤。至歲廿七日改纜，廿九日方抵幕中度歲，至正月燈宵，方能回家。又值老父病甚，刻不敢離，親理參苓者，一月有餘。托大庇，此時將有起色。日來望切，總無一音，於三月初一日姑蘇人至，詢及，始知尚滯於兹，不知何日可邸真江，再得話别一大快事？家父母暨兒輩，亦望甚切。今有姑蘇陳茂甫，老于優伎，恐在兹欲覓優童，此人亦可吸引，不致誤事。楊丕老亦有回字，在家覆矣。所托李江都事，亦屬子虚。院臺以久進都矣。嚴益老亦時時念及，不得一晤，奈何奈何！如便中有人至，乞示一字，以慰遠念，至囑！今陳茂甫親至太倉，附候新禧安福。學臺尚未臨考，再聞。李年翁、周年翁不及另啓，乞叱名致聲。三月初三日次海陵。光南頓首。

之四

前過省，滿擬一卮祖餞，話别長干，不謂毒癤作楚。清晨渡江，未及面别而行，俟州中回，再當同來相晤。但别後復起大毒，痛苦呻吟，晝夜弗寧。不知歸期的于何日？陸路舟行，可有定議？種種關切，望一示知。奈何不得偕兒輩摳衣道左、一話衷曲而别，望祈宥恕。江南所製數物，聊表一念，恕我不恭。外具套一帶一，祈轉寄大哥，勿以菲褻見罪也，幸道意。嚴益老極感。前議之物，如數繳上，所慕鹿結伽南，以如意送來，但此物非可輕得，尊翁粵東十年，方覓此物，希珍之，呵呵。今不孝家住真江，伶仃孤孑，或相知之中不惜齒芬，稍爲嘘引，或留一二字與省中當事，稍爲照拂，則沾慈覆無既矣！伏枕不恭，統祈台電。李篤老不及另候。菊月十四日，不孝光南稽首。冲。

顔光表（五通）

之一

戴使旋，曾有一字寄去，諒入覽矣。戴使所説事，不但不知，并不聞其姓名。彼到杭次早即渡江矣，遲四日而回，云方知本人天水姓。細訪之，其人頗有身家，非無賴輩，但係江東人，素無知識。老弟還當寫字與朱書調妥，不然竟受人騙，豈甘心耶。歲底有一字寄至吴門，不意老弟解維矣。歲暮百凡叢集，甚難解紛，幸愚老相爲少助度歲之資；只是想念吾弟，不能時時聚首，爲悵悵耳。目下欲往江東，諒王明府自是遵老弟之體面耳，容日後再報。不知老弟到金陵，光景如何？吴門嘉禾，想來有限，又不知何日到安慶？何日旋里？何日進都？殊爲記念。屠兄被論，只當又去一莊矣。放鶴亭何道士寄來扇一柄、畫一幅，云姜定老要求一扁，三字式樣寄來，使中附候。來人係施二麟之乃郎也，彼岳丈係南京人，特來訪親；如來時，乞與一晤，并望寄我回音，以慰千里之懸懸耳。鄭寅賓新安札，便中或與彼寄來。百凡更望珍重。李、周二親翁，不及另柬，乞致意。兒祚并候老弟福履。不盡欲言，俟容再布。二月朔日，兄表拜寄。左玉。

之二

十月間，方晤蜚南，悉知老弟近况，惟有懷想而已。薄具壽山石杯一對、新興大洋綾一端，特此寄上，爲老太太千秋，幸查收之。聖臣事，老弟自是多方爲之。此兄年來相與，不像忘本之人，彼自有相報耳。再分司張諱令甲者，進都時，兄在抱病時，不曾相會，不知曾來謁見否？杭浙學使者，考試有體，弟何不托海寧親家，覓一二人與聖臣，亦可得此一宗，老弟之意如何？杭太守因李德兄、孫樹老相薦，相與甚善，乞老弟便中一札及之。再浙中進京諸公，與老弟相好者，乞賜一言爲望。有李德老年兄一札，乞遣人送去；前彼曾寄一報，并毫筆二對，諒已入覽矣。餘不盡。兄表頓首。慎餘。

外有蜚南一字寄候。

之三

前朱年翁進都，曾有一字寄覽，不知老弟曾入目否？愚兄近況，前札已悉。從四月間，忽得臂痛之症，大抵是血衰冒風之故，服藥至今，尚未全愈。聖臣處，承托已盡心開陳，幸彼亦見諒，頗從一二，凡有見委，皆竭力報之，目下政聲頗可聽也。彼推弟分，念兄久病，以參苓之費爲艱，來邀數次。愚兄非敢養重，但因病，今歲竟未出門，又見人情凌薄，所以進止畏縮。八月間，聖老因公事來省，過寓相邀，云山陰道上，可以却病，因而同渡江東。但當事不日到任，自當謹飭，相知者更當體諒，數日間即旋省矣。兹有屠子發年翁，乃尹和之雁序，爲人老誠持重；令郎諱復隆者，少年英發，已拔貢矣，與兄相與甚善。今有事進京，倘造謁時，望吾弟俯賜垂睞，通家世誼，諒不俟諄諄也。兒肇祚幸肯讀書，係仁和諸生，老弟可留意焉。目今在菜市橋又開一居，皆謝子彝之幫助也。餘言不盡。兄表頓首。冲。

之四

多年蓬飄，得與骨肉十月聚首，而且意氣投合，忽焉分袂，悵黯情緒，實不堪當！劣兄向以豪爽自負，信其與老弟必再續舊好，此日在河干候老弟，舟開不見，不覺骨肉情長而豪爽氣短矣，想老年人乃如此耶？歸來淚灑滿襟，終日飲食頓減，兒亦知解勸，自亦能排遣。戴僕到日，甚爲喜慰。讀來札，又感諄諄愛我，非有胸無心者。終天恨之人，歸里之念，候其機緣而已。伏田韮南自寧波旋省，路經越城，曾晤王明府，道及劣兄，只云到省當圖一晤，別無他説。［望］老弟再寫真切一字，得彼此有益，足仞至誼；不然人情如紙，恐費往返。高明自有裁示。

吴門、白下、都中，便時幸常寄信，更感更感！鄭寅賓到省候送，又討新安札，前老弟云亦已寫就，便中寄回。兒援納事，經手人云數日内必有確音，亦聽其自然，自當别圖。戴僕來事，雖非經手，未免氣悶，我們所行在前，夫復何説。十九日懸牌，廿日發府，竟不曉得探聽，人豈不曹之！老弟從今，人來浼者，先度量事之可行不可行，再訪其人之可托不可托，要緊要緊！［又］不損德，又不費神，惟老弟留意。有懷如縷，不盡欲吐。初六日午刻，兄表頓首。冲。

之五

久不見弟信，九月廿八日得接手書，不勝忻喜，可知向日想念之切矣。捧讀之餘，殊爲感激，非骨肉何以及此也！前屠生來，云老弟身體一時違和，未免中心懸懸。王九功兄舊歲冬底親來要書，不得不寫，今知不曾寄到，問彼，云係報中寄去，内不過彼求老弟逢人吹噓。兄亦非粗浮之人，捉筆自是斟酌，不寄到亦不妨，彼此時亦謝事也。至于屠姓，無要緊者，所以寫字介紹。魯姓原與聖臣交，始相合，而後不相得，從中調妥，故許寫一字，實不曾寫來，所以在屠札中止提一言，以完其前許耳。非義背理之事，從來不知行，亦不肯輕干瀆于人。近見人情凌薄，愈加慎重，老弟當放心放心！祚兒頗肯讀書，文亦通徹。酒興如舊，然有許多老景。都門之往，極欲與老弟把臂，但恐途中辛苦，來歲再看機緣。聖臣無意中忽遭此累，甚爲扼腕，不知將來結局如何耳。彼云曾有三次字寄來，未見一回音。桐江在浙中作令時，相待甚隆，聞信不勝傷痛！季霖兄曾有字到浙。再囑者，百凡珍重，諒不俟多贅。餘不盡。兄表頓首。慎餘。

顔伯璟（一通）

連次家報來，知爾已强健照常，不覺色喜；但慮事縈心勞，尚當加意休養也。四叔前月念日已至，却帶沉疴，雖無大慮，亦須數月方可平復。所求皆未就緒，病不能早歸，殊覺狼狽；幸涵萬親家諸凡照料，未完之事，悉托彼處，又差轎馬遠送至家，令人難安耳，便中宜一寄謝。澤州王世兄，亦相待甚好，字亦留彼，不日還欲差人去取信也。召恩欽車子，前月初七日行，想月盡可到唐。轎夫二人，并郭姓，同日到家，皆攬長夫，因二人準假他同支定銀，勢不能獨留，故竟南來。不是儘有，情亦可原。容日或追欠銀，或再遣還，另作區處也。廷試出監等事，來家都向我云深感照料，我亦不知果否，府主亦不以爲無當而曲賜原諒；果有力可效，自當奔走恐後也。家中此時修漏屋，諸僕無暇，爾母生日，亦不及再遣人去，待念外車人迴信至，再報詳細。大小平安，四叔恙亦勿以爲慮，惟體虛須養耳。時五月初二日書。

顏伯珣（一〇通）

之一

自四月選庶常之後，日望吾侄南歸，亦不謂甫釋野服，遂登朝班，誠有如今之可慰者。向曾寄詩，有「身近仙臺」之句，彼時不知何見，但覺非尋常贈送套語，而今果復驗矣。且吾侄通籍之日，正值天子親政之時，此中際會，實不偶然，吾侄又何幸也！索米清貧，他人或以爲苦，吾侄志在淡薄，世俗之見，又何足云。但我輩讀書不易，必如今日，方爲有成；且又官樞要、近天顏，身實聖賢之裔，必爲天子大臣之所崇重、同寅僚友之所觀望，吾固知子必非漫無處此者，而猥如流俗人之所言也。今子聲望已在人間，但願子常念何如不愧科名，是所勉已。從子去歲遊秦，而予便爾無侶，亦不願接見外人，今復倍寂寥矣，言之淚墮。昔人有言：「人生不相見，動如參與商」，寧不悲哉！竊思數年來，我所與即子與也，三五人中，所志絶不能同；今已局面大異，而我猶故吾，其不相入，子所知也，是又謂對面難逢矣。閉門無聊，獨與六侄爲友，渠幼無知，而又多致，時能啓余，誦書當歌，把青荷葉，濯足沼中，亦足樂也。三侄作文，爽透有筆致；四侄亦已成篇；汝妹夫近且變化非舊矣，兄弟篝燈不輟，甚可喜。蠲賑二雛，學語如鶯兒。小七前恙頗不發作，差可慰耳。西鄉觀音殿落成久矣，今塑像，社翁溪女，競爲善事，鐘磬之音，繚繞於泗水間，是又不啻一花界也。城中園桃，今漸成圍，每至熟時，恨不得與子共食；所接三株，其甘如蔗。桃花下種梅一畦，今長尺許，不久即花；晤子無期，殆將憑寄驛使耳。五六月間，有二蹴踘者來，留連浹旬，此藝較前稍進，無由質子，其人明春或當見子都門。昨子書來，勸以留心舉業，極爲懇款；自維學淺才薄，終無可望，然而讀書之志，初未嘗隳。吾與子弱歲受父兄之訓，經今二十年，朝夕相謂，竊願學今時所號爲迂闊其人者；至于功名成否，又無論也。吾侄平日篤信愛人，孝恭自矢，吾雖不能常自勉强效子，今子果食此報，奮翮天衢，以光我先德，使我雖終身蓬蒿，又何憾焉。獨是吾與子兩歲闊處，無可爲懷，祇勉强不作愧心事以報子，是我所自盡也。餘情縷縷，欲寄恐亂遠人之思，吾侄仁人，斷能隔膜知我也。臨楮惄如，筆不能悉。顧寧老既同寓，不另作札，煩吾侄一爲致意可也。七月望後三日，叔季玉寫。

之二

二月十八日至湖州，山佳已先到五六天矣。青士與孫封翁意甚慇厚，但云渡口來遲，問津者已寥寥也。私心尚欲移棹檇李待之，不意其又有暫迴餘杭、且渡錢塘而入東陽之議。東陽則先有金氏在彼，且持久曠日，或反相左，故不能無感于逐鹿之喻也。因擇而采之，已命蹇修通言矣。雖云貌美喉清，但僅各誦《毛詩》而已，揆諸所托之意，實多恨耳。閒中一棹西湖，專爲顧子之約，已作一字，并前緘致之寧波。六橋花柳，非復曩所傳聞，僧館蕭然，徒勞歸思耳。從到湖州，雨無閒日，不知上江估客，來勝前否？關務及諸費完結否？家中銅事，可有迴音？歸裝可粗治否？諸僕無可托者，汝又無暇親及瑣事，搬移人雜，殊宜察防也。倪良棟覓利如蠅，毫不放寬，又不知大體，切勿使之買物，并内外及諸往來將命也。前兩皮箱，未有封鎖，臨時須親封固之。餘橱内散置諸物，總封鎖在前買大皮箱内可也，切切！湖事不知何時完結，月盡定可至關，不則四月初旬準到；萬有耽延，須繫舟稍待，或數日不至，不妨先行，我後乘小船向揚州趕去。此亦設然之慮，料不至是也。前定做螺甸碗、繡衣、算盤、手卷數件，如未取來，急令李僧孺索之，不可使倪良棟，蓋迴驗從前，其欺騙種種，深可恨、深宜防也。餘不悉。冲。

之三

二三月間，準擬棹小舟入都，不料弗果；其所以不果者，不得言，非爲途次艱難也。然不果又竟省便，蓋女室家來，我實不能置懷。且嫁女瑣細，又不願獨貽勞女高堂也。一接北來人，頓慰數年離思，却又念女索米爲勞、骨肉離側，恨不即得馳千里驥，一把女手、撫爾膺耳。愚山「冠蓋滿堂」之句，近漸閱歷，始知其言之悲且恨矣。春來每一憶女，零泪幾不自持，靡日靡月，惟憂用老，惟我知女、女知吾耳。女囑已悉，勿用懸切。客况寂寥，善自廣爲可。四月十一日書。

之四

自得齊河信後，至初一日有報人到，知已補驗，封司俗士，代爲怏怏，不足道耳。家中一切平安，諸事就理，無可縈懷，但不知秋後可能令數眷先行否。前郭、吴兩處，已俱致之，郭意漠然，吴最感切，而亦未有嗣音，東使并亦未來。張德一項，亦趣令速備矣。衡山於七月十六日東行，其主人又有一函，意哀詞懇，不知能爲之地否。夏斗老尚未行，常爲凝輝立方，但其病勢既大，又任性不受人調理，殊可慮耳。笠翁《史略》，雲門索之屢矣，但有便，留神查寄。《忠烈傳》成，并須急寄爲慰也。丕顯使者匆發，遂不及詳。八月四日書。是日卯刻，大雨雹，逾時大如鷄卵，或如拳，積地四五寸，秋禾如捲，被其害者，守隴而泣也，并聞之。冲。

之五

前有數次家信，不知俱到否？聞哥哥急欲南旋，計此札到，必就途矣。歲晚務閒，正可借此保息，何太匆匆也？殊深縈念。張德所述，已盡謀之在乾，無不允諾，恐所難，特其令兄耳。拖泥帶水，總覺不快，正不如始終之爲妙也。入冬以來，手口并作，竟三月矣。爲兒女作馬牛，固所不耐，而寂寥無可與謀，尤不能無感耳。玄鬢星星，不知他日何以對女也。翔九入都候選，須一照管，彼用情吾家過厚，正未可泛泛也。餘緒如絲，冗不能及。十二月十日夕書。

之六

春來諸冗猬集，有懷如結，并逢不常，徒兀坐空園，終日書空耳。梁國棟來，悉知吾侄近況及遣來意，特事不從心，於其返也，但目送之而已，彼至或能略道之也。石城二兄赴都廷試，素爲社友，且至戚，或有所教，應順應之；臨發欲我一言，因順寄此，他不能及也。燈下匆匆，可勝悵惘！冲。

之七

初一日有一字付魯老使，不意仍遲至。同行想待此信，亦不甚急。别來遂爾浹月，炎暑無事，離緒頓縈。北園荷花，日放數十頭，都恨前洗盞挾鍭時，未得如斯爛熳也。七夕江右人來，形余兩度，不覺失笑。明日三師傅亦至，歸裝蕭條，殊不似在金陵景色；所帶我家物，亦皆非正身矣。因又諄托前日承恩寺和尚事，我以無據爲辭；三師又復切切之，約但求有濟，薄命人不復覬覦矣。因副去二紙，要相機圖之，至親委，不得辭却，如必不獲，俟他日另商可也。或冬間修候徐老師，只發一函，承髡代備其儀，簡末一及之，令其有據易易矣。雍孫輩抵都，或憶家不？途中能耐奇熱否？并問。别緒草草，未悉。三師古董二件附稍，求便售之。七月望前三日，書于苗孔村。

之八

七月望後，已整裝，約次寬西向，因前書來，遂復耽遲，今更無所待矣。大約兼程已不能如期，朋後之語，將來十八九耳。潞漢既迫，想應分行爲妙，十一兄便往，殊省周張。新寄數札，倍壯行色，若晋中已明注之，即繳還，亦與十萬，當但存而不用可耳。且此鴻泛泛，未應即付也。三師南來一月矣，所共至今葛藤，難與爲仁，此其明驗。承恩和尚絶無憑據，蚤晚發迴原持可也。匆匆不悉。

之九

七月廿九日，孫太二人來，知銅斤已貯局，將交得當，甚慰！獨西行覊滯，隨役不定，行李諸事，遂皆耽閣未就。擬廿旬始發，日晚一日，奈何奈何！十一哥此時，應已先着鞭矣。昨汝濱行，有俞心親家相托監事，匆匆未及，今其昆仲蚤晚入都，在家屢來懇説，求吾侄一爲周旋。總之欲速欲省，到時須加意爲其委折，務使遂願。蓋以俞老至戚，且赤腸人，又屢受其囑，實非泛應也。其北上未知何時，以我有遠行，先書此字，餘無所及。都中近況何如？小大悉平安也。能周二公、方伯、恩奶奶各致問。八月七日書。

之一〇

四月二十日，始自商州抵家。居外八月，强半爲病牽纏，今幸漸平無患矣。澤事歲肯，已付子贊，其人自足肝膽，今即欲取消息也。唯客長安最久，其人食言，又不得一面質之，李華西雖多方婉致，反多不情之辭；後擬至商一決，不意病劇，不能待，因又留之含萬，此其大概也。後或得當，亦未可知，然豈能有真面目耶！計余爲此行者三矣，而皆不效，自惟智拙慮疏，而所遇又皆若輩，蓋不能無憾矣。自正月以來，每夢必與吾侄聚晤，且盡愁容冷語，絕非曩昔，如此殆無虛日；覺來耿耿，以爲病中常狀耳。不料抵家之夕，便聞吾侄亦病，彌月不痊，家事紛擾，至今未定。吾侄曠懷人也，一墜此網，爲累不小。乃知前夢關情，殆非妄耳，極知傳言失真。但桃蟲拚飛，實不可測，有不得不爲深長慮者。家報中已切言之，無庸叔贅，唯願吾侄體認力行之，自獲安妥；脱使不能，則家報中「勿狃小節」一語，誠旋乾轉坤之最捷最易之一着也。憶昔房嵎梅曾論我二人，云是二人者，誠厚有餘而剛果不足，今惟于吾不足者留意可耳。丁未夏，叔家信中曾有「吾二人骨肉而朋友」一語，吾侄每爲感憶，唯其如此，因又有斯言也。自去年元洛口別，奄又周歲，而今叔侄興味，皆墮苦趣，揆厥所由，實惟自召。迴憶洗耳清江、賦詩竹樓，不恍如天上哉！一歲離緒，兼又所遭如此，焉得抵膝一握談爲快耶！病餘未能多及，唯吾侄自愛自重，是所望耳。未遑耑函候安嫂嫂，唯吾侄轉達。聞雍孫聰慧倍增，甚喜甚喜！紗衣遠致，并謝！李華西字附。冲。

顔伯秀（二通）

之一

使旋，接誦手答，骨肉情深，感刻無既，謝謝！愚性鹵僻，世味無緣，兼之樂俗薄險，故思稍一更面耳。如功令嚴切，必期十年之限，則將無望矣；苟可通融，仍乞鼎力玉成，討付一字，以決進退。瑣瀆幸恕，并候新福，神馳不盡。愚伯秀再拜。

之二

海角散吏，鷦棲儒林，既鮮建樹之業，復乏潤身之[策]，鷄肋蠅頭，殊堪興嘆！幸叨門内，冒竊榮光，久未修候，汗赧實深，歉甚歉甚！今有懇者：樂俗風薄，人事日非，六載楚囚，何堪久戀？思欲别更面目，以結暮年之況，不有依托，何能振舉鴻飛哉？特遣奚奴走懇指教，或縣諭、或州正，一爲謀之，不知所費幾何；即不然，仍以木職别調一縣亦可。但因途路艱阻，未敢携囊，如三二十金之費，求鼎力轉貸濟用，年内外即送去，不敢少有所負也。其地方求于西不求東，以老年人故鄉心切耳。若無見缺可圖，推而候之，不識可否？再不然，州倅縣佐之屬，亦可商略而舉之。倘有所就，得以離此危地，感德没齒矣！恃在骨肉，諒不我拒，故敢吐此肝膈也。寒齋無可將意，聊具繭紬一端，少抒衷私，惟祈莞内是荷。臨池依依，無任神馳！名具正幅。裕後。

顏光是（一通）

解本色黑鉛赴部，率此候安。知二哥懸念關切，遂不禁言之覼縷也。捕官北直人，頗能辦事。此宗黑鉛，新野原額八十餘斤，去歲部增至七千餘斤，地方素不産鉛，辦解之費，歲至三千有奇，開銷正項，止二百餘兩。二年之中，官民交困，屢次哀籲題免，竟未允許。尚欲竭力圖維，卸此重累，未知能行與否。二哥謂我計將安出耶？文宗尚未按臨，其書臨時，自當就緒。都門倘有便羽，幸以近祉附示，稍慰遠懷。把筆不盡欲言。愚弟光是頓首。六月十七日。

顔光猷（三通）

之一

［天］不厭我家世，而使吾弟捷南宫、授内秩。此雖才大使然，實吾祖父盛德所鍾也，吾弟當何如丕承哉！《詩》云：「夙夜匪懈，以事一人。」《書》云：「同寅協恭，和衷哉。」噫，盡之矣！吾弟天性純粹，學問充足，余何容贅；雖然，名盛則居以謙，志大則斂以静，君子立身，往往如是。但余叔侄三人，自總角聯床，風雨晦明，未嘗少離。去歲以弟客秦中，相憶半載；今又連鑣飛去，吾叔與余獨鬱處此，命也不齊，亦何足怪。近者吾叔勵志，方下董生之帷；余以才薄意懶，雖事筆硯，無益也，聊勉從之。第余與吾弟手足情重，又將數年不見，耿耿此心，惟夢可知。計自今吾弟在京都，日親長者，詩文琴書，日盛一日，又豈余之所敢望！今以僕歸，頗

寄數言，千里談心，惟其照之。以外庶事，另具別紙焉。兄光猷拜書。

之二

吾弟侄去已半載矣，數月以來，慈母懸念特甚。如秋後稍能寬裕，幸接慈母一往。天禄榮親，吾弟性分内事也，慚愧慚愧！昨來札以字文相諄諄，足見雅意，但余才庸，未免悠忽過之。今有近藝數篇，便人帶去，非謂可質大方，實欲就正有道，吾弟使不厭冗俗，當爲一一抹出。余雖素性傲劣，文章之事，甚勿徇此情面也。如再不，長安先達聯車，吾弟亦肯轉致否？外索米維艱，家中實難辦置，東西南北，未始不可廣爲求也。凡事止要速成，不宜空叨議論，關西之行，足可鑒之矣。臨書曷勝跂望！二月十八日兄光猷拜寄。左冲。

之三

過歲無事，頗覺清嘉，余亦漸健，但未能勞苦出門耳。娘在都履福，不知幾時可作歸計也？因屢承爹命，着致書請娘回家，不敢默，故再言。苗孔大妹前恙，亦覺大愈，無煩挂念也。外蔚光孔年兄言，老弟有會試經書擬題，乞便中致之，餘不宣。時務表題亦要緊，再并致之何如？兄光猷。二月二十一日草發。

顔光猷　顔光敏（一通）

自罹大故，諸凡仰荷照拂，歿存均勒。抵里以來，屢蒙枉吊，使草土餘息，得藉生全，未審何以仰酬高厚耳。昨懇與白公所云，實出至誠。目前之局，刻不容待，家叔明蚤擬親至彼面商，仍望老師一函爲之儐介，庶可相信盡言也。倚廬草勒，不悉。不孝光猷、光敏稽首。慎。

顏光敏（一二通）

之一

宿荷雲天，迄今銘刻。比聞榮擢，即持三寸不律相天下士，在我公不自以爲榮，而泥中人望之，如在天上矣。不孝倦遊落魄，兹抵關門，本應趨候大教，因先人諱日在廿一，星夜遄歸，故不遑圖晤。年餘托鉢，輕裝如葉，倘有應輸納者，老先生即會滿公示下，立給鈞批，俾得飛渡，拜德何盡！先集拙吟，并求政定。芹私并勿麾爲望。臨池依切！不孝弟名具。冲。

之二

今甥南去，已道衷曲，諸凡珍重，所不待言。今懇張夫子寄去兩札，甚爲的當。賫去者即張夫子紀綱，可具一禀復之。又汪蛟門年兄云，平山堂祠原耑爲歐陽公設，今頗濫祀，時賢欲爲廓清，已言之撫軍，托不佞向年兄一言，共成此舉，故并及之。餘懷不悉。穆倩圖章，何時可致？又行。名另具。冲。

之三

昨見中州王年伯，云佟老先生甚不滿于尹和，已爲寬解至再，恐終不能釋然，而尹和竟未相聞，何也？年兄關切，尚宜蚤爲之地。大約得重望者切言之，乃獲有濟，未審與年兄有舊否？江都事，曾囑馬年兄否？并希留意，統容面悉。名心具。冲。

之四

居長安終日匆匆，忽而言别，甚悵惘。承惠注，增愧荷矣！昨晚與周量、曰緝、子端、灌湘言，當與老年親翁把臂入林也。弟行期若定，再走别以謝。外聞别時爲老年親翁效力之人，頗懷不甘，屢欲向爲忠告，幸留意自玉。投啓規矩，容請教。更望作一詩贈行，榮甚！弟名心肅。冲。

之五

都門聚首時，命酒當歌，宛然未散，真不圖年兄再聚長安，而弟反獨作離人也。自遭大故，匍匐南還，苫廬却掃，不敢與聞外事。東瞻紫氣，音問闕如。今且計日促裝，匆匆北指，其去年兄台端，彌益遼絶。玆遣小价敬候崇禧，遠道荒械，并希原鑒。戎父母前，已爲年兄道及矣。我同人偃蹇甚多，比來望眼欲穿，好音不至，奈何奈何！臨啓黯然。制弟名另具。冲。

之六

匆匆榮發，祖餞闕然，延望南雲，載深離緒。前接家君手札，深幸得接高賢，但謂塵冗碌碌，未能常依末光，實用悵惘耳。昨晤銀臺諸公，始知老年翁有上書之舉，訏謨碩畫，固陋雖未獲聞，然奉教日久，知忠愛悱惻本乎天性，萬代瞻仰，在此一舉矣。遠頒華翰，彌荷注存，因值便鴻，敬附數行致謝。荆南暑濕，順時自愛，有便仍望時惠好音。臨啓翹切！弟名另具。冲。

之七

都門所懇購書數種，特托崔令呈覽，幸爲留神，不悉。

之八

閲邸抄，始聞近況，私心懸懸，有如焚溺！即欲策馬南行，一奉起居，奈遭先君之變，方爲襄事經營，不敢遠出；特令小价往候台安。秋氣漸深，伏望順時自愛。餘悰統容去价口禀。苫次荒迷，不莊不備。不孝名另肅。謹冲。

之九

清和序屆，知年兄凝祥集慶，川至方新。不孝罪孽萬端，遽罹荼毒，匍匐歸里，無望生全。想至誼關切如年兄，聞之未有不惻然動念者也。目下已卜宅兆，襄事必在秋間。而都門拮据之後，遂致屢空，苫凷煢煢，不能别爲措置，所望故人高義，不啻調飢！乞年兄暫貸一二百金，付之去价，使得稍盡子情，略贖不孝之罪，稍待從容，即圖趙上。我輩手足之誼，平生緩急，更無大於此者，知年兄定不膜視。至異日相與有成，亦或别有圖報之地，然在年兄前，亦不敢預爲嘵嘵也。行述并呈台覽。臨楮荒迷，不莊不備。不孝名另具。冲。

之一〇

前接德音，即附來鴻致候；尚有未盡之言，耑此嗣布，幸惟留神。名另具。冲。

之一一

尊使旋時，曾寄數行奉慰，知仁孝情深，定復不能自抑。比聞六年兄之變，有泪如泉，凡我同人，靡不痛心疾首；不審友于如年兄，又何以爲情也！海内論文，屈指有幾？龔先生既悲梁木；荔兄至都，遽赴玉樓；周老、澹翁，亦復委棄絶域，莫知税駕。彼蒼爲虐，一至於此！惟吾兄憂自弢藏，抛書割硯，溷迹於飲酒博塞之徒，多祉之膺，庶可收之桑榆耳。聞尊目微恙，今已復初，頗慰。順時自玉，勉抑哀衷，仰慰老年伯劬勞之愛，知年兄必念及此，[而]不禁言之嘵嘵者，亦區區寸衷所不能已也。臨穎曷勝馳切！蜀中詩及六兄年譜，并祈惠教。

之一二

每接鄉人，頗悉大孝近履，時時懸切。比聞六年兄之變，泣涕沾襟。哲人之萎，人有同悲，在門兄雁行中斷，痛心又當何如耶！使至，備聞近況，悵惘殊深。所諭當即切致。邇來情事，大異疇昔，言之可發一嘆，尊使自能道其詳也。命途多舛，自古難期，惟門兄强自裁抑，以陟屺陟岡之悲，轉爲愛日承歡之計，是弟所［深］望也。冗次草勒，不盡願言。家兄稿一册，附呈大教。

顏光斅（二通）

之一

恭惟老公祖老先生熙朝雅望，昭代文星，聲高北極祥雲，化洽東山時雨。教思所被，固將鳴千秋之盛，豈但起八代之衰已哉！頒到試牘，篇篇珠玉，哲匠至而［五］都呈材，初日升而百物耀彩，每一展卷，可勝伏膺！前有小函，遠承裁答，嵩津之誼，久泐心銘。再附里言，敢恃渥愛，惟祈始終玉成，則感佩明德，更逾尋常萬萬也。臨啓無任翹企之至！侍名正肅。裕後。

之二

別來數月，時切停雲。今春滿擬一晤，以叙闊悰，里人至，知不果來，殊爲耿耿。小宅事，深荷雲誼，何反勞齒及也？里門諸凡托庇，舍侄字中，備道關切，感不去口。弟匏繫長安，家中悉憑舍侄料理，儻有相商，唯推誠教之，至感至感！附候近履，匆匆不盡百一。弟名正肅。

顔肇雍（二通）

之一

老親家榮膺主眷，典守名邦，福星霖雨，宗黨與有寵光矣。新秋薦爽，台旌南指里門，一伸賀悃，并悉闊懷也，伫俟伫俟！京宅向屢奉瀆，今子權在京，聞心友又近締姻，此時易爲清楚，乞主持解紛；一言九鼎，或不厭瑣瑣也。新例省捷，舍弟入都，但爲貧而仕，不能不仰助于世好。蜀之灌縣、會理州，家先叔所拔，欲懇藩司力爲慫恿，務期有濟，拜銡明德矣！家郵中乞爲轉懇，倘蒙慨允，尚須耑人走謝，不宣。姻弟名正具。冲。

之二

正月發來役迴，叔况味略載家書，但不知何時達爾。奉爾高堂在官，定省甘旨，頤耊何筭。且清名播於江南，遠近競傳，爲前代三百年所未有；以此榮親，賢於勢位富厚，尤不遠哉！吾家世篤忠孝，益憂纘繼爲難；爾少年努力如此，余老眼親見更快耳。歲試幾時告竣？今科試亦無多暇矣。水邊君有言相致，實非所樂聞，顧意在報李，又不容辭，特遣商之。江南學臺公正，亦振動江淮，群情大快，顧崇尚實學之義缺然，不無遺憾。以偉望雅操，爲朝廷所器重，恩遇如此，似不宜徒循故事，求材於聲華文字之末，况奬勵行優之典俱廢乎？江南材藪，其飽德實學之儒，郡不乏人，即如壽州有鄭斐者，竟不得循例開薦德行之列久矣；今并其例亡之，而但盡心竭才於文字之間，恐非所以砥末流、樹宏業于無窮也。鄭斐躬德行，且擅文章，講學勸俗，所處皆化，有此人不爲朝廷用，已可惜；又不得循舊典嘉異之，以風一鄉，不更可嘆哉！湮没於尋常固宜，獨不宜於張公一代龍門雅望耳。吾侄與張公同氣，可能一致此意否？即不便，亦願留意於浙，爲急務也。小物數件寄意，諸一切詳緒，來人口述。臨遣悵然悵然！十月廿五日書寄。

顔懋僑（一通）

戊夏銷暑泰壇，得與危言快論，覺松陰幢影間，疏疏長鬣、炯炯雙眸，其人斯在也。而風流雲散，不可復尋，渺渺予懷，思也如何！春日同博山趙慶、金鄉劉桂圃再至陶然亭，有句云：「陶然亭子墨龍潭，我與牛郎幾次探。看取諸君作京兆，爲栽楊柳似江南。」「日夕狂歌下古臺，陂陀西上寺門開。酒旗插向誰家墓，壚畔桃花客自來。」近頻與蘇邨、樂園、謙牧諸先輩相往復，又得海陽芍翁移居比鄰，酒酣論詩，夜闌步月，頗爲解嘲。每至辨馬談龍，輒共念足下不置也。傾承注問，啓迪良多。秦州古地，必有人焉。來書諄諄以朋友之樂相勖勉、文墨之疏相告誡，近代吏治中，不聞此風論久矣，弟尚何敢以小夫瑣語爲足下稱道耶！弟六月與試内廷，識宛平葛孝廉卜元，淹中之儒，古文詩格，罕有其匹。雖未及髯將軍超軼絶倫，要亦固是奇物，他日丐其著作共欣賞之。吾邑孔秀才興揮，近遊京師，詩甚清婉，惜其未交足下，一遊匠門，然其精氣，則不可掩已。秋冬間讀書净業湖上，有長歌數首，自謂可因文見志；顧此間真賞甚尠，未敢舉似他人，向後另寫一帙寄呈，求足下點竄印可耳。依依不宣。老伯前并叱名請安。
弟懋僑頓首。

顔懋倫（五通）

之一

倫志行不篤，嬉於問學，養志未逮，已背終天。徒以居近賢豪，道存汲引，仰干銘阡之文，遂蒙表幽之製；盥沐捧誦，可久可傳，母氏懿則，與昭來裔；兼之惠書鄭重，詞旨往復，足下之於倫，可謂厚矣！方其營葬，瞿瞿在迷，一書未報，甘蹈慢略，亦恃大君子下哀有喪，不相督過耳。今者封樹始畢，練祥遂逾，乃欲濡毫伸紙，一謝明恩；而聞足下有事去官，方當就理，驚愕走訊，竟非妄傳。既而索之彈奏，益見子虚，足下之於遇，可謂冤矣！以足下之詩之厚，而際所遇之冤，處荒寥無告之境，爲遲久不答之書，此中之藴結悲憤，蓋可知矣！然歷觀古今名卿志士，屯邅留落，十人而九；信而見疑，鄒陽所痛，足下又其一耳。况賢者不以榮辱易心，聖朝不以疑似棄才。月以翳而益明，樹得雨而見潔，王臨川尚云其難合也，祇以見正也，又何足足下累之耶？伯父伯母，體氣何如？顧愛既深，中或芥蒂，是足下所委曲者，計此時當已釋然矣。謹此上候，并祈轉達鄙意。志文二幅未及裝潢，附呈訂正。行狀一本，統希鑒入。舍侄得托門墻，氣質可變，凡此皆足下之大造吾家者，書之志感，令彼閲之，知黽勉耳。姚奴至，以途費瀆聞，小人徇利，不復顧其主，非足下孰爲諒之，而羞顔亦不免也。讀孟堅《賓戲》，差自解耳。臨書悵惘，不宣。上木齋學兄先生師席。曲阜姻小弟在制顔懋倫稽首。時丁卯嘉平二十有八日。

之二

諸兄弟都已去，獨遊無偶，亦慮妨戒行耳。拙詩暫發還，當總録一册呈正，竊欲得足下一序也。雙鯉致之，千里如面，佐以蒸餅，爲足下含飴之樂，幸鑒此意，不宣。階平大兄師席。弟顔懋倫頓白。

之三

何日自曹至單？日來晴暖，想無道塗之苦耶。初五日由州來信，遂復探問，乃初六日，孫氏復專人至程村求親，昨又知程村遣震宇往州面相。頃聞北宅言，大概如意。此事既經兩年，又屢有許諾，今忽中變，此在情理之外，未可固執矣。單、沛兩處，有可成就，似宜定議爲是。專此達知，餘俟面悉。從兄倫拜手白。十二月十有七日燈下。

之四

二哥、二嫂萬安！四月杪接手信，并達近篇，久别相思，見此如晤；但地隔三千里，業殊志異，區區筆墨，未盡所懷。弟年長學非，愆失日積，飲可敗德，言足招尤，輒思止酒銘背，而既往已不可追，悠悠人世，何時可已！庚寅之間，日與吾兄閉關東閤，危言極辯、指過摘尤，以共相驚惕；今日憶之，杳不可得。比聞吾兄在浙，亦不無後議；求全之毁，自古爲然，以訛轉謗，誰夫能免？但横議肆出，雖復唇乾舌敝、暴白吾志，而人不信之，世網中人之深，以至於此，可大歎也！好我唯兄，寡過之道，尚其教之。訪蔣丈，詩已持示，頗以不見全本爲憾也。四弟寄筆極佳，其家事，弟婦善理之，可無念耳。五月十一日晨刻，弟倫頓首啓於瓦研山房。

之五

作吏真源，再辱手書，而稽遲不答，其拙鈍之質，宜成者笑之，當爲我兄所與也。五年三見水沴，精神困敝，視筆墨如野馬，又何敢泛寄兄書耶。然吾兄一舉諫官，再遷望縣，儒術之效慶同在已，固不區區一惡札相通也。今弟以老母懷鄉，乞疾侍養，苟全微名以舒親憂，乃我兄加以遠舉高蹈之譽，意良至矣，如内愧何！平番去崆峒不遠，疑是漢酒泉諸郡地，趙充國、霍去病之所控制也。吾兄學問器識可企古人，而濟之以通變、守之以堅貞，其所樹立，未可量矣！别來九載，隔數千里，能無離群之歎？遥瞻太白，惠我邊什，亦可以遊目意足已。先祖神道碑文，久懷大君子手筆，用光泉壤；爲政之暇，錫類下及，感仰無極！老伯、伯母頤養安和，希爲上候。尊嫂、賢郎，并祝綏福。弟已有一男二女子，可娱高堂，知我兄亦爲心慰也。筆墨之屬四種，聊將嚮往，不置一笑耳。曲阜學小弟顔懋倫頓啓階平大兄師席。丙寅九月十有三日。

顔懋价（六通）

之一

侄价百拜恭請伯父、伯母台安。侄負累因循，偶往濟上，因人展轉，遂至鍾離。以是去鄉之日，并未及一過稟辭，至今耿耿，靡日能釋。樹侄偶感時疫，何以竟至不起？他鄉聞此，不禁淚隨手墮，驚愴欲絶！伯父尊年復抱此痛，又兩弟俱出，觸感如何！弟輩果於何日歸里？伯父閲世既深，洞知物理，當不至以新哀之情過累神明；但妻孥失倚，稚弱關懷，言念今昔，未免深人藴結耳。侄初抵淮南，適觀察六舅攝篆於此，以奏記乏人，相留暫止，輒復萍依。惟是此地已令蘇松傳觀察調補，蘇松又經内推陶士僙補放，或淮徐海道簡調有人，則所遺之缺有分矣。頃復聞桐城姚八先生考終河庫使署，是又一缺也。新任交替，或至閏秋，俟有定局，便圖遄返。

里便附候杖履，并請伯母近安，諸幼悉好。有哭樹侄五絶附呈，不足以喻遠懷也。餘情依切，不次。侄繩价再拜寄自鳳陽使署。戊辰初伏既望雨中。

之二

去臘見寄書，於前月廿日始覓得，循環捧誦，遂至捧腹，同人見者，無不絶倒。新歲三接手札，并晤怡亭，得悉家居近況，便如會面。讀曲阜城頭之歌，俛仰增慨；千里羈人，更當何以爲情耶！鄙事糾纏，不謂隔歲同事訛傳，致貽堂上之憂，寸心如結，靡日而寧。既知分發之例，確已停止，雖未定將來簡用如何，或無大誤。前者小搆疾疢，今已霍然，并望吾弟善言寬慰，以釋慈懷也。暮春之初，若無入覲的音，則會榜後可望聚首矣。聞單方新已南下，四兄果否同行？春綢半已分售，尚未得值，故無從稍寄，亦未及專札，統望轉致此意，附問近好。伯母尊前，祈爲請候；諸嫂夫人暨諸侄、侄女輩，并此達念，不具。乾隆元年仲春二旬有一日，八兄价自京拜寄。

之三

自安邑歸，得仲冬廿一日信，小除復接嘉平十三日書并寄詩，循環諷誦，悱惻纏綿，自愧之餘，復愴然增感。來書愷切諄摯，知非吾弟不能言，亦非吾弟不肯言也。顧僕之處此，亦甚難矣。家居拮据，既不能奉庭幃之歡；徵逐蹉跎，竟何益於身心之事？日就荒廢，安望顯揚！是以自去春以來，即決志離家，稍思習静；而依違因循，冬初始得出門，此别亦良不易矣。及抵太原，猶聞庶邑之信，柔腸萬轉，實竟夜無眠。商之臨汾從父，更無異議，乃定去留，實非敢汗然也。都中機緣，固無足輕重；暫歸之計，亦未嘗不籌之。顧歸即不能復出，出亦豈能無待？日月未幾，徒行道路，何堪蹉跎！若云家居鍵户，此又逆知其必不能者；蓋酬應之繁縱或杜絶，室家之累豈能悉捐？非不知人言可畏，但此中辛苦，意唯自知之，非筆墨所可宣，并非知我所能諒也。「所用一以失，觸處無所難」，讀之氣短，殊不去懷耳。古之良朋，托寄妻子，其於兄弟，必非漠然。兄出遊宦，家累益深，此後願以老母相托，但使稍分勞力，省氣息心，以安起居，則遠人拜賜，終身弗忘矣！晋省并無捐例，陝西窵遠，又不如都中省便，此必傳語誤也。氈衣曾爲切致，俟絳州有便，自當致復。伯母近體萬安。諸嫂暨九弟侄輩，想各平善。二姊曾否來家？并爲道問。上庠之選，原不足爲弟致惜，所望努力秋風，共決遠到。附寄四詩，不足酬答，明湖秋清，當圖快晤耳。意不能悉，臨發惆悵。兄价自平陽拜寄。乾隆辛酉人日。

之四

七弟平安。輕身遠出，歸期正遥，未有客遊之樂，徒重家園之念。别後幸無雨雪，而風沙嚴寒，情懷已不可堪。學使按視，計在月初，選貢之期，固應不遠。吾家雋才績學，當無出吾弟之右，然鄙意亦須潛心静坐，利器待時，更爲萬全。在吾弟志存遠大，或不以此斤斤，而遠人翹聽好音，實無日不軸轤於懷也，望之望之！伯母堂上萬安，二嫂、四嫂暨家中諸幼各各平善。京中近有信否？四兄歲内得歸不？人歸意亂，觸緒不知所云。庚申十月之杪，兄价拜手寄自平陽。

之五

真谷大兄足下平安。仲春一書，諒久入覽。頃聞足下高尚不出，爲鄉先生授子弟、力田奉親，此固可樂；益覺熱塵中人，違心干進，不可須臾也。天津選詩之役，所望於名賢搜采爲多，謹奉《徵詩啓》十本。足下談經之暇，出其餘緒，共成斯舉，亦不朽之盛事也。金石圖能否賜搨，亦望迴示。附請老伯、伯母兩大人近安，諸郎佳善。進明獲雋可喜，可謂不體諒岳翁矣，附及，不盡。真谷大兄師席。弟功价頓首。

蒙泉太史諄屬致候，以召對圓明園，不及專札也。癸酉清和廿六日，京邸書。

之六

价再拜木齋先生執事：别來九年所矣，雖修候缺如，而每遇東使，無不訊我故人，風聲所樹，不殊覿面耳。向聞將爲陽城大夫，比又聞移治平番，所期執事爲古賢良，不欲以無益寒暄安煩左右也。价自遘憫以來，諸事都廢，無復平生；而家兄以本生家母久病引疾，幸無覆餗，即日可抵里，或執事所願聞也。舍侄就婚，得奉郗公清誨，當可有成，癡叔輩實有刮目之待矣。胸中久不用古今澆灌，匆促寄此，敬問平安。言罔攸擇，惟執事鑒之，不宣。价謹再拜。丙寅清和中浣之一日。

佚名一（一通）

昨讀年兄大篇，皆有關世道人心之言，不當作時藝觀。至筆力之高古、文情之歷落，直駕唐宋諸公之上，又不當作近日古文觀也。但機調圓轉，實爲舉業之上乘，竊爲年兄怪之。乃知見地高、涵養到，變化從心，無往不可，不得不爲年兄服膺也！仍求兩册寄舍弟諷讀，幸勿吝珠玉爲禱。周雅老極感關切，求年兄早爲具題，或可免其説堂，委曲周全，更佩高厚。知年兄自有妙用，不俟弟之諄懇也。此等好事，我輩皆欲爲之，又年兄之素心耳。敝通家感激圖報，自不敢忘；弟之戴德藉光，又無窮矣！容晤頌，不盡。弟名另肅。冲。

佚名二（一通）

不晤芝宇，倏將匝歲，雲樹之思，想兩地有同然也。去秋過珂里晋叩年伯大人，深承優飫，始知年兄有榮擢之喜。緣先慈病劇，未遑趨賀，爲滋耿革耳。不孝弟痛遭凶變，展轉藁塊，五内崩摧！卜是歲之冬，將祔葬先大人兆次。志文已懇之宗伯梁夫子矣，書丹篆蓋，欲得繆歌起、董默庵兩年兄尊銜爲重。然無因至前，恐致唐突，敢求年兄推錫類之仁，不惜唾餘，向兩年翁前爲不孝弟先容。倘不峻拒，當語小价，令持刺往也。薄具一芹，聊將積悰，惟冀莞存。外先慈行狀并拙卷各一册呈覽，并希照及之。餘情縷縷，容嗣布，不盡。弟名另具。冲。

佚名三（一通）

舍弟回，備道年兄福履，殊深忻慰。先世史傳，荷蒙至誼關切，慨致當事，肺腑感刻，更難以言悉矣！伏承合傳之論甚正，先後附見，自是史家體格；但令生平大節顯於天下後世，正不必各爲一傳也。想年兄已代爲求得大篇，訂正詳確矣，兹拜遣一力，叩領副稿。又聞列傳之多，已逾萬餘，竊恐篇章過繁，或不免更有一番删定。統祈年兄推不匱之仁，始終留意，必無遺落，則殁存均感，寧有既耶！家藏墨迹一卷，乃敝年祖真筆、先大人所親求得者，附以晶瓶一座，獻之左右。不敢另簡，懼近於套，冀鑒存之，以志永世之好。精白之心，萬勿以常儀見却，幸甚！附有一函，致謝貴門孫萬老年翁。不腆侑緘，并求命貴長班引小价持上，即代致鄙意，必求笑納。雖作者不屑，而弟輩非少申謝意，無以自安也。臨楮北望，曷勝悚切之至！弟名單具。左玉。

佚名四（三通）

之一

連未奉顏教，此中如飢如渴。老先生以李、杜之才，擅鍾、王之筆，真可獨步一時！册子一帙，敢求鴻章，惟望早賜，便感高誼不淺矣！龐役過叨高厚，附謝不一。侍名另具。冲。

之二

先君恩恤諸典，漸已就緒，蹣跚南返，應在指日矣。切思夙叨老世臺教愛兼隆，沁深心骨；此番分袂，不知何日可以再接儀型？言念及此，有不勝其黯然魂消者焉。兹偶檢寓存，小物數件，敢獻老世臺台用，深愧輶褻，幸勿賜擯擲耳。臨行再當叩別，不一。不孝弟名正具。冲。

之三

前踵門叩謝，衰絰不敢登堂，感荷之懷，容圖面頌。不孝爲先嚴慈建齋翠微山，初秋始得返舍。聞目下將試譯館諸生，有吴宗顏者，乃舍侄内兄，世習其業，頗稱精熟，敢以通之左右。不孝草土餘生，因情誼關切而一及之，固知知己念我，必不按劍耳。諸未一。名恕具。冲。

佚名五（一通）

兩日曾有確論否？聞北海君作難如故，將以何術救正之？倘得「穆」「常」二韻稱題，即以此題廿四韻改贈，亦未爲不可，望年兄酌示下。倘須面言，弟亦不辭沐雨來晤也。時已旁午，須早定權輿，千祈詳示。弟心肅。冲。

佚名六（一通）

昨承手教，重荷關切，感不可言！弟拮据數日，尚未就緒，適聞楊簡老明晚可到，弟已遣人飛騎促之，一切俟簡老面訂，極妙，不過兩日耳，或諸公能少待耶？仍求老年臺鼎言致及，至感至幸！特此再瀆，統容踵謝，不悉。小弟名別肅。冲。

佚名七（一通）

前者重擾，至今醉德。瓦缶之音，過蒙獎賞，每欲繕寫一本，仰祈教削，蹉跎未就；承命先書三幅呈政，惟俯賜提誨爲禱。前丁、沈二人，既蒙垂照，幸并從其請，祝祝！諸不一。弟名單另。冲。

佚名八（一通）

前從貴役附復，遂隔音問將及改歲。清署雖司榷之重，然按圖可稽，無甚疑難。台兄安恬静鎮，不勞而理，體中固自休暢也。惟買銅一事，新例甚嚴，須早爲料理，付托得人；不獨考成攸關，且升轉相牽，坐銷歲月，亦屬無味。愚見若紀綱中有可任使者，竟不必蹈襲前例，專委胥役之手。蓋廣陵與金陵只尺，廣陵鹽商，與敝省漢上鹽商朝夕闕會，若兑貲廣陵，買銅漢上，豈不便捷，高明以爲然否？不佞一官浮沉，等於閑廢，食指維繁，珠桂爲苦；然性甘拘守，行慚仰面。適有不得已之實情，不容不相聞者：有舍親没於邸舍，孀妻幼子，毋所依托，移家北上，約費得貳佰金，特托舍親王清臣諱道源，同小价就便奉懇。亦知台兄茹蘗清風，咄嗟難辦；然非情相關切，亦未便以難事相强。須求委曲周全，俾毋遲滯。雖台兄道義之愛，埒於肉骨至性，未必責報旦夕，但不佞具有心胸，斷不盡拜高誼耳。不腆伴函，寛茹是荷。臨楮馳切！臘月朔日。名端泐。冲。

佚名九（一通）

高麗人開館貿易，弟與同人輩欲買參數斤，聞係貴衙門職掌，敬懇老年翁祟人代覓，不審便否？頃特走候不遇，率勒布瀆，希示復，不一。弟名單具。冲。

佚名一〇（一通）

昨造次瀆懇，遽荷年兄慨然一諾，近日譜誼交情，實爲僅有。倘藉此得進寸竿，皆出年兄一手提挈，銘戢固非楮墨所能狀也。旦晚相需甚殷，專望遄賜。不能如願，尚冀得其七八，恃有至愛敢爾，諒知己更弗以爲妄也。尊章呵手鎸刻，久留篋中，意在稍摹古人，其如究成急就何？春和略堪捉刀，當圖補過。昨晤姜定老家表兄，已備致台意，云令兄年兄出樂陵李君之門，又多一重世誼；托先聲意，想面問能悉之耳。率勒再瀆，不勝翹切！弟名別具。冲。

佚名一一（一通）

台旌往太末城中，萬馬春齊，千山日静，足以助人佳思；但瘡痍滿目，鋒鏑驚心，不無愴然疇昔耳。弟枯坐斗室，一病憔悴，所謂三年瘧疾，一鬼銷亡者，庶幾近之。筆退蠹乾，何能爲役？來諭所不能仰答也。如高唱已成，當使一讀，或愈頭風，是所望耳。尊寓定仍舊耶？屢欲過從，而自愧身係地主，不能聊爲展待。杜陵云「貧賤人事略」，雖高賢或不棄，然實無以酬對，有嘿然遥嘆而已。暑雨稍霽，漸能强步，當趨教以悉。弟名另具。慎。

佚名一二(一通)

憶自龍江奉教之後,即已望隔雲霄。晝漏追趨,依稀昨夢,此中之悵結,寧可言喻也!比客都亭,日聞清譽。向曾投一賤名,未知曾達典籤否?久緣懶慢,不及再溷興居,疏節之愆,伏祈垂諒。啓者:南中一友,雅擅筆墨,見賞於德勝世兄,下榻高齋,相與晨夕。兹有所求,屬弟代爲布懇,惟老先生鑒而許之,感賜奚止一人已也!拙刻附求郢風,臨池曷禁瞻企!小弟名肅。冲。

容翁少宰,已承許可,并聞。

佚名一三（一通）

景仰高風，已非一日。猶憶戊子秋深，曾與斗涵令兄俠飲連宵：，今雖歲華衰落，而狂奴故態，略似曩時。昨接清輝，頓起飛觴之興：，小酌奉候，適值台冗，未得快所欲言，抱歉負愧，抑復何言。兹有賤冗，急須歸去，薄具微物數種，聊表寸懷。稍俟秋深，風飄金粟，當具斗酒雙柑，向蒼山碧水間，一話闊悰也。臨穎可任瞻溯！賤名另肅。左慎。

佚名一四（一通）

歲内曾以數行候嘉勝，愧草樹雲山而外，無可持贈，至今闕悰，猶縈寤寐也。僕伏處深山中，僑寓故鄉，兩無恒産，惟日待里門舊居，椽瓦卸變，以濟饔飧。即欲作達觀，無如交謫之不已，坐是困頓，病勢日深：，所恃二三知己加意今昔者，在今日矣！朱明之試，可爲田間人謀斗酒資否？舍弟與小阮敬致此意，望之望之！别情莫殫，何日得一握手耶？諸未既。名另具。冲。

佚名一五（二通）

之一

改銜大呈，已説堂彙稿矣。得滿洲番清，即可移送龍江。前件查於定例甚相防礙。暫復不既。另肅。

之二

龍江事，於從前監督無與也。適承問，未及詳答，恐擾台慮，故此再贅。心勒。玉。

佚名一六（一通）

聞尊體違和，久失趨候爲怏。頃已往晤舍弟，假呈且緩旬日矣。率復，容走晤悉。弟名别肅。冲。

佚名一七（一通）

入夏以來，時時善病，數日前，湯水不沾者幾晝夜。近始稍稍强起，而口舌間尚自作楚，略一思索，則火動不止，故應酬都廢，而筆墨之債，更苦堆積。衰相種種，生人之趣頓盡，無論文酒流連，無復意致；并節序如流，幾忘葵榴之照眼矣！大稿序終當踐諾，不敢煩苞茅之討，但不免小告寬限耳。綺老亦云未晤，想復別有戀戀耶？雨然先生，今之機雲也，得此賢主人，風雅真不孤矣！諸容面罄。佳刻謝教。禫弟名不具。

佚名一八（一通）

昨奉叩未晤，悵然！榮行的在何時？弟欲浼友抄録佳咏，冀稍寬時日爲幸也。各項賜書，乞照前單先發來手，免致臨期爲捷足者所奪，望之望之！餘不盡。弟名單具。冲。

佚名一九（一通）

日來寒風蕭摵，几案間塵積寸許，未能濡毫作書，佳扇故尚置篋中也，容另致上。詩稿三本奉繳，奇麗蒼深，故非耳目近玩，謝教謝教！中丞公處，當圖面致，庶得詳布推重之意，使知倒屣耳。率復不一。恕不孝弟名。冲。

栖托之遲速，雖非尊意所急，而鄙中耿耿，每中夕不寐也。正爲深念之，圖再報耳。

佚名二〇(一通)

積雨不止，葡萄既毀，房垣半傾。夜來移榻中庭，復苦蚊蠅爲祟，竟夕未嘗安枕。朝來復衝泥入内，渾身上下如注；歸則體染微熱，又以應酬文字所苦，不能偃息。種種勞瘁，道兄何由知之耶。幸接瑶篇，啓我神智，爲之狂喜，尚圖搜枯和正。晚凉并望過我，不一。弟則拜。

佚名二一（一通）

初來草草一晤，殊未暢所懷。豐暇肯一顧我？蕭署中荷花正發，亦堪一醉。附有至懇：弟自過江之日，即已垂橐不持一文，目前日費竟不給，敢求故人移貸資斧，以濟急需，稍便即完璧以上。弟非不情者，此間非知己不可與道耳。手約一紙，奉上驗留，不盡。弟名正肅。冲。

墨跡已佚之部

馮　溥（二通）

之　一

前承大翰，已有小札奉復，想久塵記室矣。不佞以耄年久病，復荷簡命，謬主文闈，惟恐隕越無當，以貽知己羞。幸榜發之後，論無異同，差逭罪戾；獨失之於令弟，以是爲愧耳，所恃高明諒之於形迹之外也。屢煩注念，裁答稽遲，以無人索回字，且值不佞匆冗無暇晷，更衰老忘事也。惟照不一。賤名另具。

之二

遠承芳訊，足仞不忘；兼領大杯之惠，謝謝！衰病相仍，未能脱離塵鞅，日望鋒車至止。從吉在何時耶？近吴逆已亡，休甲有日，且海内人文雲蒸霞蔚，鱗集京師，真千古盛事；惟祈台駕速發，馳驅王路，共襄太平耳。冗次率復，不盡欲言。

龔鼎孳（一通）

奉别經年，圖晤不遠。兹偶值程舍親回里，取道金陵，喜得藉爲鱗鴻，以通芳訊，故迳然而治一函。舍親誼在水乳，倘蒙進而教之，弟與有榮施矣。馮池主臣。名單具。

曹　溶（二通）

之　一

歸讀大集，沉雄傑出，直欲囊括千古，壓倒時才，小巫爲之心悸。然疲懦有所激發，亦將力索枯槁，仰繪日月也。里人范成，閒從弟至此，書畫十數種，足充清玩。其人樸實無文，以法鑒定價值，當奉教惟謹耳。餘留面罄。

之　二

近代史書，邸鈔之外，必以家乘爲憑。昨誦雄文，甚爲忠烈生敬！完上附謝。弟溶頓首。

葉方藹（二通）

之一

終年碌碌，未獲時候孝履；忽辱大教，注念殷殷，愧荷交并，曷可言喻！拙文鄙俚無似，深懼上玷名賢，有負仁人孝子之托；乃蒙不棄采而用之，益不勝其悚仄也。使旋，匆匆率勒奉復，伏惟垂鑒，不一。

之二

比承老先生來訊，審知孝履安善，甚慰。委撰先公墓表，久不報命，非敢忘也，懼一時草率，無以副仁孝之意也。既又思之：世之有可言者，必待乎能言；而能言者，尤必得夫可言者爲之言，然後其言信。夫所謂能言者，非獨學問之博而文詞之美也；惟其是非好惡，一本人心之公，而不徇時俗爲去取爾。藹之學問荒矣、文詞陋矣，獨其硜硜之鄙，不敢背公道而輕徇時俗，則幸自反而無愧焉。然能言之人不常有，而可言之事又不常遇。生平讀書，見古人忠孝大節，必爲咨嗟涕洟、稱道誦説，况同吾世有至行卓卓如先公者！又辱其後人不棄，命操筆紀其事，豈非踴躍恐後者哉？竊有一言，不敢不奉陳者：昔年河間之破，實因王師再入關，而《行述》中但云「畿南亂」而已，竟不言其亂爲何，則使後之傳忠孝獨行者何所據，以成信史也？從來兩國兵争，仁人志士捨生殉義者何限？前朝之節烈，獨非本朝之深嘉尚者乎？亦何所諱也！輒以鄙見，摭實書之，謹録稿一通寄上；至於識慮淺闇、詞不稱意，有負所委，忸怩亦何可云。伏惟垂鑒，不宣。藹再頓首。

高辛允（一通）

承垂注，已佩德矣，此謝。諸凡幸自愛。婆心區區，不盡。

劉思敬（一通）

昨晋拜時遇一舍親，泊河之干，未防船滑落水，衣履盡濡，是以踵門弗便面晤，深以爲歉！舊日筆墨所記偶相知者，刊一種奉公暇寓目，尚未印行也。有未當，并希商示，以正其訛，至感！容再面悉。名單肅。

劉體仁（二通）

之一

使車駐山水之勝，勝友必多，朝夕得佳句，所獲已侈，不必更問阿堵矣。弟汗漫江南，自春抵冬，今始返棹邗溝，然不敢入石門一步者，恐客多無以應也。耑价代躬走賀，兼有恃誼之懇：春初在江寧物色得一二人，尚可供書卷旁頤指，今欲北歸，勢不能緩，而力又不足。倘老年親翁假以一數，吾事豈不大濟已乎？密之，不須向人道也。明歲二月，當再晤以悉。弟昨在吴門，乃聞孔親家至舍，而弟失候，至今耿耿。近况各何如？幸示爲慰。弟吴江一路頗有所作，匆匆不及繕寫，容他日請正。

之二

阮亭冒雨見過，念吾修來，當共談，幸惠然即至爲望。修來先生。小弟體仁頓首。

沈荃（八通）

之一

金馬追隨，渥承雅眷。暌教未久，頓易星霜。伏諗兩年翁秉濬冲之至性，篤莪蓼之深情，雖備極哀榮，而依然孺慕。弟以塵纆碌碌，未遑耑泐蕪緘，一慰孝履；懷耿之切，與日俱長。兹敬捧瑶華，兼拜隆誼，仰惟摯愛，不敢言辭。大老先生窮碑題字，謹如來式，盥手以書；丙舍題額亦率塗，附交來使矣。但中間款項或有未妥，并立石年月或秋或冬，未奉確示，另備數字，届期酌配何如？匆匆布復，并謝至意，憑楮神馳！弟荃再頓首。

之二

昨逐隊而行，未免困頓，一應交際之事，尚覺疲苦，以故咫尺衡宇，而猶未敢趨叩也。舍親咨文已送到，聞旦晚尚須題請，不識何時可以咨入成均也？伏懇留神。統俟面時九頓，不盡。

之三

聞咨送之文昨已用印，感荷至誼，曷有極也！薄犒一緘，聊爲尊伻烟資。并照，不盡。

之四

所事聞農部已咨發貴衙門矣。闈期在即，顒望台慈多方噓護，早賜允咨，感不獨舍親一人也。諸容面頌。弟荃頓首。

之五

茹凡所托，承老年翁台諭，即欲爲之作札；所有委折，竟爾忘却，望再詳示之。不一。弟荃頓首上。

之六

虛火上攻，頭面作腫，即静卧尚不能支，况有筆墨事紛紛未了乎？悶極悶極！顔年翁七律，高華秀朗，正如瑶臺嬋娟，見者皆知其妙，不止格律之精當也。二札已題率復。先君子崇祀，欲求顔年翁佳作增重，不審可許我否？門年家弟荃頓。

之七

奉别未幾，頓移時序。還老入都，不識曾道及否？弟輩黽勉從事，幸已告竣，所拔者皆潜處力學、單寒孤苦之士，想老年臺早已悉其大略矣。今因解差之便，遣奴入北，總仗留神照庇。目下尚有正事未竣，來月初當返敝鄉，長至前即束裝，歲底可握晤以罄積懷也，憑楮切禱！來僕甚蠢，諸凡望爲周全，切祝切祝！貴房師佺老，此時想亦未回，回時并致意。外附闈墨拾册奉覽。

之八

鑾坡奉别之後，復感寒伏枕，駕過失迓，委册亦稽報命，爲罪。兹耑伻上繳，乞賜察收。聞大集已付剞劂，何時得惠教也？附訊，不一。弟荃載頓首。

繆彤(一一通)

之一

瓜步道中過承惠恤,故人之誼,令人銘刻。歸來忽忽三年,不及以尺素候問起居,殊深懷想。令叔岳孔先生遠臨敝里,得接手教,知近履佳勝。承台委,竟作子虚,人情薄於秋雲,而令親不無金盡裘敝之嘆,在弟處那移貳拾餘金,稍資行李,然而困頓極矣。瀕行,草此數行奉復,臨楮翹企!

之二

好雨生凉，儘堪劇飲。明日候車騎早過，千祈携緑綺來，一踐疇昔之約，兼可爲弟驅病魔也。望望！弟彤頓首。

之三

承諸位年兄盛意至再，敢不祇領。惟日内炎風正暑，斗室促坐，無可爲樂；略俟微雨新凉，當以浮瓜邀快談也。率此，容面罄。弟彤頓首。

之四

一飯草草，甚以不得罄歡爲悵。尊分萬不敢當，并祈一一致之諸年兄。鄙衷昨已面吐，幸有以諒之也。率此，不一。

伏枕偶得二詩，書呈大方郢正。興會必佳，得賜和教，尤感也。修老年兄。弟彤又言。

之五

昨候起居，不得面侍色笑爲快。卷在何日解科？望年兄敕使一諭經承，恐駕回，則于君即謝事，又需有待也。特此再瀆，專候明示。弟心肅。

之六

昨承賜顧，未獲趨謝爲罪。新選同人向有公酌，不知近尚舉行否？如無，則年兄必有專席，弟以欲附貲合行，未識可否？望示下。諸不一。

之七

梁師伯於廿四日行，有啓即可附去。同人公候，甚爲切當，祈年兄即作一稿付弟謄寫，與來价可也。弟連日賤體病極，非敢於方命耳，率復。修老年兄大人。小弟彤頓首。

之八

弟因歲事倉皇拮据，略無寧晷，實不能操管作駢句；轉懇一友捉刀，以應臺命，苦不能工，惟年兄名手點易用之可也。率復不一。修翁年長兄。弟彤頓首。

之九

弟有許語欲奉商確，特走候，不得一晤爲耿。過三日，當再圖過訪也。弟移寓在東首打磨廠真君廟對門。夏舍親相隔十里，會面爲艱，奈何奈何！年兄諸凡行止，有便幸以尺一示弟，千懇千懇！修老年厚兄。弟彤啓頓首。

之一〇

刻下在此候一回信，不得走高軒，的在明午後趨教也。特此先覆。弟彤啓頓首。

之一一

度歲碌碌無停晷，不得走晤爲快。尊章遲閣良久，可勝罪歉！值此心緒匆忙，勉就一面請教，餘俟春明一一補過。堂聯書梁夫子句，想定有當尊意也。修老年兄。弟彤啓頓首。

徐乾學（二通）

之一

久疏教言，時切瞻企。偶於啓奏時一晤芝宇，又匆獲暢談，乃朝夕鹿鹿，良覿頗稀，悵歉曷極！兹有至親姓名仰懇，知屬瑣瑣可鄙，然有不得不爲轉煩之苦情，輒敢恃愛奉瀆，伏望俯俞，具感高誼。倘老世翁未能全允，或將其一轉托貴同人，必期有當爲禱。湖上隆情尚未奉報，至今耿耿，然中心藏之，無日敢忘也。原欲走叩面懇，恐不相值，耑此布瀆。臨啓虔悚！

之二

前慢甚爲歉。舍弟咨照已領入，特囑致謝。《忠義卷目》并《四書解》四種奉上。諸容叩悉，不具。侍乾學頓首。

郝惟訥（二通）

之一

曩獲朝夕聆教，幸寡愆尤；别後典型日遠，莅事維煩。以庸拙之夫，處艱劇之地，將來不識作何税駕也。正愧未達數行，虔訊孝履；忽承台翰，意氣懇懃，把讀再三，殊增感激。迨跪展太老先生傳銘，盥漱細讀，尤堪革薄起懦，百世猶將賴之，奚止裨一時之世道人心也耶！東望泥首，莫知所頌。肅此奉復，臨池悚切！

之二

相去千有餘里，歲華屢更，雖彼此神依，非山川所能間隔，而握晤維艱，無日不惓惓於懷也。接台翰，恍如面承，稍慰積愫。弟向以冗病之故，已苦支離；近復多所不堪，更覺頹憊而不能自解。惟望高賢到署，得奉指南。幸老年翁善自頤養，早命鋒車，無使弟輩久爲引領也。辱委尊箑，弟素不能書，稍遲容覓人代揮寄去。虔勒附復，臨穎瞻溯！

吴元萊（二通）

之一

一别數年，時深懷想。昨聞旌節入長安，弟以外吏勞勞，匪朝伊夕，覺人事過疏而功令是凛，遂罪積如山，莫可逭也。老先生寅年臺或亦諒其生平而不加督責耶？遠承手諭，如對芝眉；復荷渥儀，安敢濫拜！唯心銘良友之至愛而已。别諭自不敢勞台慮，此弟所藉以安靖地方之賢技也，况叨梓里乎？敬聞命矣。匆匆不及多緒，容面再布可耳。臨啓依切！

之二

容臺共濟，雅賴同心；素旐言旋，未遑馳送，迄今耿耿。老年臺情纏孺慕，至性過人，不肖深以爲念。頃接手言，得聞孝履，遠懷差慰。太老先生純孝天成，人倫師表，垂諸史册，照耀千秋。承頒墓表，兼以傳辭，讀之肅然起敬！但天不憖遺，彌增哲人云萎之嘆耳。不肖逐隊碌碌，寸長罔效，引退難言，忝竊滋懼，未知年翁何以教我？豚兒僥幸，非台庇不至此。伏蒙垂注，感荷無已！硃卷呈教郢削，幸甚。臨啓瞻馳！

孫承澤（二通）

之一

久未奉教，殊切耿耿。近養痾西河水次草廬，尚約年翁小譚也。爛麵胡同有小房一所，頗堪居停，今年欲葢中層，不與人住，以西向，日者言宜明歲。敬借光移居，不必論租，前已面言之矣。不盡。澤頓首。

之二

惟老年翁劼励在公，今已及瓜，寬大廉淑之譽，浹於遠邇，喜可知也。不肖近來閉門益深，自年翁行後，杳無跫然之音，故懷思倍切，非可言喻。年華日暮，而咿唔之志不衰。諸經俱有注解，現在注《儀禮》，五六月間可卒業。苦長安無經學書，承教代爲南中收買，此莫大之愛！謹開一單，乞留神重價購之，抵都一一奉上。使旋匆迫，肅此代候，願言不盡。

法若真（一通）

老年翁報命榮歸，竟不能一尊奉祖道，雖淪落中人，不足齒數，其如中心耿耿何！弟已戒道矣，一札再別，不盡之緒，時縈夢寐。附問候小奏九件，統希注鑒。其別件載一單，唯老年臺不忍之懷，向吾鄉諸君子一致之，感德何既！肅此代布，不盡依依！原綾一幀書復。

顧炎武（四通）

之一

歲云暮矣，欲走齋中一晤，不知可得片刻之暇，商訂風雅否？此間殊覺總總。弟於二十七日移至舍侄寓中度節。《肇域記》想已閱畢，幸付下，此啓。弟炎武頓首。

之二

弟以較讎之忙，不及親叩，專伻走送。別有一函，便中求投入理署。令叔先生并希叱致。知己之言不敢忘，惟努力讀書，以庶幾無負相期之意也。弟炎武頓首。

之三

捧讀大章，清新婉逸，逼似唐人，所謂「不意永嘉之末，復聞正始之音」者矣，羡服羡服！舊刻二册，乃五六年前作，中有誤韻，幸爲藏之。河北、關中書共六封馳上，姓氏、居址别開一紙，煩照單分致。昨枉顧，以主人不在，率爾慢去，殊深不安！統俟文旌東返面頌，并求惠示西征大作耳。長路關山，濁涇清渭，千惟珍重！旦起作書數千字，恐使人來取，匆匆遂不能詳。弟炎武頓首。

之四

《詩本音》二册送上，中有駁正者，乃衛太史筆也。此書未定，不必抄録，只將坊刻《詩經》一本圈注，其不合及太瑣碎者，置之可也，更祈教正爲荷。底事一有信，即求示之。弟炎武頓首。

田雯（一通）

數年相依，情逾骨肉；一旦分袂，能無痛思？每與二三同人言及，不勝悵結！台駕抵里多時，唯望節哀加餐，至祝至祝！錫鬯送來墓表一道，馳寄一覽。老年伯行誼，表章難盡，以弟愚昧，細讀此作，文字平平，似有未見錫老之長者。年兄閲之，以爲何如？阮翁年伯亦與弟無異辭也。前留紙書寫，倘此文必用，則仍返回原稿，惟祈酌之。燈下草草，餘衷不宣。

附録一　清名家題詞

錢　載

此當題曰「未信堂故人尺牘」，而其下署「曾孫顔某藏」。蓋「未信堂」者，考功先生之堂也，尺牘之投，皆其故人，而附裝者，自别存焉。今題曰「顔氏家藏尺牘」，則誰之尺牘乎？運生孝廉屬題語，即以是商之。爲孝廉題，不書後學也。乙未四月四日，秀水錢載。

翁方綱

先生作堂曰「未信」，聖門取法法漆雕。又仿匡謬正俗意，訓蒙家訓垂昭昭。由來博文自下學，所得師友非一朝。石門昔序《樂圃集》，緒論首以張公標（石門吴匪庵先生，出吾邑張武承先生之門，武承出考功之門）。當聞格致剖大義，再三往復凡幾條。每誦此序我心感，而况手札精神超。一月成束終安用，三歲不滅誰久要。昔人所重勖行己，彼外見者徒以囂。厥孫裝潢持示客，盤莚累月氣不驕。丈夫觀人或於小，瞠然在後非執瓢。

運生孝廉所藏尺牘數十册，甲午冬日，桂明經持來求跋，時集小齋，同觀者秀水錢閣學、吾邑朱學使也。閣學爲題數字於前，而學使題語未就，孝廉即將出都矣，古味惓惓，若不忍别者。復以所藏古銅印七枚、彝器款識一紙，及吾邑武承張先生墨迹稿三册見贈，如見前輩典型。他日當别爲題跋，裝成卷軸，仍請錢、朱二公同題，以補未盡之意。仰希前哲贈處相勖，曷勝恧然！乙未四月十日，大興翁方綱。

陸費墀

顔考功修來先生爲文章鉅公，一時相與往來酬答者，皆偉人碩士。所積尺牘，自益都公而下凡數百家，詞旨娓娓，如與晤對，不獨文翰之美也。其曾孫運生孝廉稟承世德，尺幅寸箋，寶愛弗失，蓋亦知所尚矣。昔宋曾宏父集諸名人與其先人翰札，刻爲《鳳墅帖》，藝林稱之。此册如入石，余願供氈墨之役矣！孝廉屬其友桂未谷明經監裝於京師，時余嘗盡覽焉。尺素外，往往别以小紙列所餉遺物，如曰魚一尾、橘十枚之類；物薄意重，前輩風範，於斯可想！今册中并不存，余嘗以詰未谷，未谷亦深悔之云。檇李後學陸費墀題。

朱筠

曲阜顔君崇椝，裒藏其先世常所往來諸公尺牘，裝之爲三十五册，因余同縣前輩翁先生來問序。謹案：文選甲乙，自上書而外，有箋、有啓、有奏記；而自敵以下，通問之言曰書。若晋宋諸賢兼以書法著者，曰帖；宋元而後，曰刀筆、曰尺牘。尺牘者，蓋書之支流，而帖之迹也。顔氏自康熙中，修來、學山兩先生以文章聞海内；及從國初諸老輩遊，世濟其美。逮雍正間，所往來盡三朝之賢豪長者。今册中所載，宰輔則有臨朐馮溥、合肥龔鼎孶、大冶余國柱、真定梁清標、平原董訥、海寧陳元龍；武烈則有武定[一]李之芳；名流則崑山葉方藹、長洲徐乾學、

[一] 武定：海山仙館刻本誤作「武言」，兹據嘉慶二十年刻本《笥河文集》卷五《曲阜顔氏弆藏尺牘序》改。以下海山仙館刻本朱筠題詞中之訛誤，均據是本改。

江夏吴正治、常熟翁叔元、餘杭嚴沆〔二〕、歷城孫光祀、歸安嚴我斯、嘉興高士奇、滿洲成德、德〔三〕田雯、石門吴涵、新城李鴻霔、德清孫在豐；遺碩則有餘姚黄宗羲、長洲顧炎武、寧都魏禧；耆舊則有秀水曹溶、大興孫承澤；篤學則秀水朱彝尊、咸寧李因篤、吴潘耒、錢塘毛先舒、大興張烈、慈谿姜宸英；稱詩則有祥符周亮工，三原孫枝蔚，黄岡杜濬，蕭山毛奇齡，萊陽宋琬，宣城施閏章，新城王士禄、士祜、士禛，商邱宋犖，益都趙執信，華陰王弘撰，錢塘查嗣韓；文藝則有上元劉思敬、吴繆彤、仁和史逸裘、大興張永祺、元和惠周惕、建德鍾朗、宛平劉芳躅、長洲汪份、德孫勷、江浦劉巖；翰墨則有青浦沈荃、膠法若真、婁江王翬、莆田鄭簠、太倉王原祁、金壇王澍、長洲蔣衡；方外則有興源。往往略見於此矣。余嘗太息文字之守，必在世家之能賢者好而聚之，然其聚也，久則必散。竊喜顔氏居近聖人之居，或可以不散也。昔人思托諸金石，以期久遠；然金刓而石泐，千百不什一存，惟曲阜之碑，自漢唐以來，林立如昨。近者雍正三年，耕者掘地，尚得孔褒碑，乃知金石必賴地而存，又喜此册之既得地也。余每恨九經傳注，文字訛失，欲與同志者依據許君《説文解字》，是正其體畫，寫石刻之；若成，當陷諸曲阜學宫之

〔二〕嚴沆：海山仙館刻本誤作「嚴阮」。
〔三〕德：海山仙館刻本誤作「海」。

壁，爲無窮之計，冀邀福於聖人之靈。而益喜此册在顔氏，可以無窮也。嗟乎！孔子没，弟子述其問答之詞，相與傳之，爲《魯論》《齊論》；及再世，鮒作《孔叢子》，亦次記其家遊歷贈處之言爲多，以今視之，亦古之尺牘類也。惜哉漢唐孔氏，世有達人，其平生所與往來，無有裒其言而藏之、以附《孔叢子》之後者。而此册以顔氏之子孫次第而適存，余益爲顔氏遠想慨然，而嘆崇椝之賢不可及也。乾隆四十一年秋七月二十二日，大興朱筠謹序於京師南城日南坊之椒華吟舫。

潘呈雅

兀坐山堂中，星斗夜將半。咄咄森逼人，尺牘紛滿案。當時往來札，四方皆名彦。深山大澤中，高人逸士遍。滄海無涯涘，迴瀾吞河漢。曠哉費句讀，慨忼起彈劍。二十年參商，無暇説聚散。散步涼天月，惻懷數聲雁。誰云古人書，如見古人面。跋燭向寒窗，泠然風送善。後學潘呈雅拜題。

桂馥

副啓肇於前明，古未有也。張氏翼鳳云：「正啓多莊語，或有機密，則具副啓。」謝氏肇淛云：「上而奏疏，下而簡牘，俱用毛邊紙，其製折簡夾刺，鈐以私印，封題格式，如金科玉律。」王觀國《學林》言：「足下、坐下、几下、席下、閤下，不宣、不具、不備、不次，頓首、稽首、叩首，其義本同，而世有尊卑吉凶之别，然則拘俗不逾，在昔然矣。」古人尺牘不入本集，李漢編《昌黎集》、劉禹錫編《河東集》，俱無之。自歐、蘇、黄、吕，以及方秋厓、盧抑南、趙清曠，始有專本。考其踪迹，可以證史傳之得失，而名流筆墨，藏弆爲榮。周益公所謂尺牘傳世者三，德、爵、藝也。吾邑顔考功，藏故人書數百紙，皆毛邊副啓，曾孫運生孝廉，屬余監裝於京師。昔王大令作佳書與謝傳，冀其存録；建炎中人，求張右丞〔一〕尺牘不可得。今顔氏所藏，德、爵、藝具在。吾既嘉考功之取友，又幸前輩筆札得人以傳，且喜運生能承其先澤也，書而歸之。甲午

〔一〕張右丞：海山仙館刻本誤作「張在丞」，據道光二十一年刻本《晚學集》卷三《顔氏先友尺牘跋》改。

冬末，桂馥作於宣武坊僦舍。

是役托始庚寅之秋，裝得八九册；運生兩上公車，携來補入者，三倍於初，故漫無倫次。始余翦刺字鈐帖尾，既而悔之。劉潛夫辨閣帖云：「昔人裝褙之際，寧使每版行數或多或寡，而不肯剪截凑合者，欲存舊帖之真面目也。」旨哉言乎！書以志吾過。嘉平既望，馥又記。

盛百二

曲阜顔子運生，集其先世所得諸名人手札，裝潢爲三十餘册，余得見者，乃第九卷，并顧寧人、李天生書，因悉即墨姜元衡訐告其主黄培始末，牽引者三百餘人，幾成大獄，卒得昭雪。聖朝寬大之恩，及當事治獄之平允，千古未有。若如故明洪永之時，不知若何羅織矣。己亥秋，秀水盛百二書。

沈心醇

衡齋贈我先人集，更示家藏尺牘篇。前輩文章皆法帖，國初耆舊半名賢。遥思愛護曾三歲，欣羡流傳到百年。珍重古歡期世守，慎交爾我亦當然。沈心醇。

孔昭虔

康熙中，吾邑三顔，名望重一時，而考功修來先生爲最，交遊盡天下士，往來筆札甚夥，皆名迹也。至其曾孫運生先生，裝成三十四册，而同時題跋，别爲一册附焉。運生先生於余爲學校師，兼結忘年交。册中有先高祖恭慤公尺牘二幅，出以相示，敬瞻手澤，藉得涉獵其餘。今展轉得歸吾友皃薌太守紅豆樹館，既深爲此册幸，而又不無樂圃今昔之感矣！甲午長至後二日，荃谿孔昭虔識。

阮元

曲阜陋巷三顔，元用《明史》載四氏入儒林之例，修孔顔曾孟傳，入國史儒林傳。元以督漕出京，後來者不知何故皆删之。顔考功在國初，一時名公皆與往來，尺牘積至數百家，考功曾孫崇槼藏之，屬桂未谷馥裝於京師。昔元乾隆間督學山左，顔運生、桂未谷皆爲教官，有品學，元皆以明吏治薦之。後運生選吾鄉興化縣，有政聲，又頗收羅鐘鼎書畫；及殁，而後人并此尺牘之册亦不能守，今歸皀薌年丈處，數十册無恙。戊戌春，見於京師，題識册端。阮元書，時年七十有五。

何淩漢

藏名人尺牘者多矣，若夫名公鉅儒、畸人逸老，瑶情藻論，宛在一堂，未有若是編之精且富者也。顔氏子孫以貧故，不復能守，遂歸於皀薌太守，祥雲護持，可謂得所。聞魯公名印，近亦不復在樂圃。物理無常，但得爲識者收庋，固亦無憾耳。戊戌春分前一日，何淩漢。

羅天池

顔光敏，字遜甫，更字修來，別字樂圃。康熙二年舉鄉試，六年成進士，除國史院中書舍人，遷禮部儀制清吏司，尋調吏部稽勛清吏司主事，補驗對清吏司主事，歷本司員外郎，遷郎中，封奉政大夫、考功司郎中。王阮亭贈句云：「顔生陋巷裔，學古鄙章句。餘事攻六書，韋蔡競先騖。」考本傳，少聰穎，博極群書，千言立就，行楷書酷似趙吳興。爲人孝友，重氣節，汲引後進如恐不及。海内之士，無不樂從其遊云。

是册所論當時事實，與國史互相發明，不特文翰之美也。沕之貞珉固佳，否則命侍史抄録成帙，付之梨棗，當與蘇黄尺牘并行。道光辛丑夏四月三日，觀於皀𦽓觀察齋中。羅天池并識。

潘仕成海山仙館刻本序

鱗鴻雅藻，自昔延芬，溯厥源流，或以書法傳，或以文字著。傳書法者，肇鍾元常，而極於二王；著文字者，昉李少卿，而盛於六朝。歷今二千年，世俗競尚，有選本、有專集，有駢儷、有散體，各臻超妙，如度木鄧林，販繪江市，美不勝收。此曲阜顔氏未信堂所藏尺牘，裝池凡三十四册，題跋一册，姓氏考二册，皆一時名卿碩彦、英詞妙墨之所薈萃，蓋以書法傳者也。余藏之海珊山館，歷有年所，將持以贈友人，爰録其全文，都爲四卷，附姓氏考一卷，彙入叢書，以備一種；是向以書法傳者，今又以文字著矣。集内計二百餘人，當其含毫飛翰、結想停雲，或經緯文明，或商確今古；或情致委婉，或寄托遥深；或旋斡而爲功，或剖析以見義；或掞張乎風月，或舒嘯乎烟霞。窺一時交際之隆，覘四海人文之盛；於以曠晤前賢、旁參故實、疏瀹靈性、囊軒逸情，亦開卷之一助也。至諸公事迹，見於姓氏考；裒輯始末，詳於題詞，披覽足悉，毋重贅焉。

道光二十七年歲次丁未春正穀日潘仕成謹識

附録二　顔氏家藏尺牘作者姓氏考

墨跡存留之部作者姓氏考

孫承澤

孫承澤，字北海，號退谷，山東益都人，順天上林苑監籍。明崇禎四年進士，官兵科給事中。李自成僭位，受僞職，爲四川防禦使。國朝歷官吏部侍郎。有《尚書集解》《九州山水考》《詩經朱傳翼》《春秋程傳補》《五經翼》《畿輔人物志》《益智録》《元朝典故編年考》《天府廣記》《河紀》《學典》《春明夢餘録》《己亥存稿》《庚子銷夏記》《閒者軒帖考》〔二〕。《四庫全書總

〔二〕《閒者軒帖考》：海山仙館刻本誤作「《閒志軒帖考》」。

目》：承澤初附東林，繼降闖賊，終乃入於國朝，自知爲當代所輕，故末年講學，惟假借朱子以爲重。《畿輔通志》：承澤築退谷於西山，耄而好學，亹亹不倦。於史事多所論述，而有明一代典故，尤瞭如指掌。至於博古精鑒、一時圖書之富，比之宋田氏云。承澤《退谷小志》：京西之山爲太行第八陘，自西南蜿蜒而來，近列爲香山諸峰，乃層層東北轉，至水源頭，一澗甚深，退谷在焉。復有高嶺障之，而卧佛寺及黑門諸刹，環蔽其間，岡阜迴會，竹樹深蔚，幽人之宫也。

法若真

法若真，字漢儒，號黄石，山東膠州人。順治二年，以五經特賜中式，授中書舍人；次年成進士，改國史院編修。歷官安徽布政使。康熙十八年，薦試舉博學鴻詞，有《黄山詩留》。《四庫全書總目》：若真詩古文詞，少宗李賀，晚乃歸心少陵，不屑櫛比字句、依倚門户，意所欲爲不古不今，自成一格。張謙宜《法徵君傳》：徵君父孝廉翁中年無子，李夫人有身，夢法真而生，故名「若真」。與弟若貞同登進士。盧見曾《山左詩鈔》：黄石先生以高第入翰林，再遷秘書院侍讀，與洪安南承疇、陳溧陽名夏兩相國不協，外調浙江觀察，轉補福建。禦鄭寇有功，遷浙臬。平反王式誣告等案，浙人詫爲神明。轉安藩，丁内艱歸，以詩畫自娱，卒年八十四。張庚《畫徵録》：若真善山水，筆有奇趣。

李之芳

李之芳，字鄴園，山東惠民人。順治四年進士，歷官大學士，謚文襄。《山東通志》：之芳授金華推官，燭奸理枉，讞决如神。在臺十有四年，忠謀讜議，皆關大計，彈劾不避權要。總督浙江軍務，耿逆煽動，以衢州係全浙上游，且爲江淮屏障，即日移駐，有異議者，弗聽。及耿逆重兵壓境，以甘言來誘，立斬使焚書，誓師出戰，賊勢大挫。方戰時，親冒矢石，或勸其持重，勿蹈不測，答曰：「我若貪生，誰不惜死？」以此人皆奮力效用。卒之大軍入閩，長驅三關，賊指日面縛，而全浙無恙，皆之芳親捍三衢力也。身在行間，歷九年乃凱旋；去浙之日，士民號呼，如失父母。《浙江通志》：之芳任金華推官，浙省向苦解茶蠟，請兑折色。又輯《賦役全書》，縷晰條分，瞭如指掌，迄今奉爲準則。以巡鹽御史莅浙，洞悉鹽政利弊，凡不便於民者，悉除之。出督浙閩，閩逆告變，之芳檄諸路分守要害，遣副將黄廷梅力堵仙霞關，自趨衢州。賊衆數萬攻衢，之芳進擊於杭西，炮聲震地，流矢如雨，左右請少避，之芳曰：「今日以兵勝敗，爲吾死生，可稍怯耶！」諸將鼓勇直入，賊遂却。賊黨猶熾，以計招降僞將，生擒賊首。建言進取之路，不在温、處而在三衢，此賊一破，則諸賊駭亂迸散。江山、常山間，有間道可襲，我軍進擊，使賊首尾受敵，河西安能獨完。進克大溪灘，復江山縣，急據關口，賊將逆降，大兵遂入閩。賊平之後，疏請豁金、衢五郡以前額賦，貧民陷賊來歸者，悉爲區畫衣廩。又設糜通衢，賑往來飢民百二十二萬有奇，流移者盡復故土。

余國柱

余國柱，字石臣，號佺廬，湖北大冶人。順治九年進士，歷官大學士。

杜恒燦

杜恒燦，字杜若，號蒼舒，陝西三原人。順治五年副貢生，注銓通判，未仕卒。有《春樹草堂集》。《四庫全書總目》：恒燦卒，寧都魏禧表其墓，關中李因篤爲作傳，皆悼惜其才。《春樹草堂集》凡詩二卷、文四卷，塗乙縱横，猶當時原稿。中多代人之作，蓋恒燦爲郎廷極、賈漢復、梁化鳳諸人客，畢生出入幕府中，所作富贍有餘而多不修飾，殆亦由於取辦倉猝也。《陝西通志》：恒燦八歲能文，值寇亂，家中落，嘗走四方，負米養親。鄉試中副車，遂入大學。念老親家居食貧，因策蹇南遊，時得巨公詩文及珍玩錦綺，歸壽其親，親大悦。恒燦居京師，與中翰吴煒交相得，同訂觀文大社，以振興古文爲志；及煒使關中，過焦穫，復廣其社於邑中學古書院。煒去，恒燦主盟，學者多宗之。長安梁化鳳鎮崇明，遣迎恒燦，既至，化鳳以堤成出獵，恒燦陪副乘，即事作《平洋沙》十章，化鳳立命譜入鐃歌，持千金起爲壽，歡溢軍中。尋遊楚、滇，復入吴，久之歸。性好客，所居濱白渠南，冠蓋車騎輻輳；每酒酣耳熱，潑墨揮毫，無不厭所欲而去。一夕盡焚所著書，弟焴急起收之，得詩文如干篇，今所傳《春樹草堂集》也。

孫枝蔚

孫枝蔚，字豹人，陕西三原人。明諸生，康熙十八年，召試博學鴻詞，特授中書舍人。有《溉堂》前、後、續集。《四庫全書總目》：枝蔚於甲申闖賊亂時，曾結里中少年殺賊，失足墮坎中，幸不死。後至廣陵學賈，三置千金。既而僦居董相祠，扃户讀書，在當時名甚重。然詩本秦聲，多激壯之詞，大抵如昔人評蘇軾詞，銅將軍鐵綽板，唱大江東去也。《陜西通志》：枝蔚性豪宕，敦氣節，博學工詩。南遊吴下，流寓邗關，以詩酒自娱。遍交吴越諸名宿，筆床硯匣，倡和無虚日。爲詩沈雄奇古，興至即書，不事雕飾而意致灑如。其自命在韓、杜、蘇、陸之間，餘子不屑也。《名家詩鈔小傳》：豹人身長八尺，龐眉廣顙，衣冠甚偉。與尤晦菴初未識面，一日晦菴集某公處，豹人甫入門，望見，趨赴曰：「此孫先生耶？吾固識之。」相與大笑。流寓邗水，築室數楹，題曰「溉園」，烹魚釜鬵，隱然寓西歸之志。嘗遊焦山，遇大風，鼉作黥吞，獨從容扣船歌曰：「風起中流浪打舷，秦人失色海雲邊。也知賦命原窮薄，尚欲西歸太華眠。」時人服其雅量。《居易録》：豹人僑居揚州，高不見之節，予訪之，先之以詩云：「焦穫奇人孫豹人，新詩雅健出風塵。王弘不見陶潛迹，端木寧知原憲貧。」遂爲莫逆交。乙巳余入都，豹人詩云：「欲問忘情老，何名共命禽。」

應撝謙

應撝謙，字嗣寅，又字潛齋，浙江錢塘人，諸生。康熙十八年，薦舉博學鴻詞，辭不赴。有《潛齋文集》。《四庫全書總目》：《古樂書》上卷論律吕本原，大旨本蔡氏《新書》，而參以朱子及注疏之説；下卷論樂器制度，則本陳祥道《禮書》及李之藻《泮宫禮樂疏》者爲多。雖未精博，尚爲簡核。《浙江通志》：撝謙殫心理學，窮極底藴。家甚貧，環堵蕭然，而弟子日益進。立教惟以躬行實踐爲主，以不自欺爲持身涉世之本。於六經多所發明，尤精於《易》，嘗病世儒言《易》失之穿鑿。殁後，河陽巡撫趙士璧刻其《性理》、儀封張伯行刻其《潛齋文集》，行於世。李集《鶴徵録》：先生之生，有文在其手曰八卦，左重耳，右重瞳。少偕同志爲狷社，取有所不爲也。有欲試其所守，藏妓館舍，夜醉先生而歸之，先生雒誦達旦，卒不動。同里姜御史圖南致饋，不受；一日遇途中，方盛暑，衣木棉衣，投以越葛二端，竟還之。弟子甚多，因以樓上樓下爲差，如馬融例。《池北偶談》：徵士性至孝，母病數年，侍疾晝夜不懈。母强爲娶婦，終不入私室；母卒逾祥禫，始行合巹禮。坐卧不下樓，人罕梯接者。有《周易應氏集解》、《易學圖説》、《書經蔡注拾遺》、《詩傳翼》、《禮學彙編》、《春秋集解》、《古樂書》、《今文孝經辯定》〔一〕、《編注古本大學中庸本義》、《語孟朱注大全拾遺》、《較定文公家禮》。自傳《無悶先生傳》略云：學不適時，不好禪，不喜王、陸家言。爲文章不詭合，自怡悦而已。密友多窮交，經年不見，與日見無異。足迹不出百里，而泰華溟渤，皆於書册見之。生不及古人，而羲農堯舜，若接聲響也。著書若干萬言，人來觀者，亦不吝云云。

應禮璧　應度璧

應禮璧、度璧，俱撝謙子。《杭州府志》：禮璧、禮琮從遊於陸隴其，克承其所學。

〔一〕《今文孝經辯定》：海山仙館刻本誤作「《古今孝經辯論》」。

吴懋謙

吴懋謙，字六益，號苧菴，江蘇華亭人。有《華苹》《豫章》《虔州》《苧菴》諸集。《四庫全書總目》：懋謙早從陳子龍、李雯諸人遊，故力追七子之派，稱詩多以漢魏盛唐爲宗，然時有蹶張之失。《江南通志》：懋謙詩文，與同里吴騏齊名，有「雲間二吴」之目。生平多貴遊，所至名公鉅卿，皆與結詩社，人以明七子中謝榛比之。朱彝尊《静志居詩話》：六益雋上之才，托迹林皋，荒茅層篠，泥水自蔽，雅多慷慨。振刷穠纖譎詭之習，濟於和平之音，與天寶、大曆鴻烈競爽。姜兆翀《松江詩鈔》：懋謙，名醫中秀子。中秀家净土橋，與董宗伯、陳眉公遊。乙酉被難，懋謙負尸趨北郭，洗血葬之，廬墓三載。康熙間，海内底定，壇坫事興，乃挾册放遊，自荆、豫、齊、晋、嶺南、薊北。晚歸老郡城，築别墅東門外，與白燕菴鄰比，稱「獨樹園」。年七十三卒，門人私謚曰「貞碩」。

吴農祥

吴農祥，字慶百，一字星叟，浙江仁和人。明中允太冲子，諸生。康熙十八年，薦舉博學鴻詞。有《輿圖隸史彙考》、《嘯臺讀史》、《緑窗讀史》、《錢邑志林》、《梧園雜志》、《唐詩辨疑》、《詞苑》、《古文詞就正稿》、《宣齋》、《南歸》、《雲鴻》、《流鉛》〔二〕、《嘯臺》等集、《詩餘》。《浙江通志》：農祥少異敏，一覽成誦。家有賜書，鍵户伏讀，茹經涵史，馳騁百家。詩不下萬餘首，爲文淹貫《五經》，尤精於《易》。與蕭山毛奇齡友善，然質疑問難，不肯苟同。方婺如《吴徵君傳》：徵君十許歲，製《芙蓉露下落賦》，其落句云：「一輩少年争跋扈，明公從此願躬耕。」既長，構樓於别業之梧園，與弟農復登樓而去其梯，戒不聞世上語，盡發藏書讀之。徵君之至京師也，大學士馮公溥客之代舍，時稱「佳山堂六子」；六子者，陳維崧、毛奇齡、吴任臣、王嗣槐、徐林鴻及徵君也。徵君鳶肩，揭鼻，鶴頸，指爪長三寸，鬚鬑鬑，頽然淵放。得錢輒付酒家，而識微見遠，吴下

〔二〕《流鉛》：海山仙館刻本誤作「《流鑑》」。

人沿復社故態，角爲尊奢。而浙西讀書、秋聲、登樓、孚社及慎交諸社，争立名字應之，各欲引徵君，徵君曰：「是載禍見餉也，諸君子忘東京鈎黨事乎？」不答書，亦不發視。其後，天子果切齒諸爲社事者，盡搜所刊録摧燒之，著爲令。嘗一應李文襄公之芳聘，爲草露布，且飲且口占授書吏，一座盡傾。久之辭去，爲畫便宜數事，文襄再拜曰：「戢君良箴，吾曩日知君不盡，乃以爲文士也。」袁枚《隨園詩話》：先生乳哺時，啞啞私語，皆建文遜國之事；年過十歲，始不復言。

席居中

席居中，字允叔，遼東錦州人。有《昭代詩存》《卧石山房稿》。

林　璐

林璐，字鹿菴，浙江錢塘人，有《歲寒堂存稿》。《四庫全書總目》：璐《安溪懷古序》信建文出亡爲真，殊爲未考。所記顔允紹、郭少尹等事，皆足補史之闕，特叙述稍冗耳。蔣炯《河間嚴太守家傳跋》：國初西泠諸子，古文以鹿菴先生爲最。所著《歲寒堂存稿》，或譏刻畫太過、時近小説家，然其縱横奇肆，寫一人一事，精神奕奕、突出紙上，純得子長之神；自勺庭、青門外，未見耦也。

杜濬

杜濬，字于皇，晚號茶村老人。初名詔先，湖廣黄岡人。明國子助教祝進子，副貢生。甲申後，流寓金陵。有《變雅堂集》。《江南通志》：濬僑居白下，以詩名。自景陵鍾氏、譚氏矯王、李規摹漢魏之習，流而入於淺薄，獨濬不染楚風。時有莆田余懷，字澹心，子賓碩、鴻客，居金陵，皆以詞翰知名。《名家詩鈔小傳》：茶村以明經貢入太學，與余澹心、白仲調齊名；南雍角藝，兩司成品題甲乙，無出三人右者，一時有「魚肚白」之目，乃金陵市語染房中名色也。《居易録》：于皇客揚州，人日大雪無事，巾車造之，論詩竟日，樵蘇不爨，茶話而已。乙巳七夕，予赴京師，于皇詩云：「記逢人日雪，造我唫窮愁。」

吴綺

吴綺，字園次，江蘇江都人。選貢生，薦授秘書院中書舍人，歷官湖州府知府。有《林蕙堂集》《亭臯集》《記紅集》《宋金元詩永》《嶺南風物記》。《四庫全書總目》：國初以四六名者，推綺及陳維崧二人，均原出徐、庾。維崧泛濫於初唐四杰，以雄博見長；綺則出入於樊南諸集，以秀逸擅勝。章藻功《與友人論四六書》：吴園次班香宋艷，接僅短兵；陳其年陸海潘江，末猶强弩。其論頗公，然異曲同工，未易定其甲乙。輒以花木爲潤筆，因名其圃曰「種字林」。與名士爲春江花月社。《名家詩鈔小傳》：綺奉詔譜楊椒山樂府，大加稱賞。遷武選司員外，蓋即以椒山原官官之，寵異至矣。已由工部郎出知湖州府，多惠政，不畏强禦，湖州人德之，號爲「三風太守」，謂多風力、尚風節、饒風雅也。所作填詞小令，兒童婦女皆能習之。有毗陵女子日誦其「把酒問東風，種出雙紅豆」，以爲秦七黄九復出，故又號「紅豆詞人」云。王晫《今世説》：園次官湖州守，爲治簡静，放衙散帙，蕭然雒誦，繩床斐几，燈火青熒，吏人從屏户窺之，不辨其爲二千石也。喜與賓客遊，四方名士，過從無虚日，卒以此罷官。陳維崧《三芝集序》：園次之守湖州也，擒治豪猾，不受請托，要人不喜也。因其招接名流，遊讌日多，以是中之。既罷官，僦居吴門，刻其詩，又詮次其三子之詩，曰《三芝集》。

姜　梗

姜梗，字鐵夫，又字桐柏，浙江會稽人。有《曹山草堂》《飯犢居》等集。陶元藻《鳬亭詩話》：「青山吟謝朓，紅燭寫《莊》《騷》。」予鄉姜鐵夫句，漁洋極賞之。然猶着色，不如其「美人五湖去，夕陽鳥飛還」之句淡而彌旨。阮元《兩浙輶軒録》：《飯犢居》樂府，五古直溯上游，五七律雄渾中時見流麗，《落照》云：「片帆投浦疾，獨鳥背城飛。」《曹山》云：「樵徑漸移殘照外，人家多在石溪邊。」耐人吟誦。

盧元昌

盧元昌，字文子，自號半林居士，江蘇華亭人，諸生。有《杜詩闡》《唐宋八大家集選》《思美廬半林稿》《鼓離稿》。《江南通志》：元昌著述有盛名，詩學杜陵，操選政數十年，以壽終。姜兆翀《漱芳齋詩話》：半林初在彭燕又社中，與王伊人、顧見山等俱爲詩中翹楚。嘗自言少時夢至一所，高絶雲表，有榜曰「離塵樓」，因吟曰：「草花喧晝夢，螢火暗秋燈。」醒而恐濩落之讖，至後果然。

紀映鍾

紀映鍾，字伯紫，一字蘗子，號戇叟，自稱鍾山野老，江蘇上元人，明諸生。有《真冷堂詩》。《名家詩鈔小傳》：伯紫少與廬江龔宗伯友善，宗伯既貴，招至京華下榻焉，歲且十稔。此外未嘗輕謁一人、輕投一刺，如天半朱霞，可望而不可即。《池北偶談》：金陵紀青，字竺遠，能詩。少爲諸生，棄去，入天台國清寺爲僧，久之，復捨去。其子映鍾，女映淮。徐釚《續本事詩》：伯紫與方文、林古度齊名，白髪當歌，紅牙聽曲，説天台舊事，娓娓不倦。

丁澎

丁澎，字飛濤，號葯園，浙江仁和人。順治十二年進士，歷官禮部郎中。有《扶荔堂詩》。《浙江通志》：澎罷歸，不問户外事，而自娱於文。工爲詩，頓挫清壯，有沈鬱之思。康熙癸亥，葺《浙江通志》，實董其事云。林璐《丁葯園外傳》：藥園工詩賦及古文詞，自少年未達時，即名播江左。其後仲弟景鴻、季弟瀠皆以詩名，世目之曰「三丁」。《兩浙輶軒録》云：册立西宫，念無嫻典禮者，調入東省，兼主客。貢使至驛，廉知丁，持紫貂、銀鼠、美玉、象犀，從吏人易其詩歸國。少有《白鳳樓詩》，吴下士女争相采摭，以書衫袖。後以事牽累，謫塞上者五載。卜居東岡，躬自飯牛，暇即乘牛車，手《周易》，吟誦自若。所作諸詩，語多忠愛，無怨悱之意，則其所養又可知矣。《感舊集補傳》：吴錦雯百朋與柴虎臣紹炳、陳際叔廷會、張宇台洽、張祖望綱孫、沈去矜謙、毛稚黄先舒、丁飛濤澎、虞景明黄昊、陸麗京圻諸人齊名，當時稱之爲「西泠十子」云。

張彦之

張彦之，一名慤，字洮侯，又字峭巖，江蘇華亭人。《明詩綜》：洮侯爲人寬博，無同異。其詩莽蒼，不事繩尺，質本景純而臻於嗣宗。《松江詩鈔》：洮侯幼與弟漢度、几荀有「三張」之目。初，王屋讀書山在細林，與陳徵君白石山莊相望；後洮侯盡斥其田宅，即細林别業亦讓其弟漢度，而隱於窮巷茅舍，取遺書讀之，托於酒狂以自廢。

范鄗鼎

范鄗鼎，字彪西，山西洪洞人。康熙六年進士，十八年薦舉博學鴻詞，辭不赴。有《理學備考》《五經堂文集》《語録》《續垂棘編》。《四庫全書總目》：各體雜文，本名《草草草》，文格酷摹《尚書》，雖本之夏侯元《昆弟誥》，然未免太近遊戲。《語録》乃其子翽搜輯諸刻書中鄗鼎評識之語。又鄗鼎父芸茂嘗選輯山西之文二十卷，題曰「晉國垂棘」，鄗鼎復取其鄉近人之文，依例彙輯，謂之《續垂棘編》，前後四集。《居易録》：彪西養親不仕，隱居師曠故里，講洛閩之學，河汾間人多從授經。以博學鴻詞薦，不出，人益仰重之。

王曰高

王曰高，字鑒兹，又字登孺，號北山，山東茌平人。順治十五年進士，歷官給事中。有《槐軒詩文集》。《山東通志》：曰高幼有神童之譽，在諫垣十有七年，多所建白。癸卯典江南試，得兩鼎甲、五尚書、三大學士，可稱得人之盛。

史鶴齡

史鶴齡，字子修，號菊裳，江蘇溧陽人。康熙六年進士，官編修。《池北偶談》：翰林官直講禁中，先在宏德殿，後移於乾清宫，大抵掌院學士一員、翰林官一員。惟戊午陳廷敬、葉方藹日講，而上幸南海子；葉偶病，以張英代之。後葉病愈入直，遂三員同直講。史鶴齡以編修歸，歿於家，特賜祭奠，其恩禮非外庭所敢望。

吴正治

吴正治，字當世，號賡菴，安徽休寧人，湖北漢陽籍。順治六年進士，歷官大學士，加太子太傅，謚文僖。《江南通志》：正治以直講出補江西參政，轉陝西按察使。所至以清廉執法著，内擢工部侍郎，轉刑部。諸所條議，赦令宜急行、丈量宜停止、禁狀外指扳、嚴婦女私嫁、免逃人十家連坐及收旗丁月錢，皆著爲令。晋禮部尚書、武英殿大學士。守成法，持大體，以病致仕。

屠粹忠

屠粹忠，字純甫，號芝巖，浙江定海人。順治十五年進士，歷官兵部尚書。《有采芝堂詩》。《兩浙輶軒録》：粹忠謁選，得封丘知縣，遭河患，城垣廬舍傾圮，前令率艬舟河干莅事，粹忠誅茅立官署，置草舍，栖流亡，修築城垣，不兩月，諸務畢舉。以最遷給事中。江南巡撫議題州縣外補，粹忠言爵賞宜從中出。余金《熙朝新語》：粹忠垂髫時，讀書里中，董氏大書「戊戌成名」四字於壁間，後果中順治戊戌進士。聖祖以粹忠老年矍鑠，御書「修齡堂」扁額賜之，又賜御臨趙孟頫行書曰：「白鹿城頭百萬兵，碧油幢下一書生。如今始識爲儒貴，卧聽元戎報五更。」

李日景

李日景，字方山，山東歷城人。有《訂醉筆堂》三十六卷。《今世説》：方山客南昌，有傳宋荔裳死者，特爲詩吊之，與宋初未識也。後至武林，聞宋尚無恙，喜甚，借友人馬疾馳相視，且出詩讀之，兩人相與泣下沾襟。已命酒，狂飲極歡，策馬而去。

趙崙

趙崙，字閬仙，號叔公，山東萊陽人。順治十五年進士，歷官太常寺少卿，以事謫瀋陽，卒戍所。有《因樹屋集》。《松江詩鈔》：松自奏銷罣誤後，裁減科舉及童子額，類皆有勢力者得之。公屏絶苞苴，禁止竿牘，歲科得士，類皆孤寒，郡士作爲詩歌以揚休，姜某彙爲一册，付之梓人。

鄭簹

鄭簹，字汝器，號谷口，福建莆田人。宋琬《贈鄭汝器歌》注曰：「莆田宋珏，善八分，鄭之師也。」田雯詩：「山薑書屋四大字，一字直可價千緡。」朱彝尊詩：「邇來孟津數王鐸，流傳恨少無人披。太原傳山最奇崛，魚頏鷹跱勢不羈。臨清周之恒，委曲也得宜。勾吴顧苓粤譚漢，暨歙程燧名相持，未若簹也下筆兼經奇，綿如烟雲飛欲去，屹如柱礎立不移。或如烏鷩墮羽翮，或如龍怒撑之而，箕張昂萃各異狀，屏幛大小從所施。」

翁叔元

翁叔元，字寶林，又字静卿，號鐵菴，直隸永平籍，江蘇常熟人。康熙十五年進士第三人及

第，歷官刑部尚書。有《鐵菴文稿》《梵園詩集》。韓菼《有懷堂文稿》：叔元母夫人娠，夢神人授以旃檀，初名旃，字寶林。甫離襁褓，執父喪如成人。就傅，即自力於學。未第時，文章滿海內。館試第一，尋主山東試，拔畢世持等，皆名選也。所居官，必舉其職，才無不可，皆以實心達之。性和平寬厚，而義理所在，亦屹不可奪。在史館，每奏一篇，上皆稱善。國子生徒例有贄，公到即謝絶。具疏請復積分之法，令諸生習禮，肅觀聽，嚴懲不率，頗采施行，而積分之議竟寢。尋定朔望釋菜禮，六館之士，咸彬彬焉。銓曹弊藪，釐革耆然。嘗試州同知以下，請以掣籤爲等差。工部歲發柴炭值八萬金，多侵耗，每豫探支。時方二十七年，所司具稿，將給二十九年之半；公計所虚耗約十萬，每歲少給二萬，至五年，其數悉償。部例每興一工，先計其值上之，名曰「料估」。工完多冒破，所司慮任怨，不敢以聞。有十年不銷算者，大工至四十三案。公請六部舉司官各二人，分董其役，甫半載，積案一清。往在工部者，視爲畏途，如傳舍，惟望速轉調，貽禍後人。公在部裁一年，不滯一案，曰：「莫非王事，不敢告勞也。」在刑部，聞鋃鐺叫號聲，輒慘戚。嘗語菼：「州縣奏當之成，吾固知多寃，然率周内不可破，概駁，徒致株連久繫，容更有瘐死者，可奈何！」急於報德，不匿怨。在翰林爲某院長排擊，後某董下河之役，赴部銷算，畏公，啖以利，公却之，不苛核也。某御史徧劾京朝官，且及其子，公微言於衆曰：「仁人所弗忍也。」御史呼公名，辱詈之，將并劾公。無何，坐規避事，當送刑部，公獨不署名，曰：「罪止革耳，無可加。」遂免。

高層雲

高層雲，字二鮑，又字謖苑，號菰村，江蘇華亭人，明檢討承祚孫。康熙十五年進士，十八年薦舉博學鴻詞。歷官太常寺少卿。有《改蟲齋詩略》《詞略》。徐乾學《高公神道碑》：君爲給事時，文皇后上賓，詔集議喪禮，諸親王、郡王環坐，閣臣向前白其議，長跪移時。武定李公年老，起即踣仆。君抗章謂：「集議國政，異時無弗列坐者；今議國喪，非大臣致敬之地，亦非諸王踞受之時。閣臣固當自重，諸王亦不可倨慢，失藩臣守謙之義。」書奏，皆爲頸縮，而天子用君言，令後凡見諸王，不得引身長跪，著爲令。又江淮間議行屯田事，民大擾，君請急停，以甦民困，上嘉納之。高士奇《韻竹軒侍值詩》：「畫橋西望水中亭，疑有魚龍出北溟。領略瀛洲舊踪迹，十年墨瀋在雲屏。」自注：「歲戊辰，層雲兄奉敕畫屏風四幅，今尚在澹寧居御座側。」

梁清標

梁清標，字玉立，號蒼巖，又號蕉林，直隸正定人。明崇禎十六年進士。國朝歷官大學士，祀鄉賢。有《蕉林詩集》。《畿輔通志》：畿輔告賑，清標巡歷保、陽諸州縣，殫心察核，人沾實惠。上謂侍臣曰：「梁尚書不愧大臣矩度。」有武林斥生，誣首逆案叩閽，意在婪詐，株連甚衆。清標訊得其情，立置諸法，保全無算。康熙九年，撤南國諸藩，清標奉命之廣東，移尚可喜家口。兵衆洶涌，民多竄匿，清標鎮静以安人心，得無變。會朝命止可喜行，清標復命之日，上深嘉嘆。二十一年夏，大旱，上問諸臣弭災之方，清標以省刑對，上嘉納之。《居易録》：公精賞鑒，搜羅金石文字、書畫鼎彝之屬，甲於海内。領袖詞林數十年，風流宏獎，巍然爲鉅人長德。家世翔貴，甲河朔。曾祖夢龍，明吏部尚書，謚貞敏；兄清寬，吏部侍郎；從兄清遠，吏部侍郎。公亦以吏部侍郎拜兵部尚書，祖孫兄弟四人入吏部，前後相望，縉紳榮之。

嚴沆

嚴沆，字子餐，號顥亭，浙江餘杭人。順治十二年進士，歷官户部侍郎。有《古秋堂》《燕臺》《顥亭》等集。《浙江通志》：沆典試山東，故事聖裔無舉者，四氏子不得獨雋。疏請歲舉二人，著爲令。擢給事中，請解有司被參之任，杜督撫委卸之端；職官之選，不得在籍候憑。任倉場侍郎，軍興孔棘，通贏絀，剔侵漁，進不軋衆，退不廢公，歲省金錢二萬餘。《碧溪詩話》：顥亭先生爲訒公諱武順之子，築室武林東城以奉母，謂之「皋園」。中有清較樓，藏書萬卷；又有丁公池，先賢故址也。諸子分居省城，康熙中，同日被火，先生文集遂無孑遺。又曰：《顥亭詩選》與丁飛濤合編者，久已刊行。其《北行日紀》一册乃手稿，未傳於世。查羲《選佛詩傳》：先生能詩善畫，嘗爲稽留山作《留山堂圖》，五越月始成。

勞之辨

勞之辨，字書升，號介巖，浙江石門人。康熙三年進士，歷官副都御史。有《静觀堂詩》。

《兩浙輶軒録》：介巖官副都時，竭誠獻替，知無不言。歲戊子，江浙米價騰踴，疏請嚴海禁，價得漸平。又各省截漕照太倉額缺，議以半銀半米給兵糧，京師億萬户，賴兵餘米以養，疏請照舊給發，兵民賴之。

董訥

董訥，字兹重，號默菴，山東平原人。康熙六年進士第三人及第，歷官兵部尚書。有《督漕疏草》《柳村詩集》。《山東通志》：訥督學順天，士風整肅。遷左都御史，論議持大體，清理庶獄，多所平反。總督兩江，兵民安輯，新屯蠹政，奏罷之。復督漕運，設易知小單，剔奸釐弊，備極其法，政務肅清。爲人峭直沈雄，不以難易回屈。及歸田後，立族社，設祭田，一遵家法。《平原縣志》：康熙四十一年，聖祖南巡，駐蹕柳村之南樓，御書「眷念舊勞」四字，命懸墓上。又詢其詩集，子吏部思凝繕呈留覽。其始終顧遇如此。王士禛《古夫于亭雜録》：默菴以御史大夫改江南、江西總督，有某御史造之，甫就坐，大哭不已，董爲感動，舉座訝之。某出造大冶余佺廬相國，入門揖起，即大笑，余驚問之，對曰：「董某去矣，拔去眼中釘也。」

喬萊

喬萊，字子静，號石林，江蘇寶應人。康熙六年進士，官主事；十八年召試博學鴻詞，改編修，歷官侍讀。有《喬氏易俟》《寶應志》《使粤南歸詩文》等集。《四庫全書總目》：《易俟》前列諸圖，不取陳搏之説；於卦變，亦不取虞翻諸家之説，而取來知德之反對。其解經多推求人事，證以史文，蓋李光、楊萬里之支流也。《江南通志》：奏浚海口、瀉積水，總河御史上言：「疏海口則引潮内侵，大不便。請於邵伯、高郵間，置閘泄水。復築長堤抵海口，以束所泄之水，使水勢高於海口，則趨潮自迅。」適萊入直，召問，力陳不可，議遂寢。未幾中蜚語罷，復召，卒於官。

何觀

何覲，山東菏澤人。康熙六年進士，官内閣中書，祀鄉賢。《山東通志》：覲至性純孝，年十二，以父殉兵難，欲解帶自縊，門客李采賓勸以宗嗣大義，且父柩在千里外，理宜歸葬，乃號泣扶櫬奉母歸。雖干戈搶攘中，卒得保全無恙。居母喪，哀毀骨立，情禮兼盡。分校順天己卯鄉試，矢公矢慎，加意搜羅，所得皆一時名宿。

孫光祀

孫光祀，字溯玉，號怍庭，山東平陰人。順治十二年進士，歷官兵部侍郎，祀鄉賢。有《膽餘軒集》。《山東通志》：光祀好讀書，尚氣節。在諫垣，疏凡二十餘，所陳皆切要，其不下部議而徑行者亦有之。歸田，歲大祲，出粟五百石以賑，全活無算。至如睦族黨、周貧乏、設義學、建橋梁，懿行班班，又其餘事。魏希徵序：先生爲孝廉時，遘鄉里之難，銜父兄大仇，志氣精誠，貫日月而泣鬼神，卒申大義於天下。《孫司馬小傳》：順治丁酉，典湖廣試，得士一百六人，捷南宮者六十四，稱爲盛事。

陸祚蕃

陸祚蕃，榜名印蕃，字子振，號武園，浙江平湖人。康熙十二年進士，歷官貴州貴東道。有《粤西偶記》。《四庫全書總目》：《偶記》多述其督學廣西時道路險阻之苦，及爲守土有司所不禮事，大抵瑣屑細碎，不足記録。

周襄緒

周襄緒，浙江山陰人。貢生，官禮部。朱彝尊有《雪霽同周儀部襄緒對酒康山》詩。

陸葇

陸葇，字次友，號義山，原名世枋，浙江平湖人。以國學生試高等，官至宏文院典籍。康熙六年進士，十八年召試博學鴻詞，改編修。歷官内閣學士，兼禮部侍郎。有《雅坪集》《歷朝賦格》。《四庫全書總目》：菉彙選歷代賦，分爲三格，曰文賦、騷賦、駢賦。三格中，又分五類，曰天文、地理、人事、帝治、物類。每格前，各有小引。《浙江通志》：菉僕直南書房，出五臺金蓮花，限韻賦詩，立奏。試以《豐澤園賦》《理學真僞論》，上親閲卷，取第一。《熙朝新語》：菉九歲時，值鼎革，其父爲馬將軍所獲，菉伏草中，躍出求代父死。將軍愛其文秀，以扇示之曰：「兒能讀扇上詩，即赦汝父。」菉朗誦曰：「收兵四解降王縛，教子三登上將臺。此宋人贈曹武惠王詩也，將軍不殺人，即今武惠王矣。」將軍大喜，釋其父，乞爲己子。菉哭别其父，後將軍死，得脱歸。

譚吉璁

譚吉璁，字舟石，號潔園，自稱小譚大夫，浙江嘉興人，明太僕卿昌言孫。以監生試第一，授宏文院中書舍人，薦舉博學鴻詞，歷官登州知府。有《延綏志》《肅松録》《爾雅綱目》《歷代武舉考》《嘉樹堂集》《鴛鴦湖棹歌》。《浙江通志》：吉璁由内閣中書遷榆林同知，會滇、蜀用兵，上官檄轉餉入蜀。至寧羌州遇亂，撫軍徹餉還，棧道路絶，吉璁間道從黑水峪，七晝夜達盩厔。定邊副將朱龍叛，直逼波羅堡，榆林道高光祉問計安出，吉璁具畫利害狀，光祉是之。聚士民，誓神死守，編什伍，明號令，製幡畫陴而守。吉璁間出私財以饗士，而自宿城上，衆賴以安。綏德周繼明聚衆數千人，入神木，與叛將孫崇雅合，攻陷延安。榆兵迎戰不利，城中偶語藉藉，多欲出降，光祉夜呼吉璁，曰：「事急矣！鎮兵疲，不足仗，奈何？」吉璁奮髯大呼曰：「死，譚吉璁分也！」出諭士民曰：「忠臣我與高公爲之，豈責若輩死？然賊一入城，子女玉帛皆賊有，且若輩今日降，明日大軍至，無噍類矣。」衆泣拜曰：「公言是。」光祉出千金，吉璁益數百金，間道渡河，買粟於保德、河曲，以兵突圍衛之，人心始堅。榆林既解嚴，響水、清平、鎮羅諸堡猶爲賊保聚，吉璁單騎諭降之。馳至神木，檄崇雅、繼明，曉以禍福，崇雅、繼明亦以衆降。《陝西通志》：康熙十四年，朱龍叛，璁與副使高光祉、總兵計占魁進剿。制府上其功，賜「忠藎可嘉」額以榮之。榆林，古上郡地，明代因寇患，始爲重鎮。良將勁旅，星羅棋布，而《鎮志》未立，一切方略制度，但錯見《陝志》中，限於尺幅，不能詳也。璁苦心搜訪，逐類編輯。東西千八百里，凡一名一物，無不訂正是非，叙述本末。志乘之精詳，未有如延綏鎮者。朱彝尊《小譚大夫墓志》：南京不守，大夫從父母轉徙，道遇寇，父被傷，力以身蔽。

寇拔刃傷之，不動，鐏擊其首。寇曰：「孝子也。」捨之。父病歿，家人三十口留亂軍中，斗米三千錢，卒全活，扶父柩還。《檇李詩繫》：吉璁除登州守，之任一年，以哭子卒。璁好撰述，惜其無後。

李楷

李楷，字叔則，號岸翁，陝西朝邑人。明天啓甲子舉人，國朝官寶應知縣。有《河濱全書》。《陝西通志》：楷少聰慧，嗜古學。讀書朝萊山，遇異人馬顛仙，謂當以文章名世。嘗築樓高數丈許，屏居其上，命書佔日送圖史，手自評騭，學殖日富。《居易録》：朝邑李瓚，以其父岸翁遺墨求跋。岸翁爲寶應縣，高才凌物，爲忌者所中，罷官。關中名士，予生平交善者，如三原孫枝蔚、韓詩，華陰王弘撰，富平李因篤，郃陽王又旦，富平曹玉珂，皆一時人豪，要以岸翁爲冠。國初知寶應縣，縣改隸淮郡，楷力請歸揚，得罷解草米各項，歲省民財萬計。政暇則訪古選勝，題咏殆遍。解官後，流寓廣陵，與江西李明睿著《二李珏書》，久之歸里。值制府修志，延至會城，郊迎之，長揖上座，縱飲揮毫，當時咸屬目。尤工書畫，旁及釋典道藏。

李嗣真

李嗣真，字愿中，號樸庵，山東新城人。康熙六年進士，有《嶰堂草》。

吕　谿

吕谿，俟考。

譚吉瑄

譚吉瑄，字左羽，登州太守吉璁弟。康熙乙酉舉人，歷官給事中。朱彝尊《五經進士譚先生墓表》：先生諱貞良，字元孩。南京不守，浮舟於泖，達會稽，由臨海抵福州，以戊子卒於漳州之琯溪。庚寅，子吉璁扶櫬歸里；甲辰，次子瑄等始卜兆府城西北二生墟。戴璐《藤陰雜記》：竹垞己未同徐檢討釚移寓虎坊橋，輯《瀛洲道古録》。查他山《别譚都諫瑄》詩：「宣武門東舊宅，虎坊橋畔憑欄。可惜手栽紅杏，花開又讓人看。」

黄 垍

黄垍，字子厚，號徵庵，又號白鶴峪處士，山東即墨人。康熙二年舉人。有《夕霏亭詩》。李象先《夕霏亭集》：徵庵舉於鄉，一時同榜，皆談制義短長離合，徵庵獨默坐沉思，衆訊所以，答曰：「此地有水鄉亭、北渚亭，李北海、晁太常讌賞地，又辛稼軒、李滄溟家焉。吾方憶兩公踞青雀舫，湖光蕩漾，文思競發，爲詩爲詞，足可寄托，不暇他及也。」

黄敬璣

黄敬璣，字在之，號屺雲，山東濟寧人，曲阜籍。順治四年進士，歷官雲南道御史。《濟寧州志》：敬璣授安慶推官，廣置學田贍士。山賊竊發，單騎撫降之，行取御史。州有應解臨清、德州二倉米，往往派之里下，民以爲苦；敬璣請留州支放，至今便之。典試江南，名士袁孟義、薛坦、賈曾、陸壽名、顧鼎新等皆出其門。旋以終養歸。與黄維祺立敬社，集譽髦，分題校藝。其時科名蟬聯，皆藉造就之功也。

東野雲鵬

東野雲鵬，字九萬，山東曲阜人。世襲廩生。魯公伯禽季子公子魚之七十三世孫。以子沛然官五經博士，敕封修職郎。《東野家譜》：順治七年，祖廟摧殘，請於邑侯，重修之。居恒和睦族姓，勤儉持家。晚年優遊自娱，五世同堂，遞見曾元。孔尚任《出山異數記》：康熙甲子東巡，東野沛然掖其父，扶杖跪道左，手捧奏疏，乞爲世官，奉先祀如四氏例。上曰：「周公姬姓，爾姓東野，何也？」沛然奏曰：「昔伯禽季子名魚，食采於東野，因以爲氏。」上問周公廟何在，沛然指奏曰：「東望高阜，松柏鬱然者，即魯公世廟也。」上爲引領。又顧扶杖者曰：「此老者何人？」沛然奏曰：「臣父東野雲鵬，年七十有五。」又問爾族衆幾何，奏曰丁不滿百。上覽疏訖，付侍衛，交部即議。

魏煜如

魏煜如，字孟宣，山東曲阜人。歲貢生，歷官金縣知縣。《曲阜縣志》：煜如由武城訓導累遷金縣令，剔奸弊，杜侵漁，斷獄平允，人吏畏服。

顧炎武

顧炎武，一名絳，字寧人，號亭林，江蘇崑山人，明諸生。薦兵部司務，再薦職方主事，皆不就。有《天下郡國利病書》《日知録》《音論》《詩本音》《易音》《唐韻正》《古音表》《吴才老韻補正》《左傳杜解補正》《九經誤字》《石經考》《金石文字記》《文集》《詩集》《昌平山水記》《肇域記》《二十一史年表》《歷代宅京記》等書。《蘇州府志》：炎武生稟異質，自幼篤志古學，九經諸史皆能背誦。見時多故，遂屏去山中，備求經世之學。明亡，絶意仕進，壯遊齊魯燕趙，西入關中。所至交其賢豪長者，考其山川風俗、古今治亂之迹，證以金石碑碣，自是聞見益廣。

凡所論述，皆上下古今，貫穿精核，當代推爲通儒。性耿介絶俗，少與同邑歸莊齊名，有「歸奇顧怪」之目。學者稱亭林先生。

李因篤

李因篤，字子德，又字天生，陝西富平籍，山西洪洞人，明諸生。康熙十八年，召試博學鴻詞，官檢討。有《受祺堂文集》《詩集》《廣韻正》《漢詩評》。《四庫全書總目》：顧炎武作《音學五書》，特載與因篤一札，蓋頗重之。閻若璩作《潛丘劄記》，則云「杜造故事，莫過李天生」，然所謂杜造者，今不可考，則姑存其説矣。因篤詩意氣蒼莽，才力富贍，而亢厲之氣一往無前，失於粗豪者時時有之，殆所謂利鈍互陳者歟。《陝西通志》：因篤年十一，爲邑諸生，丁明季之亂，謝去，肆力爲古文辭，長於詩歌。嘗遊長安，效少陵作《秋興》詩八首，見者多擊節。時往來秦晋間，過從悉知名士。授檢討，未滿月，即乞終養；疏凡三十七上，始允歸。抵家後，寢食湯藥，每事躬親。越五年，母殁，遂不復仕。性敏絶，博極群書，又好汲引後學，問字者無虚日。或有過，必婉詞規勉，未嘗以聲色加人。顧炎武嘗集杜句題贈云：「文章來國士，忠厚與鄉人。」蓋實録也。《池北偶談》：天生年三十，棄諸生。博學强記，《十三經注疏》尤極貫穿。長律得少陵家法。

宋琬

宋琬，字玉叔，號荔裳，山東萊陽人。順治四年進士，歷官四川按察使。有《安雅堂集》。《山東通志》：琬授户部主事，監督江南蕪湖關，潔己恤商，歲額轉逾於舊。遷吏部，在司兩月，選人無滯抑之嘆。出爲隴西道，值地震後，修築城垣，瘞尸賑粥，生全者無數。隨督隴西學政，清慎公明，號稱得士。歷永平兵備及寧紹台道，軍民感戴其德，尋升四川按察使。其居家尤敦孝友，虚懷下士，樂爲薦揚。詩古文辭，盛名滿於天下。《名家詩鈔小傳》：玉叔少負異才，風格遒上，十八九時，即以詩古文辭屈其曹偶。壯歲成進士，晋兩浙憲長。族不逞子以夙憾飛章告密，逮入對簿，一門咸就縶，羈西曹久之。事得白，自傷非常奇禍起於骨肉之間，蹈險騎危，僅而獲免，遂流寓吴越。居無何，天子察其寃抑，起補蜀臬。《池北偶談》：荔裳浙江後詩，頗擬放翁，五言歌行，時闖李杜之奥。壬子春，予定其詩筆爲三十卷。明年，宋以臬使入觀；蜀亂，妻孥皆寄成都，宋鬱鬱歿於京邸，此集不知流落何地矣。

施閏章

施閏章，字尚白，一字屺雲，號愚山，晚號矩齋，安徽宣城人。順治六年進士，歷官江西道參議。康熙十八年，召試博學鴻詞，改侍講，轉侍讀，祀名宦。有《學餘堂文集》《詩集》《外集》。《四庫全書總目》：閏章嘗謂王士禛詩如華嚴樓閣，彈指即見；而己詩如瓴甓木石，從平地築起，然其深穩亦在此。其文具有歐曾法，魏禧爲作集序，以爲文勝於詩，則過也。《江南通志》：閏章博綜群籍，善詩古文詞。爲刑部員外，讞決明敏。督學山左，有冰鑒之譽。轉湖西道參議，湖西故荒瘠多盜，閏章撫綏有方，袁臨間稱爲「施佛子」。性仁孝，廣置義田，以贍宗戚。篤窮交，厲後學，人咸奉爲模楷。《山左通志》：閏章任提學僉事，以名教自任，開講明湖之上。其校文研精理法，擷華采實，各當其可。而諄諄提命者，惟以孝弟廉耻爲防閑，東省士風歸醇反樸者，閏章陶淑激勸之力也。《名家詩鈔小傳》：尚白分守湖西，所轄吉、臨、袁三州，兵馬蹂躪之餘，邑多逋賦，追呼急，輒相聚爲盜。作《勸民急公歌》，垂泣諭之；作《彈子嶺》《竹源坑》諸篇，以告長吏。讀者感泣，比諸元道州之《舂陵行》。而民亦相勸，輸賦毋敢後。又數平反冤獄，案牘益簡。每高春一視事，築愚亭官廨之旁，暇則與過客觴咏其中。無何，以裁缺歸臨江，故有「江清可以鑒」句，民曰是江如使君清，因名「使君江」。至是，民送之江上，不能別，復送至湖。會湖漲，所乘舟爲御史贈物，輕不能渡，民争買石膏填之。已渡乏食，賣其舟而歸。《池北偶談》：愚山少孤，事叔礜至孝。一日值叔誕辰，大集親戚，而叔以小故忤意，堅卧不起，愚山跪榻前移晷。辛亥客都門，每憶叔，輒涕泗。事叔如此，古人所希有也。

朱彝尊

朱彝尊，字錫鬯，號竹垞，晚號小長蘆釣客、魚師，又號金風亭長，浙江秀水人，明太傅文恪公國祚曾孫。康熙十八年，召試博學鴻詞，官檢討。有《經義考》《曝書亭集》《日下舊聞》《明詩綜》《詞綜》《鹽莢志》。《四庫全書總目》：王士禛工詩而疏於文，汪琬工文而疏於詩，閻若璩、毛奇齡工於考證，而詩文皆次乘，獨彝尊事事皆工。雖未必凌跨諸人，而兼有諸人之勝，核其著作，實不愧一代之詞宗。《浙江通志》：彝尊少聰慧絶人，書過眼，覆誦不遺一字。客遊南北，必橐載《十三經》《廿一史》以自隨。歸里後數年，駕巡河上，賜御書四字曰「研經博物」。《名家詩鈔小傳》：竹垞少工舉業，下筆千言。崇禎十年，浙東西大飢，朱氏自文恪公以宰輔歸里，無中人産，至是絶粒，嘆曰：「河北盗賊，中朝朋黨，亂將作矣，何以時文爲？不如捨之。」乃肆力於《三禮》《左氏内外傳》《楚詞》《文選》《丹元子步天歌》，人皆笑以爲狂。年十七，作贅婿於嘉興馮氏。馮氏有客王鹿柴者，華亭名宿也，一見大奇之，曰：「此必以詩名世。」《梅里詩輯》：先生居節廉橋，時值歲凶，比鄰王氏有老僕，訝其日午無炊烟，而書聲琅琅不輟。因叩門餽以豆粥，先生以奉安度先生，而忍飢讀書自若。盛百二《柚堂筆談》：先生集里中王翃、周篔、繆泳、沈進、李繩良，年符爲詩課，時貧甚，餘一布袍，繩良兄弟衹一偏提，每會則付質庫，兩家内閫各紡績出之，後會復然。南逾五嶺，北去雲朔，東泛滄海、登之罘，凡叢石荒冢、金石斷缺之文，莫不搜剔考證，與史傳參互同異。其爲文章益奇，嘗謂：「孔門弟子，申黨薛邦，後人不當以疑似妄爲廢斥；鄭康成功存箋疏，不當因程敏政一言，遽罷從祀；王守仁事功人品，炳烈千古，不得指爲異學。」皆有關名教之大者。《熙朝新語》：彝尊典江南省試，拜命之日，即不見客。將渡江，誓於神。試畢入京，載書滿麓而已。盗劫其居，得錢二千，白金不及一鎰，已靡覆不發矣。後以吏議當落職，特宥之，僅左遷焉。性嗜酒，嘗與高念祖同入都，日暮泊舟，輒失朱所在，迹之，已闌入酒肆，玉山頹矣。

潘耒

潘耒，字次耕，號稼堂，江蘇吴江人。康熙十八年召試博學鴻詞，官檢討。有《類音》《遂初堂集》。《四庫全書總目》：耒性好遊名山，足迹甚廣。其詩不事雕飾，直抒所見。古文蹊徑較平，稍遜魏禧諸人，而氣體渾厚、空所依傍，則又耒所獨得也。少受業於顧炎武，頗得其傳。《蘇州府志》：耒纂修《明史》，以史事重大，上四議，總裁然其説，令專撰《食貨志》，兼訂定他紀傳。後二年，甄别議起，忌者坐以浮躁降調。四十二年，上南巡，復耒官。大學士陳廷敬欲薦起之，力辭而止。《名家詩鈔小傳》：耒兄檉章，字力田，負奇才。鼎革後，鋭意欲以史事自任，破産購有明一代實録，復旁搜名家文集奏疏數千卷，懷紙吮墨，矻矻窮年。書未成而遭潯溪之難，坐極刑死。稼堂以孱童遇慘酷，幾無生理，惟奮志讀書，亢宗名世。己未，公卿論薦鴻博，以布衣進。左遷，拂衣歸。所編詩，以「遊草」名，自《少遊》《近遊》以及《海》《岱》《台》《蕩》《黄》《廬》《閩》《豫》《楚》《粤》等編外，而玉堂之作，則曰《夢遊》；晚歲林居諸什，則曰《退遊》。

毛先舒

毛先舒，原名駿，以字行；又字稚黄，亦字馳黄，浙江仁和人。有《鍼心慎鈔》《唐韻四聲表》《詞韻》《南曲韻》《毛馳黄集》《詩辨坻》《南唐拾遺記》。《四庫全書總目》：先舒有《聲韻叢説》，又有《潠書》八卷，頗多考證之文，而不能皆有根據。其議禮尤多臆斷。論韻諸書用力較深，亦未究其本原，如謂音當分古今、不分南北則是，謂古三聲不通用則非。又有《思古堂集》四卷，自以晚年定本，用爲弁冕，然所見與早年等也。又有《東苑文鈔》二卷，附會穿鑿；《詩鈔》一卷，音調瀏亮，猶有七子餘風。又有《小匡文鈔》四卷，自序曰：「文皆小有所匡，又謂求契於天，心懷其意久，而後落筆。」今觀所録之文，大抵以口舌相辨難，不足爲訓。又有《蕊雲集》一卷，皆所作艷體，取古《織錦詞》「蕊亂雲盤相間深，此意欲傳傳不得」語也。《晚唱》一卷，摹李商隱、李賀、温庭筠、韓偓四家，以别於初盛之格。《浙江通志》：先舒六歲能辨四聲，八歲能著《白榆堂詩》，與陸圻、張綱孫諸人唱和，稱「西泠十子」。山陰劉宗周講學蕺山，遂往執贄，問性命之學。事父母色養備至，遇有疾，告廟請代。于從父昆弟及族里，皆厚遇之。嘗輯宋儒語有裨實行者，題曰「鍼心慎鈔」，用以自砭。《兩浙輶軒録》：先生少出陳卧子之門，廣羅群籍，無不周覽，與西河、鶴舫齊名，時人爲之語曰：「浙中三毛，文中三豪。」非虚譽也。

余懷

余懷，字無懷，號澹心，福建閩縣人。有《曼翁文集》《秋雪詞》《研山草堂詩》《板橋雜記》。《四庫全書總目》：明太祖設官伎於南京，相沿謂之「舊院」；此外又有「珠市」，亦名倡所居。明季士氣儇薄，雖兵戈日警，而歌舞彌增，懷此書，追述見聞。上卷爲雅遊，中卷爲麗品，下卷爲軼事。文章凄縟，足以導欲增悲，亦唐人《北里志》之類。

王士禄

王士禄，字子底，號西樵，山東新城人。順治九年進士，歷官吏部員外。有《讀史蒙拾》

《表餘堂》《十笏草堂》《辛甲》《上浮》諸集，《炊聞卮語》詞。施閏章《王君墓碑》：君典河南解試，故事有司繩尺，取熟軟穩順、不敢涉古文一字，謂之中式；公獨摘簡，一變其卑弱。又以不通所司貴人，人或惡之，摭拾下吏，具三木；賴叔弟士祜殫力槖饘，得不死，即家居。會朝議還主司罣誤者官，復起，補考功員外郎。而季氏入爲禮部，遷户部，接邸聯騎、文采照耀，天下目之「新城二王」。朱彝尊《考功集序》：子底以考功郎被謫，喜溢顔面。將歸養，而母夫人逝，躃踴而哭，水漿不入口三日。既歸，血漬於縿幕之上，衣不解帶，蟣虱盡生。未練而卒，鄉人謚曰「節孝先生」。

王士祜

王士祜，字叔子，一字子側，號東亭，士禄弟。康熙九年進士。有《古鉢集》。計東廣《説鈴》：子同年王子側，居西樵、阮亭間，才堪頡頏。予與鄧孝威、宗鶴問偕子側遊苕霅，子側詩援筆立成，多見警拔，同人每相太息曰：濟南二王才固奇，亦以早貴，聲譽先布。子側才，何嘗肯作蜂腰哉！

王士禛

王士禛，字貽上，號阮亭，别號漁洋山人，士祿季弟。順治十三年進士，歷官刑部尚書。有《帶經堂集》。《山東通志》：士禛初任揚州司理，讞海寇重案，全活甚衆。以才名内擢，旋由部漕改翰林，屢遷至兵部督捕侍郎，旋改户部，持中會計，屏絶膏潤。及轉右都御史，則抑奔趨、崇恬退，深得風憲大臣之體。詩文氣誼，冠冕士林六十年，海内奉爲宗匠。所著述甚富，家刻共三十二種。殁後，揚州人奉祀於平山堂，與歐陽修、蘇軾共稱三賢云。

宋犖

宋犖，字牧仲，號漫堂，河南商丘人，大學士文康公權子。以大臣子入宿衛，歷官吏部尚書。有《滄浪小志》《綿津山人詩集》《楓香詞》《西陂類稿》。《河南通志》：犖十四，從章皇帝度桑乾水，水闊數丈，躍馬以過，帝見大喜，賜雕翎箭五。逾年，分第諸在衛者，犖試第一，當改文員，父權以年少力辭。父没服除，選黄州府通判，尋榷贛關，升刑部郎中，明於律例。通倉有獄，在官百五十人，負米萬石，詞連本管，犖争之强，卒至衆償負而官亦奪俸，時論韙之。選山東按察使，擢江蘇布政，察出前司庫空闕銀三十六萬兩，揭報清刷，聖祖奇其才。未逾年，擢都察院右副都御史，巡撫江西。舟抵江寧，聞夏逆之亂，時賊連破蘄黄二十餘城，避兵者蔽江下。犖偵知會城遣撫標兩校出師，托言無餉不發，意叵測，立檄稅庫銀千兩，委道員往諭之。有言裁軍李美玉、袁大相密謀應賊者，犖佯不省，而陰授方略，夜縛二人至，立斬之，懸其首，餘悉不問，衆乃大定。會夏逆亦殄，犖條陳病民者十數事，黜貪吏之甚者，宿賊巨猾，皆召捕正法，江西遂安。調撫江蘇，江南承平久，士民愛尚文雅，犖遂弛威嚴，以清静無爲爲治。在職十有四年，歲豐人和，獄盜衰息。屢奉聖祖南幸，温語褒獎，升吏部尚書。犖少侍父於京邸，熟練故事，無敢亂銓法者。歸田後，治家整肅，建先祠，置祭田，悉仿古名臣遺制。《山東通志》：犖甫下車，即開釋疑獄，禁絶誣枉，保全詿誤，一時吏民皆畏威懷德，自稱無冤。東省命案，率多輕生駕害，及至昭雪，而中人之産已破；犖命州縣驗實立案，必究唆訟之人，盡法繩之。及歲歉，運家粟助賑，自商及濟，布置莊佃，接踵移運，無輸餽之勞，東人至今德之。《畫徵録》：牧仲博學嗜古，精賞鑒，嘗自言暗中摸索，可辨真贋；一時以畫名家者，悉羅致於家，出所藏屬樵副本；耳濡目染，遂得畫法。嘗寫水墨竹小幅，疏逸絶倫，非丹青家所能窺也。

王又旦

王又旦，字幼華，號黄湄，陝西郃陽人。順治十六年進士，歷官户科給事中。有《黄湄集》。朱彝尊《給事王君墓志》：幼華博通六經，賜進士，授推官，未除，改知安陸、潛江縣。以治行徵詣闕下，除給事中。聞父喪歸，服除，補吏科，轉户科掌印，典廣東鄉試。花山接峒人壤，土寇結連出没，劫商旅，君疏建縣治、設官吏，廣州四縣，交賴以安。《陝西通志》：又旦授潛江令，潛賦役偏重，摘發隱漏，逃亡返業。潛地居襄樊下流，漢水歷安陸、下大别，每夏秋水漲爲患，又旦勸民趣視，長堤屹然。滇逆告變，大軍駐荆襄，潛當孔道，羽騎絡繹，徭役茇芻，應時立辦。

汪懋麟

汪懋麟，字季用，號蛟門，江蘇江都人。康熙六年進士，十八年舉博學鴻詞，以憂不赴。歷官刑部主事。有《百尺梧桐閣集》。王士禛《汪比部傳》：蛟門幼穎異，與兄耀麟同授經長安王巖，爲中書舍人。公事畢，輒鉛槧雒誦，或行吟陛楯間，由是益有名。需次部主事，崑山徐公以君名，薦入史館充纂修，尋補刑部，仍直史館。南城武某販米於南花園，宿董之貴家，董利其資，殺之。武父得尸於道，得車馬於劉氏之門，謂劉殺其子。君微行南門外，縱其馬，馬至之貴門，輒跳躍悲鳴，銜户以入。君令收之，訊實，置於法，都人爲作《馬訟圖》。王某兄弟與海户鬥，自殺其病弟，而訟海户於官。君微行至王某門，籠鵝群鳴，延頸如有所訴。立逮弟妻訊之，具以告，某遂自伏。初，君爲中書舍人，楚人朱方旦挾其術遊公卿間，君獨作《辯道論》，詆之爲妖妄。孝感熊公見其文，造廬而定交焉。

曹禾

曹禾，字頌嘉，號峨眉，江蘇江陰人。康熙三年官中書，十八年召試博學鴻詞，改編修。歷官國子監祭酒。有《峨眉集》。《江南通志》：禾詩古文皆有名，有文集行世。方象瑛《松窗筆乘》：峨眉疏請封禪，予在皖城，聞倪闇公共謀其奏，予曰：「鍾伯敬評《封禪頌》，謂長卿豈真有所求，直是胸中有一篇好文字，不肯埋没耳。」閻公笑而然之。

葉封

葉封，字晋叔（鄒按：《清史列傳》《居易録》均作「井叔」），又字晋原，號慕廬。本王氏，後父嗣於中表葉翁，始氏葉。湖北黄陂人。順治十六年進士。歷官兵馬司指揮，候補主事。康熙十八年，薦舉博學鴻詞。有《嵩遊集》《嵩山志》《嵩陽石刻集記》。《四庫全書總目》：《嵩陽石刻集記》，葉封官登封知縣時作。登封在嵩山南，故其所録碑刻，以「嵩陽」爲名。此書録取碑文，便於參考，王士禛稱其辨證精博，比之劉原父、薛尚功。王士禛《葉公墓志銘》：父長青，由黄州衛經歷攝黄陂令，殉節死，陂人德公，留占籍焉。成進士，除延平府推官。有巨猾善持官府短長，吏不敢問。君按誅其魁，餘皆屏息。靖南王駐閩，旗丁肆虐八郡，君繩以法，不少貸。漳河有大姓，同室鬥訟，終不已，君決以片言，訓以友恭，遂相持泣下，爲兄弟如初。未幾，裁理官，改知登封縣。嵩山下有虎患，君齋戒三日，移牒於神，引咎自責，由是患絶。選兵馬司指揮。歸里，往來杯湖、退谷之間，自號「退翁」。及部授工部主事，已前歿。《居易録》：井叔由登封令入爲兵馬司指揮，予取其《嵩山詩》五六十篇爲《嵩遊集》，又選其己未、庚申詩合刻之，列於「十子」中。井叔精《爾雅》《説文》，學有根柢。

林堯英

林堯英，字蜚伯，號澹亭，福建莆田人。順治十八年進士，康熙十八年薦舉博學鴻詞。歷官刑部郎中、河南提學道，祀名宦。有《澹亭略》。《福建通志》：堯英知饒陽縣，户部主事，晋員外，轉刑部郎中。出督河南學政，以古學導士，人文丕振，尋卒於官。平生孜孜好學，手不停披，著有《克復講章》，工詩歌。燕臺有《十子詩略》，名重一時，堯英與焉。《河南通志》：堯英任提學道，杜絶請托，務拔單寒；置嵩陽學田，肄業者賴之。

謝重輝

謝重輝，字千仞，號方山，山東德州人，大學士清義公子。蔭中書舍人，歷官刑部郎中。有

《杏村詩集》。《山左詩録》：公守清義公家訓，居官不名一錢，監崇文門税，至於缺額。清節既著，復以直諒多聞，爲漁洋推重。

曹貞吉

曹貞吉，字迪清，一字升六，號實庵，山東安丘人。康熙三年進士，歷官禮部郎中。有《珂雪堂總集》。《四庫全書總目》：貞吉詩格遒煉，其黄山諸作，極爲宋犖所推。在京師，和其《文姬歸漢圖》等長歌，極有筆力，今檢集中不載。又王士禛《感舊集》所選，《登望海樓》《吴山晚眺》《金山》諸詩亦不見，則全稿之散失者多矣。又貞吉詩集、詞集，皆以「珂雪」爲名，而其詞寄托遥深，風華掩映，實遠過其詩，蓋才性有偏至也。張貞《珂雪堂詞譜題辭》：實庵詩文妙天下，間倚其聲作詞，遂奪宋人之席。吴薗次《名家詞選》以爲壓卷，流傳江左，推爲絶唱。

田雯

田雯，字子綸，一字綸霞，號漪亭，别號山薑子，山東德州人。順治十六年進士，康熙十八年薦舉博學鴻詞，歷官户部侍郎。有《山薑詩選》《古歡堂文集》《黔書》《長河志籍考》。《四庫全書總目》：王士禛負海内重名，自趙執信以外，無不借其聲譽；惟雯與任丘龐塏，不相攻擊，亦不相攀附。塏詩格律謹嚴，而才地稍弱；雯則天姿超邁，記誦賅博，欲以雄偉奇麗别闢門庭。其名雖不及士禛，然偏師馳突，亦士禛之勍敵也。《山東通志》：雯任户部員外時，滇、楚用兵，軍書旁午，請以白糧附漕艘帶運，費不煩而民力省，至今爲例。提督江南學政，文氣骫靡，力崇古學，所取皆雄駿通偉之士，風氣爲之一振。出撫江蘇，秋雨積陰，米色多變，百姓艱於輸納，疏請隨時交兑。又以運河至京口一帶，地勢崇高，鑿山成河，易於坍卸。冬日風雪，千夫荷鍤泥淖中，艱苦萬狀；請動司庫，大加挑浚，一勞永逸。其他如減湖田之增税、免蘆課之辦銅，俱次第允行。調撫貴州，時苗狆猖獗，粤省方議會剿，雯移書制府，謂制苗之法，犯則制之，否則防之而已；若興師動衆，勞民傷財，於事無益，大征之議遂寢。雯於史學最深，爲文渾涵雄健，成一家言。周彝《田公神道碑》：公巡撫貴州，招接土番蠻王世爵、土總兵龍天祐，誅川蠻阿所，率談笑指揮，探取如囊中物。暇則葺學舍、購書籍，以教黔之士子。《名家詩鈔小傳》：雯在黔，自署「蒙齋」，猶之元次山官道州呼「漫郎」、客樊上稱「聱叟」也。由進士署秘書院中書舍人。中書號丞相掾，在昔以資供職，至是有御史言機務重地，宜用進士參是選，始闢此徑。

程邃

程邃，字穆倩，自號垢道人，安徽新安人，後家揚州。《江南通志》：燧爲人高古，博學思奇，詩文書畫皆工，鎸篆尤稱絶藝。周亮工《讀畫録》：楊孟載評黄子久畫如老將用兵，不列隊伍，而頤指氣使，無不如意，近人惟道人能之。道人詩、字、圖畫，頭頭第一，獨於畫深自斂晦，惟予能知其妙，道人亦自喜爲予作。《畫徵録》：穆倩自號江東布衣，山水純用枯筆，寫巨然法别具義味。品行端慤，敦崇氣節。從漳浦黄公道周、清江楊公廷麟遊，名公卿多折節交之。喜别古書畫及銅玉之器，家藏亦夥。

倪會鼎

倪會鼎，字無功，又字子新，浙江上虞人，明禮部尚書文貞公元璐之子。有《因禮會歸集》。《浙江通志》：會鼎嘗議廣麻溪壩霪洞爲旱潦蓄泄之計，又董築西江塘，極其堅固，山、會、蕭三邑賴之。家貧，鍵户著書，有山陰令持兼金百兩以資膏火，三至三返之。商盤《越風》：子新先生名德碩望，推重一鄉。其弟恒園先生名會選，亦持身高潔。工隸書。傅玉露撰《傳略》曰：會鼎入侍文貞於京邸，偶憩樹下，有中貴數人，望見丱角儒雅，遣使請接席。會鼎念方奏撤宦官，亟行去，時纔十四齡耳。黄道周謫官至越，從受業，周旋患難，析性命之學。文貞殉國，祖母既大耋，母又屢欲殉死，遂杜門奉養，頃刻不離。康熙十年詔舉山林隱逸，有爲推轂者，力辭之。

吴　涵

吴涵，字容大，號匪庵，浙江石門人。康熙二十一年進士第二人及第，歷官左都御史。《浙江通志》：涵理寶泉局，時以鼓鑄故采買廢銅，銅商趨利，吏得爲奸。設籤聽商自掣，商人稱便。轉刑部，審察蒲臺命案、粤東提鎮失機，皆稱旨。進吏侍。遇銓選，一月前預列應選應補姓名次序，揭於通衢，吏不得上下其手。又念舉人揀選，或終身不得一官，疏請單月銓選，著爲令。

嚴曾榘

嚴曾榘，字方貽，又字篗庵，號柱峰，浙江餘杭人，倉場侍郎沆子。康熙三年進士，歷官兵部侍郎。有《聚德堂集》。《西湖先覺堂祠志》：曾榘歷臺諫二十四年，不茹不吐，多所建白。平生汲引人材、推獎後進惟恐不及，故俸禄所入多不給，數典朝服。會親友，桑盆瓦器，飲酒賦詩，意豁如也。

董俞

董俞，字蒼水，號樗亭，江南華亭人，明吏部侍郎遼初孫。順治十七年舉人，康熙十八年薦舉博學鴻詞。有《樗亭》《浮湘》《度嶺》等集。《松江詩鈔》：俞在童時，喜讀古人詩，略上口，即能爲聲偶之言。與弟含齊名。坐事歸，卜築南郛，方塘小樹，竹翠花深，灌園鋤藥，歌嘯自如。嘗遊楚，過洞庭，遭風浪，有投詩湖。洎晚歲，自定詩一册。客山東，遇盜，與爭篋，爲刃臂奪之去，惟存《楚遊草》。後其婿曹映曾檢拾殘剩付梓，宋荔裳爲之序。《説鈴》：孝廉最善賦學，如《鏡賦》《燕賦》《采桑賦》，皆輕婉流麗，可與吴興曹綺頡頏。又有《送客入都》詩云：「蕭條易水遊，驅馬向空臺。岸柳春前折，江鴻雪後來。」極澹雅有自然之致。

董含

董含，字閬石，號榕庵，俞弟。順治十八年進士。有《藝葵詩集》《三國志略》《蒓鄉贅筆》。《四庫全書總目》：含詩名不及其兄，而詩格高雅過其兄。蒼凉幽咽，有騷人哀怨之遺；而惝恍其辭，知其意有所寓，而莫名其寓意之所在焉。《漱芳齋詩話》：國初甲午時，詩社復興，閬石與其兄蒼水掉鞅詞壇，聲振吴越。其初詩宗盛唐，晚年有漸近范陸者。

張衡

張衡，字友石，又字羲文，號晴峰，直隸景州人。順治十八年進士，歷官浙江提學道。《藤陰雜記》：晴峰官水曹，貧不能舉火，一日貸錢過慈仁寺，見書即買，歸展讀，怡然忘飢。《今世説》：晴峰官浙江學使，嘗曰：「節費以奉親，省事以却謗，忍氣以養和，讀聖賢書，近直諒友，以無忝所生。」聞者嘉嘆其言。喜彈琴，後得雷氏古琴，修而銘之，紀以長歌，一時名士屬和者數百。

黄雲

黄雲，字仙裳，又字舊樵，江蘇泰州人。有《悠然堂》《桐引樓》諸集。《今世説》：仙裳長身玉立，能詩文，善談論，文氣慷慨，逢俗人稍不合意，輒嫚罵之，人多目以爲狂，不敢近。

鄧漢儀

鄧漢儀，字孝威，江蘇泰州人。康熙十八年召試博學鴻詞，特賜中書舍人。有《詩觀全集》《過嶺集》。《四庫全書總目》：《詩觀》十四卷，皆選輯國初諸人之作，别集則閨閣詩也。王士禛《分甘餘話》：孝威同龔端毅使粤，過梅嶺有句云：「人馬盤空細，烟嵐返照濃。」寫景逼真。

趙執信

趙執信，字申符，號秋谷，晚號飴山老人，山東益都人。康熙十八年進士，歷官贊善。有《因園集》《飴山詩集》。《四庫全書總目》：執信娶王士禛甥女，而論詩與士禛相詆，至作《談龍録》以攻士禛。迄今述二家之説者，袒分左右。實則王以神韻縹緲爲宗，趙以思路鑱刻爲主。王規模闊於趙，而流弊傷於膚廓；趙才力鋭於王，而末派病於纖仄。兩家并存，其得失適足相救也。《名家詩鈔小傳》：秋谷年十八，舉鄉試第二，次年成進士，與館選。鴻博之士，皆以績學雄文，負海内重望，虎視蛟騰，傲睨一世。秋谷以綺紈之年，旗鼓相當，非肯作三舍避。竹垞、迦陵、西河諸君子，胥引爲忘年交。久之遷宫贊，典晋闈試。以國恤徵歌縱酒，坐削籍，年未三十。逾大耋始卒。《藤陰雜記》：秋谷去官，查他山被議，人皆知於國忌日同觀新鎮《長生殿》；近於吏科見黄六鴻原奏，尚有侍讀朱典、侍講李澄中、臺灣知府翁世庸同宴洪寓，而無查，不知何以牽及。又傳黄以知縣行取，以詩稿土宜送趙，趙答刺：「土宜拜登，大稿璧謝。」因之挾嫌訐奏。

黄士塤

黄士塤，字伯和，號羸山，浙江石門人。康熙十二年進士，官編修。

王仕雲

王仕雲，字望如，江蘇江寧人。順治九年進士，官泉州府推官。有《格言僅録》。《周櫟園先生年譜》：乙未，福建總管佟代疏參公在閩事，赴閩質審，事皆莫須有。於是泉州司李王仕雲、延平司李吴淇滋、建寧司李孫開先、福州司李田緝馨、江寧司李盧圖龍會審，上之按察使程之璿，事乃大白。時閩大旱，牘具，雨大傾注，民爲作歌曰「東卷雨」。

王弘撰

王弘撰，字無異，又字文修，號山史，陝西華陰人。康熙十六年薦舉博學鴻詞，以病未就試。有《周易筮述》《正學隅見述》《砥齋集》。《四庫全書總目》：《周易筮述》以朱子謂《易》本卜筮之書，因作此編，以明其義，凡十五篇。雖耑爲揲蓍而作，然闢焦、京之小術，述羲、文、周、孔之宏旨，立論悉本經義，與方技家所説迥别。又曰：《正學隅見述》以朱子無極之辨，陸九淵攻之於前；格物之説，王守仁軋之於後。諸儒各争門户，垂數百年。弘撰謂無極之説，當以陸九淵爲是；格物之説，當以朱子爲是。因作此書，以持其平。《居易録》：山史，博物君子也，所著《十七帖述》并注，極雋而核。嘗刻華州郭宗昌《金石史》。家藏漢唐以來金石文字甚富，古文詞亦嫻雅。以博學鴻詞徵至京師，居城西昊天寺，不謁貴遊。以老病辭不入試，罷歸在關中，蓋張芸叟一流人。

曾燦

曾燦，原名傳燦，字青藜，江西寧都州人，應遴子。有《止山集》。《江西通志》：傳燦與兄并工詞章，喜然諾。方國事多故，思以功業自見，折節下士，一洗貴介才華之習，士論翕然歸附。乙酉，楊廷麟聚兵保吉、贛，應遴計閩寇閻、王總有衆十萬，俾往撫之；會大清兵已克贛，乃解散去。燦後剃髮爲僧，奔走閩、浙、廣之東西。龔太常鼎孳，應遴舊同榜，愛其兄弟甚，勸燦出就舉，弗應。大母陳、母温念燦成疾，乃始歸家謁省。以大母命受室，築六松草堂，躬耕不出者數年。燦自幼有詩名，選海内名家詩二十卷，號《過日集》。僑居吴下二十餘年，著《西崦草堂詩》，後客遊燕市卒。

陳玉璂

陳玉璂，字賡明，號椒峰，江蘇武進入。康熙六年進士，官中書，十八年薦舉博學鴻詞。有

《學文堂集》。《四庫全書總目》：玉堪説經之文及辨議諸作，亦頗有源委，不同剿説，然大致逶迤平衍，學宋格而未成。王晫《今世説》，稱玉堪每讀書至夜分，兩眸欲合如綫，輒用艾灼臂，久之成痂，蓋亦苦學之士。又稱其所爲詩文，旬日之間，動至盈尺，見者遜其俊才，則貪多務博可知。

伊闢

伊闢，字翕菴，又字盧源，山東新城人。順治十二年進士，歷官雲南巡撫。王士禛《伊公墓志》：公以康熙庚申巡撫雲南，歷五谿毒淫之地，上霧下潦，不遑啓處。及抵昆明，諸道官兵以萬計，所需扉屨、糧糗、芻茭之屬，稱是咄嗟而辦；及歿於軍中，遺橐祗十餘金。在臺二載，屢有章疏，率多削稿。喜摹晋人帖，合處入能品。《池北偶談》：山東解元在明時，仕多不達，至順治戊子，翕菴以乙未改翰林，至節鉞；甲午，大嵩趙庶常浮山以己未；丙午，鄆城魏侍讀子相以丙辰；壬子，濱州王檢討甲先以癸丑；乙卯，德州李編修紫瀾以丙辰；丁巳，諸城王編修沛思以己未；辛酉，德州孫檢討子未以乙丑；丁卯，陽穀劉庶常琰以辛未。凡歷十五科，而入翰林者八人。

柯　鼎

柯鼎，俟考。

翁　英

翁英，考《江南通志》，英曾以工部員外郎榷淮安鈔關。

鄧秉恒

鄧秉恒，字元固，號忍菴，山東東昌衛人。順治六年進士，歷官湖廣道參議。有《瀧江詩文集》。《江西通志》：秉恒任永豐知縣，奸蠹遁迹，摘發如神；山寇盤踞，率鄉勇蕩平之。建思江橋，民稱便。吉郡食廣鹽，鼎革後，鹽不行而課存；秉恒内召，疏免廣課，闔郡德之。

郭棻

郭棻，字芝仙，號快圃，直隸清苑人。順治九年進士，歷官内閣學士，兼禮部侍郎。有《快圃詩鈔》。《四庫全書總目》：棻文頗華贍，惟應酬之作太多，未免失於删汰。曾修《畿輔志》及《保定府志》，今集内所載《星野》《沿革》等説，皆志中之文，蓋用《鄂州小集·新安志序》之例也。《畿輔通志》：棻博學工文，曾著《皇畿大一統賦》，累數萬言，士林傳誦。

侯杲

侯杲，江蘇無錫人。順治六年進士，曾官刑部郎中。

王如辰

王如辰，號北埜，山東膠州人。順治十二年進士，歷官廣西提學道僉事。《山東通志》：如辰初授山西交城令，治多山，綿延百里，積寇盤踞，時時攻劫爲害。之任七日，設計擒渠魁，歸京師正法。邑多虎患，爲文檄之，虎逸去。擢户部，歷郎中。出督學廣西，時值兵燹，九府學宫，大半鞠爲茂草，乃倡捐建。復於桂林建華掌書院，擇諸郡名士讀書其中，所造士甚衆，風氣爲之一開。

孫浣思

孫浣思，俟考。

張楷

張楷，江蘇江都人。康熙六年進士，官知府。

何規中

何規中，浙江仁和放鶴亭羽士。

史逸裘

史逸裘，字雲次，江蘇金壇人，浙江仁和籍。順治十二年進士，歷官山東兗州沂曹道。有《五經集論》《廿一史約》。《江南通志》：逸裘歷兵部職方，掌軍政，昭雪叛案無辜者幾千人。督學河南，時初復八股之舊，益以起衰爲己任。升少參，分巡東兗，歲饑，首建停徵之議。以艱歸，卒。

釋興源

釋興源，字楚雲，湖南長沙人。有《栴檀閣稿》。《居易録》：楚雲禪師者，天界浪杖人之孫，竺菴成公法嗣也。康熙癸酉曾訪予於京師，庚辰復來過訪，云將歸南嶽，且云居士大名，今日歐蘇也。吾住江西三年，又嘗往閩中博山、東苑二祖庭掃塔，凡深山窮谷、漁樵耕牧之徒，無不知居士名者。

王九齡

王九齡，字子武，又字薜瀫，江蘇華亭人，御史廣心子。康熙二十一年進士，歷官左都御史。有《松谿》《蒓香》《艾納山房》〔二〕《秦山草堂》諸集。《四庫全書總目》：九齡挹何、李之流

〔二〕《艾納山房》：海山仙館刻本誤作「《艾約山房》」。

波，而才思富艷，加以纖穠，如《金陵雜感》云：「十里青樓原上草，六朝金粉路旁花。」殆純以情韻勝矣。《居易録》：乙丑會試，王户侍鴻緒儼齋爲總裁，其母兄編修九齡爲同考試官，尤爲僅見。《松江詩鈔》：都憲於三昆中最晚達，既入史館，猶手不釋卷，故其詩深沈遒煉，是從苦心孤詣得來。

張鵬

張鵬，字南溟，江蘇丹徒人。順治十八年進士，歷官刑部侍郎。《池北偶談》：歷城王苹，字秋史，少年能詩，清拔絶俗。余偶以書寄張中丞，言苹之才，中丞特召見，引之客座，且贈金焉。苹之才、中丞之誼，皆塵中所少也。

張士甄

張士甄，字繡紫，順天通州人。順治六年進士，歷官吏部尚書。《畿輔通志》：士甄官刑部尚書，持法平允，務寬大。改禮部，又轉吏部，掌銓三載，謝請托，疏壅滯，公慎自矢，朝論歸之。常奉使祭恒、霍諸山，途遇山西裁兵，憫其無依，爲設地屯處。河東鹽課積逋纍纍，疏請豁免。

沈胤范

沈胤范，字康臣，又字肯齋，浙江山陰人。康熙六年進士，歷官刑部郎中。有《采山堂集》。《紹興府志》：胤范在襁褓，有異徵，祖、父皆器之。稍長，究心經史，以詩文雄視海内，名流樂與之交，户外屨常滿也。歷官刑曹，每有矜疑，終夜不寐，獄是以不冤。《越郡詩選》：康臣樂府以唐調雜古音，頗近元辭。其詩近體尤工，然一夕而嘔血數回，雖曰苦思，抑亦神忌之矣。

孫一致

孫一致，字惟一，江蘇鹽城人。順治十五年進士第二人及第，歷官侍讀學士。有《世耕堂集》。《江南通志》：一致父助，以孝友稱鄉里。一致少有異才，以拔貢赴廷試，當赴推官，不就。恬澹嗜學，以母憂歸，遂不復出，糲食藜羹，展卷吟哦。詩宗杜甫，兼出入王維、孟浩然間。

鄧旭

鄧旭，字元昭，江南[一]壽州人。順治四年進士，歷官甘肅洮岷道副使。有《林屋詩集》。吴偉業《贈檢討鄧公墓志》：其未舉子也，遍禱於山川，夢日而生，故名之曰旭，字元昭。

撒木哈

撒木哈，滿洲正黄旗人，順治十二年進士。

[一] 江南：海山仙館刻本誤作「江蘇」。

田種玉

田種玉，字公琢，號遜菴，順天宛平人。順治四年進士，歷官文淵閣學士、工部尚書，兼太子少傅。

劉　良

劉良，俟考。

陳一炳

陳一炳，字虎文。曾官吏部侍郎。《池北偶談》：本朝用人器使，有不拘文武資格者，吏部侍郎陳一炳、户部倉場侍郎周卜世、前總督浙閩兵部侍郎劉兆麒，俱改都督、同知、僉事等銜，充山西、山東、直隸等處援勦提督總兵官。

錢芳標

錢芳標，字葆馚，江蘇〔一〕華亭人，刑部侍郎士貴子。康熙五年舉人，官中書；十八年薦舉博學鴻詞，以憂不赴。有《東溟草》《金門稿》《詞輭》。《池北偶談》：松江錢少司寇艱於嗣，與夫人往天童祈子。大師爲集衆僧，問誰願往，皆不答；一飯頭老矣，自言願往。既而錢果得子，名鼎瑞，字寳汾，後易名芳標，字葆馚。辭華麗藻，有名東南。官中書，既而假歸。一日方與客坐齋，有僧至門，持一椷書，云自天童來。舍人啓視之，殊不駭訝，但云倉卒，奈何？明日晨起，遍召賓客與訣，索筆書一偈云：「來自白雲來，去自白雲去。笑指天童山，是我舊遊處。」微笑而逝。

〔一〕 江蘇：海山仙館刻本誤作「江西」。

程汝璞

程汝璞，安徽合肥人。順治四年進士，官浙江提學道。魏象樞《糾參疏略》：汝璞聽蠹書祁茂之等創立社師名色，不論優隸賤役，即與批呈仰學入册，准作社生。以訪拿有過生員爲名，行牌各學嚇銀，餽入免拿。濫准詞狀，動輒親提，指事勒索。考案未發，預使書役分頭播揚，擇殷飛噬。勒索教官贄見，陋規〔二〕，不餽者，口駡奴才，嚇放下等，以示凌辱。生員遺才科舉，每名勒銀二十四兩，後減爲十二兩。山僻地方，無人賄買，其童生入學，故缺額數，將別縣文武童生撥補。嘉善儒童魏燾，首名入泮，因未餽獻，行牌除名，詐銀四十兩，復行銷牌。考試私帶姬妾，忽以七相公乳母爲名，忽以閲文相公爲名，用轎擡入試館。

〔二〕 此下脱「陋規」之具體條文，可參魏象樞《寒松堂全集》卷四《直糾浙江學道以申公論以重京堂事疏》。

張貞

張貞，字起元，號杞園，山東安丘人。康熙十一年拔貢，官翰林院孔目；十八年薦舉博學鴻詞，以憂不赴。祀鄉賢。有《杞田集》。《山東通志》：貞刻苦好學，博覽群書，遨遊四方，時與海内名流揚今榷古，一時稱文章巨手。事母孝，尤敦内行，母以節著，貞克承母志，以光父業。史館缺員，以待詔用，亦不就。退居杞城，日以著述爲事。李質庵《杞園先生墓表》：先生所著，有《家乘》《族譜》《杞紀》《鄉賢傳》《半部稿》《或語》《潛州集》《耳夢録》行世。新城王司寇與先生爲莫逆，垂老猶求先生定其文，亦手定先生文，論者至欲於虞山堯峰間展一席地，先生之文可知也。

朱弘祚

朱弘祚，字徽蔭，山東高唐州人。順治五年舉人，歷官浙閩總督。有《清忠堂奏疏》。《山東通志》：弘祚選授盱眙令，以廉勤自飭。值歲歉，申請蠲賑，復自假貸二千餘金煮糜飼之，鄰封就食者常數萬人，訖無流殍。以卓異補刑部郎，發奸摘伏，冤獄多所開釋。出守直隸，亦著聲績。遂撫兩粤，抵南雄，首革庾嶺役夫。先是粤東軍興，芻蕘、扉屨之需，徵至百萬餘金，反浮正供，弘祚亟爲裁革。臨高、澄邁、吴川諸邑，殘於兵變，村舍爲墟，疏請蠲賦以招之，流亡悉復故業。尋改總督浙閩，飭營伍，核餉械，嚴扣剋，東南壁壘，一時改觀。復奉修南河，卒於工所。

張永祺

張永祺，字爾成，順天大興籍，江蘇宜興人。順治九年進士第二人及第，歷官國子監祭酒。

成　性

成性，字我存，安徽和州人。順治六年進士，歷官工科給事中。《池北偶談》：益都馮公薦起魏光禄象樞於田間，并及成主事性。於是魏授御史，成授給事中，成即魏己丑門生也。曾以中書舍人假御史，巡按福建，有清直聲。在京師，却掃絶交遊，亦廉介之士。然其自述有云不用磁器，以木代之，亦矯矣。在省中，無他建白，惟請遣官清丈蜀省田，增加賦税，會有兵事，不行。

袁時中

袁時中，字來菴，浙江鄞縣人。康熙六年進士，歷官提學副使。

茅　麐

茅麐，字天石，浙江歸安人。《兩浙輶軒録》：天石工畫山水人物，而於詩亦佳。

沈季友

沈季友，字客子，又字南疑，浙江平湖人。康熙二十六年副貢生。有《學古堂集》《南疑集》《迴紅集》，輯《賦格》《柘上遺詩》《檇李詩繫》。《四庫全書總目》：季友爲陸棻之婿，與汪琬、毛奇齡以詩相唱和。奇齡爲作詩序，以才子目之，然抑揚皆在是矣。又曰：《詩繫》所録嘉興一郡之詩，由漢晋以至國朝，每人各爲小傳。詩中山川古迹、民風物産，亦多所考證。《兩浙輶軒録》：客子爲西平知縣棻之子，少聰穎，精制藝及古文詞。年二十六，刊《南疑集》行世，一時紙貴，名動江左。

汪耀麟

汪耀麟，字叔定，江蘇江都人，中書舍人懋麟兄。有《抱耒堂集》。

顧宸

顧宸，字修遠，江蘇無錫人。明崇禎十二年舉人。有《宋文選》《杜律注解》。《江南通志》：宸有文名，蓄書尤富。

曹申吉

曹申吉，字澹餘，號逸菴，山東安丘人。順治十二年進士，歷官貴州巡撫。殉吴三桂之難。有《黔行》《黔寄》二集。《山東通志》：申吉分守湖廣鄖陽，治政循卓，而尤長聽斷。洊歷禮、兵二部侍郎，酌復舊章，多所建白。出撫黔中，改衛所歸并州邑，以一事權。招撫生苗，編隸版圖，迪以文教。不三年而吴逆叛，舉家被害。張貞《曹公墓志》：先生撫黔，多善政，十二年冬，吴逆難作，被執。當聞變之初，夜遣傔人飛章入奏，疾馳六千里，十二日而達都門，上始得吴逆反狀。庚申夏，蠟書赴闕，密陳機宜，爲賊所覺，遇害於昆明之雙塔寺。

董樵

董樵，字樵，一字鸒谷，號東湖，山東萊陽人。明諸生。有《南遊》《岱遊》《賈遊》諸草，《入山偶存》《燕臺》《還山》《耦耕堂》諸詩。《静志居詩話》：董生，高蹈之士。甲申後，徙居文登海濱，日荷篠入市易米，人莫知其住處。縣有紳士，要於路，欲與語，生棄薪道左，詭云吾科頭，當取冠與公揖，竟去，日暮不復來。紳士取棄薪以歸，曰：「此高士所遺也。」生從此不復入市。王士禛《董烈婦傳》：烈婦孫氏，棲霞人，諸生士彦女，歸樵子道廣。樵客即墨而道廣病，婦方歸省父母，心動趨歸。道廣病且殆，烈婦瞑目絕飲食，矢必死。三日，道廣死，婦從容告廟，與姑劉氏訣。顧謂弟仲桂曰：「歸語父母勿過哀，女無以答劬勞，是所以報耳。」遂自經。海岱間人，奇婦節而多士彦賢，知樵者皆爲賦詩云。

高詠

高詠，字阮懷，號遺山，安徽宣城人。歲貢生，候選知縣。康熙十八年召試博學鴻詞，官檢討。有《遺山堂詩》《若巖堂集》。《江南通志》：詠幼有神童之目，其學無所不窺，書畫與詩，世稱三絶。充明史館纂修，所撰史稿，皆詳慎不苟。吴陳琰《曠園雜志》〔二〕：詠少時，夢於市上見大幅字，狼藉盈街，不敢踐，尋一側路行，不覺輕舉入雲中，至一所，樓閣壯麗。逾墻入門，有黑髯若元壇神者，從一卒，擁皂纛自内出。詠左避，神睇如顧問纛卒，有所言者再，乃去。遂至内闕門，門左冕而執笏山立者甚衆，知爲天庭。方恐懼倉皇，則有導以行者。至右偏旁殿，額曰「三官堂」，有公座三，黄裀畫皋比。私念何可據三官堂？遂出。最後引至文昌宫，以第三座命之曰：「可坐此。」驚而寤，作《飛龍引》以紀。康熙壬子廷試，至五鳳樓、金水河，仿佛夢中，以爲兆應矣。尋以薦授史官，數年復夢此境，心惡之，以疾請假歸里。每語人曰：「當以

〔二〕陳琰《曠園雜志》：海山仙館刻本誤作「陳炎《曠雜記》」。

二十八日辭世。」究不言其故。次年二月卒，果二十八日。《名家詩鈔小傳》：阮懷年近六旬，始以明經貢太學。崑山徐相國延至家塾，一日舉觴相屬，曰：「先生早歲即藉甚聲名，某甫就傅，欲顔色不可得，幾作天外真人想。今竊不自意，屈致門下，實慚且幸！敬以此爲先生壽。」阮懷唯唯，惟取酒立飲。座客驚嘆，皆謂高草野倨傲，而多相國賢。

汪琬

汪琬，字苕文，號鈍翁，江蘇長洲人。順治十二年進士，歷官刑部郎中。康熙十八年召試博學鴻詞，改編修。《有堯峰詩文鈔》《鈍翁先後類稿》。《四庫全書總目》：琬與魏禧、侯方域并以古文擅名，宋犖嘗合刻之。然方域才人之文，禧策士之文，惟琬根柢經典，不失爲儒者之文。歐、蘇、曾、王固未易擬，以接迹王慎中、唐順之、歸有光等，無愧色也。又曰：琬請告以前所作詩文，自輯爲《類稿》六十二卷，刊板置之堯峰皆山閣；其歸田後作，輯爲《續稿》。又取《明史列傳稿》，附以《汪氏族譜》及其父行略爲《别集》。有周公贄者，爲校刻之。後琬復自删擇，取其愜意者，爲《堯峰詩文鈔》，屬林佶繕本刊行。《蘇州府志》：琬少孤自奮，讀書五行俱下。觀政通政司，假歸，鋭意爲古文辭，以起衰自命。授刑部郎中，河南民張潮兒以母仇殺族兄，論死，琬爲《復仇論》，引律文罪止杖爲據，以奏銷案。兵馬司指揮，剛直不撓，理冤誣，決疑獄，懲奸豪。任滿去，民炷香携酒，送者塞道。復爲户部主事，假歸，結廬堯峰。在史館六十日，杜門稱疾，逾年告歸。爲文根柢六經，浸淫《史》《漢》，取法唐宋元明大家，立言命意，各有所本。嘗自言吾文從廬陵入，非從廬陵出。其叙事尤有法度。《名家詩鈔小傳》：鈍翁性卞急，遇意所不可，輒攘臂争，即詩文得失，不少假。然坦率無城府，片語之佳，不難俯首至地。家居弟子日進，常教之曰：「學問不可無師承，議論不可無根據，出家不可無本末。」其指歸如此。

路鶴徵

路鶴徵，字湘舞，一字青城，初名迺登，江蘇華亭諸生。《松江詩鈔》：湘舞研精古學，文采宏麗，嘗同王含章客大梁幕，共輯《二十一史纂注》。

王晫

王晫，初名棐，字丹麓，又字木菴，一字松溪，浙江仁和人。有《霞舉堂集》《南窗文略》《檀几叢書》《文津》《今世説》《贈言偶集》《墻東草堂詞》。《今世説》：丹麓家既落，顧時喜刻書，客至，質衣命酒。其詩曰：「平生好賓客，資用苦不周。有懷莫可告，室人且見尤。」施愚山誦之，輒失笑曰：「蓋有類予者。」

李植

李植，山東利津人。明崇禎七年進士，官御史。國朝歷官河南巡按。《山東通志》：植授陝西韓城知縣，開渠灌田，捐粟賑饑，行取御史。國朝巡按河南，值撤差，絶意仕進，卒於家。

周在浚

周在浚，字雪客，河南祥符人，户部侍郎亮工子，流寓江寧。官太原府經歷。《有藏密菴》《秋水軒》集，《潜丘小稿》《花之詞》《天發神讖碑釋》。《四庫全書總目》：《天發神讖碑》，本在江寧城南之巖山，後在天禧寺門外，至宋胡宗愈移置轉運司後圃，元楊益又移府學中，一名《三段碑》。吴天璽元年刻石，黄伯思以爲皇象書，或以爲蘇建。其字怪偉，兼以碑斷裂，頗難辨識。在浚合其石，貫以巨鐵，重爲釋文，而以諸家題跋附之。

李之粹

李之粹，漢軍鑲黄旗人，貢生。浙江布政使。

龍光

龍光，字二爲，安徽望江人。康熙六年進士，歷官福建同知。《古夫于亭雜録》：光自記前身太白山湫龍也，每雷電風雨，輒心喜，意氣飛揚。然仕途轗軻，仕至福建某府同知。

鄭淮

鄭淮，字桐源，江寧人。《墨林韻語》：桐源畫山水，筆意展拓，氣宇軒爽，即尺幅便面，谿徑自别。雖淵源樊氏浴沂，而去其枯冷之致。

宋實穎

宋實穎，字既庭，江蘇長洲人。順治八年舉人，康熙十八年薦舉博學鴻詞，官興化教諭。

有《讀書堂》《老易軒》《玉磬山房》等集，《春秋拾遺》。《蘇州府志》：實穎淹貫經史，詩文典雅，爲詞壇名宿。侍講繆彤少從授經。宅心淳厚，喜獎後進，以故人益重之。魏禧曰：「實穎母夫人葉，當乙酉兵亂，與季子實方、女雪娥、實穎婦朱氏同赴井，仲子實粟從。既經日，母及實粟死，而實方、雪娥與朱氏直立水中，竟不死。」《池北偶談》：既庭作《黜朱梁紀年圖論》，其義嚴正，略云：王莽不得爲新，安禄山不得爲燕，全忠豈得爲梁乎？且移檄興復唐室者，有晉、岐、蜀、淮南四國，或爲唐之臣子〔一〕，或爲唐之賜姓；今黜朱梁紀年，而以晉、岐、淮南之稱天祐者爲主，始於天祐四年，至後唐莊宗同光元年而止，亦《春秋》書「公在乾侯」之義也。

汪徵遠

汪徵遠，字扶晨，號粟亭，後更名士鋐，安徽歙縣人。有《滄螺集》《稽古堂稿》《穀玉堂近詩》。《漁洋詩話》：扶晨工於詩，古選尤閑澹有王、韋之風；若《黄山》詩，有「不見庵中僧，微

〔一〕臣子：海山仙館刻本誤作「王子」。

雨潭上來」。不愧古人。

曹重

曹重，初名爾垓，字十經，江蘇婁縣人。有《濯錦詞》《雙魚曲譜》。《松江詩鈔》：重以父烺乙酉遇害，乃絶意進取，風雅自耽。博學工詩，善繪事，尤長於詞，兼好度曲，有《雙魚譜》流傳。「繩索千里生」，其自號也。初家干溪〔二〕，晚年移居郡東郊，築臨溪書屋居之，爐香茗碗，古色斑然，至今風流猶可想見。《金山縣志》：曹重母吴氏，名朏，號冰蟾子；妻李氏、女鑑冰，并能詩善畫，合編集曰「三秀」。《笛餘小稿》：張僧繇畫花，遠視作凸凹狀，近看却平，曹子十經頗得是意。雲山酬唱，十經年少，才華溢發。其詩文絢爛如赤城霞，或堅潔如藍田玉。又善丹青，與雪田諸子起墨林詩畫社。

〔二〕干溪：海山仙館刻本誤作「千溪」。

耿願魯

耿願魯，字又樸，又字公望，山東館陶人。康熙九年進士，官編修。有《韋齋集》。《山東通志》：願魯幼穎慧，六歲即通經史，善詩，工楷書。充同考，焚香籲天，期獲奇士以報國。王士禛《耿公墓志》：耿一白先生，明登弘治進士，官監察御史，抗疏劾逆閹劉瑾，直聲震天下。累官江西參政。曾孫如杞，登萬曆進士，官遵化監軍副使，不拜逆閹魏忠賢祠，爲閹黨劉詔所劾，逮詔獄。累官山西巡撫。中丞子含光，官高密訓導，生編修公。癸丑爲會試同考官，首得韓公菼，餘如徐倬、董誾、繆錦宣〔二〕輩，皆詞林眉目，一時推公知人。

〔二〕繆錦宣：海山仙館刻本誤作「繆綿宣」。

黄之鼎

黄之鼎，字訥菴，直隸元城人。康熙六年進士。

柳　燾

柳燾，字公窿，山東臨清州人。順治八年舉人。《居易録》：蔡維寧，吴洞庭山人。弱冠能詩，爲工部尚書臨清柳公窿所知。會逆閹魏忠賢亂政，柳公將發其奸，病不能起，泣屬維寧，維寧諾之，奮筆草數千言。疏成，柳已病革，其家人竊焚之，維寧慟哭出都。閹兒既誅，維寧踴躍之清源，告柳公墓。公窿能詩工書，與予辛卯同年相善云。

魏麟徵

魏麟徵，字蒼石，江南溧陽籍，高淳人。康熙六年進士，歷官邵武府知府。有《石屋詩鈔》〔二〕《西湖和蘇詩》《濂洛風雅選》；《杜詩評注》駁正錢箋。《濟寧州志》：麟徵避寇徙濟寧，與王士禛、田雯、顔光敏友善，由中書督軍儲有功，充杭邵武知府。清介明敏，所至有聲。性嗜書，案牘之餘，手披口吟，自夜達旦。推監司，不就，謝病歸。平生著述甚富，在杭有《和蘇詩》數卷，毛奇齡謂爲坡公後身。墨迹存十之六七，濟人士共寶之。

惠周惕

惠周惕，字元龍，號研溪，江蘇吴縣人。康熙十八年薦舉博學鴻詞，以憂不赴；三十年進

〔二〕《石屋詩鈔》：海山仙館刻本誤作「《石屋堂鈔》」。

士，官密雲縣知縣。有《易傳》《春秋問》《三禮問》《詩説》《研溪詩文集》〔二〕。《四庫全書總目》：《詩説》於毛傳、朱傳無所偏主，惟自以己意考證，引經據典，所得較多。《蘇州府志》：周惕世居吴之東渚，父有聲，明貢生，與同里徐枋友善，以九經教授鄉里。周惕少傳家學，又從枋及汪琬遊，究心經學，工詩古文詞。既壯，遍歷四方，與當代名人交。

吴元龍

吴元龍，字長仁，號卧山，江蘇華亭人。康熙三年進士，歷官督捕理事；十八年召試博學鴻詞，改侍講。有《問月堂詩鈔》。《江南通志》：元龍預修《明史》，奉親以孝聞。子廷揆，進士，官太常少卿，才望甚著。

〔二〕《研溪詩文集》：海山仙館刻本誤作「《研溪時文集》」。

李鴻霔

李鴻霔，字季霖，號厚餘，山東新城人。康熙三年進士，歷官元江府〔一〕知府。有《歷游》《觀海》《餘則》《滇南》諸集。沈廷文《李公墓志》：公曾祖九青，自長山遷新城；父采蘭，績學力行，多隱德。公邃學工文，精衡鑒。分校北闈，所取皆名士；典試浙江，得人尤盛；轉户部郎中，出知元江府，教養兼備。

周碩

周碩，字子遜，山東鄆城人。

〔一〕元江府：海山仙館刻本誤作「沅江府」。

鍾朗

鍾朗，字玉行，號廣漢，浙江建德人。順治十六年進士，歷官布政司參議。《浙江通志》：朗出視江南蘆政，蘆故奸猾弊藪，强弱輸賦不等，積逋至二十餘萬。朗偕使者按籍履畝，確查得豪富侵占、胥吏飛灑等弊，陳請豁免貧户積欠數萬兩。

蔡兆豐

蔡兆豐，江西金谿人。官温州府知府。

張錫懌

張錫懌，字越九，號宏軒，江蘇上海人。順治十二年進士，官泰安州知州〔二〕。有《南歸》《涉江》《漫遊》等稿。《松江詩鈔》：泰安有捨身崖，越九禁之，歲活無算。會校秋闈，以元卷改字被議。歸居鄉，留心地方公事，如癸巳海警，闔邑將罹不測，以抗辨得釋。毛奇齡《西河詞話》：雲間諸進士嗣郢、董孝廉俞諸君，嘗於重陽後作神山之會。時吳學士偉業在坐，連覓女郎倩扶不得。夜分滬上張宏軒刺史來赴，挾一衣冠少年，光艷暗射，若薄雲籠月，人各却步，且不敢詢姓氏。及移燭視之，則倩扶也，一座嘩然。蓋是時倩扶已與宏軒定情久矣，宏軒有詞紀事云云。

〔二〕泰安州知州：海山仙館刻本誤作「泰安知縣」。

金煜

金煜，字子藏，浙江會稽人。順治十五年進士，官郯縣知縣。《曠園雜志》：煜一目有重瞳子，其母弟馬玉超，挾粤東一扶乩客來，驚曰：「南唐李後主後身也。後主見馬太后之詞而善之，願爲之兒。其遭逢不能遠過後主，得乎戌，失乎戌，識之識之！」煜祖太常公笑曰：「彼知後主亦名煜，故妄言耳。」後煜年十九中進士，康熙庚戌罷官，甲戌死。考後主於南唐建隆三年壬戌即位，至開寶七年甲戌而國亡身殞，得失果皆同。

戴京曾

戴京曾，初名子京，字型遠，浙江錢塘人。順治六年進士，歷官順天府府丞。《池北偶談》：型遠官山東提學，清方孤峭，人不可干以私，所拔皆一時名士，與施愚山先後齊名。内升大理寺丞，予告，久之起補，稍遷順天府丞，再予告歸，幅巾野服，參學徑山，絶迹公府，人品爲武林第一。

劉芳躅

劉芳躅，字鍾宛，號增美，順天易州人，明户部尚書餘裕子。順治十二年進士，歷官工部侍郎，祀鄉賢。《畿輔通志》：芳躅出撫山東，甫至，即飭屬吏屏絶餽遺，廉訪民情利弊，連上一十三疏，凡所因革，悉蒙俞旨。

張應瑞

張應瑞，字受菴，漢軍正白旗人。順治十二年進士，歷官兩淮鹽運使。

張鴻猷

張鴻猷，字匡鼎，順天通州人。順治十八年進士，歷官廣西提學僉事，祀鄉賢。《畿輔通志》：粤西地介蠻服，又經兵火後，向學者寡；鴻猷加意鼓舞，文風丕變。持操堅卓，僚友俱不敢以私相干。

曹首望

曹首望，字統六，又字功貢，直隸豐潤人。拔貢生，授内閣中書舍人。歷官蘇州府知府，祀鄉賢。《畿輔通志》：首望榷蕪湖關，凡不利於商、不便於民者，悉除之。擢儀曹郎，出知蘇州府。蘇郡水陸交衝，供億繁雜；會赴浙閩兵過郡，縣令弗能支，撫臣輒以委之首望，至則刻期辦事，兵無騷擾，境内安堵如故。抵任，焚香告天，誓不取一錢，終始無改節，爲廉吏最。

謝兆昌

謝兆昌，字瞻在，浙江定海人。康熙六年進士，歷官河南道御史。有《閒居集》。《兩浙輶軒録》：兆昌於長蘆巡鹽時，恤商剔弊，前後章疏數十上。以病乞歸。

高恒豫

高恒豫，直隸静海人，少保文端公爾儼子。官生，歷官河南鎮道。《天津府志》：世祖諭公卿子入侍，備顧問方面之選。少保高爾儼，以侄恒豫失恃，撫愛若己出；恒懋體父志，以恒豫應焉。少保卒，朝廷恩蔭一子，恒懋復讓恒豫。

王日藻

王日藻，字印周，號却非，原名濂，江蘇華亭人。順治十二年進士，歷官户部尚書。《江南通志》：日藻由員外郎出爲河南提學僉事，報最擢参議，累遷江西布政使，所莅有聲。巡撫河南，疏請開墾荒田四十四萬餘頃，悉成沃壤。分轄河務，籌畫精密。内遷刑部侍郎，歷工、户二部，賦役諸政，裁斷穩愜。以事落職，復起總理高堰河工，勤瘁卒工所，特復原秩。

桑開運

桑開運，字雨嵐，直隸玉田人。順治十二年進士，歷官廣西布政司參議，祀鄉賢。有《恤刑策略》《自省撮要》。《畿輔通志》：開運少有大志，不屑細務，以敦倫紀、善風俗爲首。平生拯人之危、恤人之急，親黨藉以婚葬者甚多，時咸目爲長者。

于　璉

于璉，山東文登人。順治十五年進士。

張　英

張英，字敦復，號夢敦，安徽桐城人。康熙六年進士，歷官大學士，贈太子太傅，謚文端。

有《存誠堂》《篤素堂》詩文集，《易經衷論》〔一〕。《江南通志》：英侍講幄，敷陳經義，民生吏治，悉心獻納，知無不言。聖祖初設南書房，俾每日侍直，以資講論，詞臣賜第内城自此始。及佐樞部、掌邦禮，恪慎清粹，一時典章儀制、廟廷制誥之文，多其手定。登相位，忠藎純誠，佐佑啓沃，歷任三十餘年，未嘗一日離内直。聖祖稱其老成敬慎、終始不渝，有古大臣風，命工寫象以賜。生平多隱德，外和内剛，一私不染。薦拔賢俊如不及，從不使人知。廣義田以贍宗族，肅家範以率子弟，一門咸勵名節。温恭謙謹，稱江左第一。年七十二卒於家，御祭恤葬逾恒制。世宗御極，有甘盤舊學之思，贈太子太傅，崇祀京城賢良祠，賜祭於本籍。御書匾聯，有「忠純貽範，師模如在」之褒。

孫　焞

孫焞，浙江德清人。

〔一〕《易經衷論》：海山仙館刻本誤作「《易書衷論》」。

王尹方

王尹方，字鶴汀，山西安邑人。康熙十二年進士，歷官内閣學士。《山西通志》：尹方雅度清望，焜燿班行，一時有四君子之目。嘗夜召至禁中講經書，敷繹詳剴，爲講臣最。主庚午江南鄉試，疏請破例搜落卷，得旨展期，校閲率至丁夜，事訖，嘔血數升。論者謂明西江姜公燕主典江南試，越六十年而復至庚午，其甄拔耆俊適符之。性至孝，生母歿，以嫡母年高，具疏請終養，生母故不慊於嫡母者也，君子以爲厚。卒賜祭葬。

劉始恢

劉始恢，字价人，江蘇山陽人，岑溪令昌言子。康熙九年進士，歷官吏部郎中。《江南通志》：始恢授大理評事，時有兩議例，有成獄讞法司，而於情罪未協者，輒奮筆駁正。大理卿采其議，列疏後附請，得報可。歷吏部考功郎，冢宰以廉慎薦，轉文選郎中，銓叙得宜，時無滯才。

會河臣建東河注海之議，始恢力持不可，與詞臣喬萊合，事得寢。

張鵬翮

張鵬翮，字運青，號寬宇，四川遂寧人。康熙九年進士，歷官大學士，贈少保。謚文端，祀賢良。有《忠武志》。張邦伸《錦里新編》：鵬翮九歲能文，康熙己酉，舉於鄉。年十二入闈，時監臨某夢緑衣白馬人入某號，使吏記名於簿，揭曉，公名列焉。明年成進士，入翰林。改刑部，辨疑獄不避權貴。再遷禮部郎中，上召見，賜太液鮮鯉。節知蘇州府，補兖州，舉兵部督捕右理事。與内大臣同使俄羅斯，路經喀爾喀地。之額諾德與喀爾喀爲難，聲言王師將援以敵〔二〕。額諾德執我前軍，衆驚欲退，公曰：「受天子命，出使絶域，奈何示小醜怯！且吾退而彼襲其後，將何以禦？陳師固壘以張之，而徐遣一介通其故，若跋扈，再計可也。」衆猶豫，公厲聲

〔二〕此處引文省簡跳躍，致使意思費解。《錦裏新編》原文爲：「路經喀爾喀地。初，額諾德與喀爾喀爲難，上嘗命達賴喇嘛解之，至是復交搆。喀爾喀聲言：王師將援以敵。公聞之，言於衆曰：『古人有言：慮善以動。此行適中額諾德之忌，當預計之，勿使生變。』衆迂其議。俄而額諾德果執我前軍。」

曰：「某獨當之！」額諾德服罪。扈從南巡，還至吳。授浙撫七年，士敦實行，人息競爭。會請免捐穀，時議欲中傷，奏上，仍留任。尋遷兵侍，浙民繪像於竹閣。淮黃泛溢，南北阻絶，議者欲改海運，上特調公經其事。公博考輿圖，遍尋故迹，於河自開歸至雲梯以下，於淮自洪河溯盱泗以上，按審形勢。嘆曰：「河性本直，而壩曲之，是拂其性也；河流入海，而隘其口，是阻之流也。昔之淮，南高而北下；今之淮，西亢而東傾。欲疏河必開海口，欲出清必塞六壩。」乃陳十策，以便宜行事，報可。於是遵王景塞館陶之法，修潘季馴、江一麟所築歸仁堤，坼欄黄壩，杜諸决口，倍大河南北之堤，曲者使直，堵塘埂六壩，開張福口、裴家場、瀾泥淺、三汊儲及張帥諸莊。上南巡，迴視公曰：「卿之功也。」詔爲刑部尚書，轉户部，遷吏部。上以公公直廉明，有疑獄，輒遣判之。噶禮之參陳鵬年，公直鵬年而曲禮。公子懋齡，牧懷寧，屬禮下，公無所容回類此。

吳一蜚

吳一蜚，字翼生，號騰南，江蘇長洲人。康熙六年進士，歷官吏部尚書。《蘇州府志》：一蜚少孤，兄愉教之。讀書成進士，授山陰知縣。内艱，服闋補知洪雅縣。時巡撫方行開墾增税之令，洪雅見徵七百九十四兩，欲加至五千兩，一蜚力争之，得減三千四百餘兩。入爲工部主事，擢御史，降行人司副，晋刑部尚書。時有重案株連，一蜚苦心消釋，人多陰受其芘。轉吏部，卒於位。貧無以殮，朝士賻之，始克庀事。

夏州梁

夏州梁，字孝齋，又字斗巖，江蘇鹽城人。

于覺世

于覺世，字子仙，號赤山，别號鐵樵山人，山東新城人。順治十六年進士，歷官廣東提學道，候補按察使。有《居巢》《燕市》《使越》《嶺南》諸集。《山東通志》：覺世授歸德推官，以裁缺改知巢縣。縣帶山濱湖，號爲難治，覺世爲政寬簡，以嚴劑之。俗好巫尚鬼，捕其首奸，俗乃改。滇逆發難，有巨寇起安、廬間，攻剽郡邑，將據焦湖以應之，揚帆自大江東下，覺世設伏於南門，伏橋身，率甲士邀擊之，殲其巨魁，安、廬之盜遂絶。後以禮部郎中視學廣東，教士先德行而後文藝，士翕然化之。擢布政司參議，致仕歸。奉繼母甚謹，鄉黨稱其孝焉。《山左詩鈔》：鐵樵令巢縣，蝗不入境。尤嫻武事，嘗伏兵夜戰，生擒巨盜。後以終養不出。唐豹巖太史稱桓臺二孝，謂鐵樵及傅侍御彤臣也。

魯超

魯超，字文遠，號謙庵，浙江會稽人。順治十七年副貢生，歷官右通政。《浙江通志》：超守松江，有善政。後爲惠潮道，潮有絶户虚丁，久爲民累，超除豁三十餘户。康熙甲戌，水漲，超晝夜替民築堤，至今名「魯公堤」。歲饑，守令議發積貯平糶，未敢擅動，超力任之，果報可。及晋粤藩，益勵清操，葺珠江義學，延宿儒以教士。粤東兵餉，例間用錢，適錢滯，兵苦虧折，强市民物，民復苦之。超請全給白金，兵民均便。《松江詩鈔》：謙庵任松江知府，舉卓異者再，巡撫湯文正薦廉能第一。其在郡，建扶風書院，培植後進，人尤仰其嘉惠多士焉。

祖允圖

祖允圖，字亮公，奉天人。官順天府府尹。

王君詔

王君詔，俟考。

張　鍈

張鍈，江蘇上海人，泰安知州[一]，錫懌弟。官中書。

[一] 泰安知州：海山仙館刻本誤作「泰安令」。

臧眉錫

臧眉錫，字介祉，號喟亭，浙江長興人。康熙六年進士，歷官御史。戴璐《吴興詩話》：喟亭由魯山知縣任中書，改御史。毛西河《湖舫陪臧内史飲次采蒓》云：「君方返承明，西掖當朝參。豈可蕩兩槳，流連向空潭。蒓羹未下豉，本性我所諳。」

施天裔

施天裔，字泰瞻，遼東人。貢生，官山東布政使。

任楓

任楓，字木庵，河南汝州人。康熙六年進士，官山西靈石知縣，祀鄉賢。有《咽莊詩》。

《河南通志》：楓少值寇亂，奉親避難寶豐，城破，賊逼令降，大罵不屈；賊怒，刃其鼻耳，罵益厲。身被數刃，妻王氏以身捍蔽，迎刃不少避，賊欲牽之去，王哭且詈，賊怒，刃其首而去。楓復蘇，得不死。

李迥

李迥，字奉倩，山東壽光人。康熙三年進士，歷官刑部侍郎。《山東通志》：迥沈静簡默，不邀名譽。每以哀矜折獄，讞出其手，雖九死必獲一生，人以行善稱之。

郭昌

郭昌，字介繁，河南太康[一]人。順治十五年進士，歷官户科給事中。

[一] 太康：海山仙館刻本誤作「太原」。

方大猷

方大猷，字歐餘，號唵㠠，浙江烏程人。崇禎十年進士。國朝歷官山東巡撫，終運河道。《濟寧州志》：大猷晚年寓居濟上，故人有爲山海關總兵者，大猷曾監其軍；及其人在黔，以書招之，不屈。大猷久河上，明於河渠，當平居時，猶上下二千載，抵掌色飛。潘檢討耒贈詩，極爲推重。善山水及書法，求者坌集，揮灑不倦。《畫徵録》：大猷官山東巡撫，以事鐫級，爲河道。山水學董，間爲倪、黄，多濕筆。嘗畫河灘小景，題曰：「十二載河干，只記得者個。」工書善詩，河南考城最多其迹。

張永茂

張永茂，奉天人，舉人。官江南督糧道、布政司參議。

鄭僑生

鄭僑生，江蘇邳州人。康熙六年進士，歷官湖廣提學道僉事。

許承宣

許承宣，字力臣，號筠庵，自號芰青子，江蘇江都人。康熙十五年進士，歷官工科給事中。有《宿影亭稿》。《江南通志》：承宣授工科給事中，首陳揚州水利、賦役二疏；典陝西鄉試，還，條上秦、晋閭利弊六事，悉見嘉納。弟承家，官編修。請假歸，兄弟里居，皆以循謹惠愛見稱。

王鷺

王鷺，字相居，號辰嶽，又號幾菴，山東福山人。順治十二年進士，歷官户部尚書。有《養素堂詩集》。祀鄉賢。《山東通志》：驁升四川松威道，時兵氛未靖，轉餉深入險阻，勦撫巴、豬等寨，恩威并濟，邊徼永寧。蜀中有采運楠木之役，適代藩司入覲，奏免之。總督浙閩，聞夏孽跳梁，移鎮延平，爲掎角以壯聲援。

徐國相

徐國相，奉天人。歷官安徽巡撫。

魏學渠

魏學渠，字子存，號青城，浙江嘉善人。順治五年舉人，歷官江西湖西道。有《青城山人集》。《四川通志》：學渠任成都推官，蜀中疲於差徭，倡立章程，又定嘉、眉、邛、雅賦額，公私稱便。《檇李詩繫》：學渠擢刑部主事，贖魏女之没官，脱丁生之謗獄。後補湖西道，艱歸。慷慨好施，桐城錢澄之感其惠，有詩曰：「還家擬建懷青閣，從此飢驅不出門。」武林汪繼昌以所贈築園江干，名曰「黄圃」。黄宗炎求買山之助，出祇襆置其袖，視之，則黄金也。

趙開雍

趙開雍，字五絃，號韋齋，江蘇寶應人。官知府。有《東魯》《嶺南》《粤西》諸草。

朱綵

朱綵，山東單縣人。

朱紱

朱紱，字方來，號澹居，山東單縣人，明大名道廷焕子。歲貢生，官蒲臺訓導。有《緑怡軒遺稿》。胡會思《朱先生墓志》：先生考忠烈公廷焕，崇禎甲戌進士，由繕部郎歷官大名兵備道。甲申三月，流賊自雍、豫抵畿南，獨忠烈公以死自誓。賊衆薄城下，有奸人與賊通款，城遂陷，公猶督衆巷戰，力屈被害。時先生歸就試，訃聞，殞絶復甦者再四。營葬畢，隨詣幕府，求得奸人，磔諸市，設位以奠。順治乙酉，伏闕陳殉節狀，得旨與祭葬，并録事迹編史册。

沈廷文

沈廷文，字原衡，號元洲，浙江秀水人。康熙二十七年進士第一人及第，官修撰。有《廣居文鈔》《燕邸雜録》《北征》《南歸》等集。《熙朝新語》：廷文父於大兵入粵時，被執監禁，廷文哭訴軍府，得釋，年已七十矣。及廷文官修撰，爲介壽徵詩，同里陶越作引言，有「孝子身經百險，幸覯止於鯨波鰐沫之餘；孤臣迹越千鄉，正彷徨於雹閃沙驚之候」之句，都下盛傳。

許聖朝

許聖朝，字慎餘，山東聊城人。康熙十二年進士，官吏部員外。

顧雲臣

顧雲臣，名見龍，江蘇吴江人。《畫徵録》：雲臣以寫真祗候内廷，名重京師。余見所畫湯文正公像，其子侄皆云酷肖，然筆墨未見拔俗也。

李漁

李漁，字笠翁，浙江蘭谿人。有《一家言》。《金華詩録》：笠翁少遊四方，自白門移家杭州，家居湖上。碧波翠嵐，環映几席，喜其家與山水爲鄰，自號「湖上笠翁」。負才子名，婦人孺子，無不知者。所作率胸臆，構巧思，不必盡準於古。最著者詞曲，其意中亦無所謂高則誠、王實甫也。旁及窗牖、床榻、服飾、器具、飲食諸制度，悉出新意，故傾動一時。《靈芬館詩話》：笠翁以填詞擅名，其他著作，人多以俳優畜之；然清詞麗句，亦有不可没者云云。

王士驥

王士驥，字隴西，又字杜稱，山東新城人。康熙三年進士，官内閣中書。有《聽雪堂》詩集、詞集、《遊大梁詩》。

顧芳菁

顧芳菁，俟考。

成德

成德，氏納喇，字容若，後更名性德，奉天遼陽人。康熙十二年進士，官侍衛。有《合訂删補大易集義粹言》《通志堂集》。《四庫全書總目》：德生華閥，勤於學問。鄉試出徐乾學之門，遂受業焉。《九經解》即其所刻，而徐乾學延顧湄校正之；以書成於性德，歿後板藏徐氏，世遂稱《徐氏九經解》，并《通志》而移之徐氏，實相傳之誤也。

史夔

史夔，字胄司，江蘇溧陽人，編修鶴齡子。康熙二十一年進士，歷官詹事。《江南通志》：夔在史館，凡稽古禮文編纂著作之事，推爲巨手。從北巡，著《扈蹕集》；典試兩浙，著《樟亭集》；分理河工，著《觀濤集》；祭告南海，著《扶胥集》。

楊丕顯

楊丕顯，字耀祖。

余國楨

余國楨，字端人，號劬菴，浙江遂安人。明崇禎十三年進士，官富順縣知縣。有《見聞記憶録》。《四庫全書總目》：國楨自稱生平卷帙盡佚兵火，偶舉所憶，惝恍都如夢境。後其子中恬分爲五卷，曰記文、記人、記物、記異、雜記，大抵皆明末瑣事，間涉荒誕，無關考證。又所作雜文，并厠其中，亦非得體。

張惟赤

張惟赤，字君帶，號螺浮，浙江海寧人。順治十二年進士，歷官工科給事中。《浙江通志》：惟赤居鄉，捐造營房一百間，使兵民分處；歲饑，捐米賑濟。脩建學宫，開浚海鹽運河，邑人立碑記其事。《藤陰雜記》：螺浮有新園在棗林街，合肥尚書過飲，詩云：「柳市城闉百尺梧，棗林街裏一囊書。」螺浮有「十年霜雪老黄門」之句，一時名流争和。尚書《觀螺浮侍史龍梭演劇》，有「翩若驚鴻矯若龍」之句。

范珮　范璋

范珮、范璋，山東滋陽人。《滋陽縣志》：范淑泰沈默有大志，登進士，授行人，轉兵科都給諫。輔臣王夢熊權傾内外，莫敢彈奏，泰抗疏十二，熊始罷，上書「風規峻整」四字賜之。丁艱旋里，值辛巳之難，人民相食，自罄已財賑飢。壬午殉國難，贈太僕寺卿，蔭一子。

紀愈

紀愈，字孟起，順天文安人。康熙六年進士，歷官工科給事中，祀鄉賢。《畿輔通志》：愈夙具偉略，歲己酉，土寇攖城，愈倡先守禦，邑賴以安。康熙十二年，隨大將軍剿江西逆賊，恢復撫州，勸止殺戮，全活甚衆。或遺以所俘婦女，貯之别室，訪其夫，還之。仲弟炅以博學鴻詞應召，季弟元先中進士，官淮安同知，皆愈友愛訓勉之所致云。

梁聯馨

梁聯馨，陝西平凉人。康熙三年進士。

李彦瑁

李彦瑁，字華西，陝西三原人。康熙六年進士。

王縠振

王縠振，浙江會稽人。康熙六年進士，官同知。《鶴徵録》：吴任臣字志伊，浙江仁和廪生，由内閣中書王縠振等薦舉，授檢討。

郭昂

郭昂，江蘇寶應人。康熙九年進士，官盂縣知縣。

孫在豐

孫在豐，字屺瞻，浙江德清人，焞子。康熙九年進士第二人及第，歷官工部侍郎。有《尊道堂集》。《浙江通志》：上閲視河工，以高、寶、興、鹽、江、泰等七州縣爲下河之衝，民苦昏墊，特簡廷臣發帑修治。在豐身歷河、淮交匯，洪澤、射陽、車路場諸大河，相度原委，條奏數十事，皆報可。乃鑿岡門、澲白駒、浒丁溪、涮草堰，嚴州縣妄派。寒則具衣襦，暑則備醫藥，撫恤丁夫，人心踴躍，工亦次第畢舉。鄧孝威《尊道集序》：屺瞻嘗侍讌清宮，扈蹕南苑，極詩歌賡唱之勞。所著《尊道堂集》，情無不周，詩亦具備，而皆體宏格正，流麗而沈雄，縱宕而蘊蓄。

佘雲祚

佘雲祚，廣東順德人。康熙九年進士。

顧二榮

顧二榮，俟考。

張　烈

張烈，字武承，號莊持，順天大興人。康熙九年進士，官内閣中書；十八年召試博學鴻詞，改編修。歷官贊善，祀鄉賢。有《明史典訓》《讀易日鈔》《四書講義》《孜堂文集》。《四庫全書總目》：烈篤守朱子之學，故集中多講學之文，然如《朱陸異同論》《王學質疑》皆未免鍛煉周内，不及《賈董同異論》之持平。蓋漢學但有傳經之支派，各守師説而已；宋學既争門户，則不得不百計以求勝，亦勢之不得不然歟。又《讀易日鈔》一以朱子本義，爲因象設事、就事陳理，猶近時《易》説之不枝蔓者。《畿輔通志》：烈少聰穎，讀書數行俱下，長而潛心性命之學，毅然以閑邪衛道爲己任。性至孝，事繼母委曲承順，人無間言。生平著述，皆有關人心世道之文。

馮遵祖

馮遵祖，浙江歸安人。康熙十二年進士，官中書。朱彝尊《送馮遵祖宰平陸》詩：「著書獨有五亭好，作吏無如三晋閒。醉裏襄陵官瓮酒，到來底柱郭門山。耕餘讓畔田千頃，吟對浮查水一灣。白雁年年度汾曲，相思烟月幾彎環。」

張爲焕

張爲焕，江蘇崑山人。康熙九年進士，官渠縣知縣。

白夢鼎

白夢鼎，字孟新，江蘇江寧人。

白夢鼐

白夢鼐，字仲調，號蝶庵，江蘇江寧人。康熙九年進士，十八年薦舉博學鴻詞。歷官大理寺評事。有《天山堂集》。《江南通志》：夢鼐少與兄夢鼎勤學尚志，時有「二白」之目。鼐官評事，總憲魏象樞以博學鴻詞薦。庚申補行福建鄉試，鼐爲考官，得士最盛。《鶴徵録》：蝶庵與兄夢鼎，當明末俱以公論忤貴人，陷於獄，母陳氏怡然曰：「子爲范滂，吾獨不能爲滂母乎？」會國變得釋。

白眉

白眉，字子常，評事夢鼒子。

南懷仁

南懷仁，字敦伯，西洋人。官欽天監監正，加工部侍郎，謚勤敏。有《坤輿圖説》《坤輿外紀》。《四庫全書總目》：《坤輿圖志》與艾儒略《職方外紀》互相出入，而亦有詳略異同，大致不免有所粉飾。《池北偶談》：本朝監寺官加侍郎銜者絶少，康熙以來，欽天監管理曆法南懷仁，加工部侍郎，殁後贈禮部侍郎；太醫院使馬三俊，殁後亦贈禮部侍郎。

□京

□京，俟考。

□均

□均，俟考。

□國猶

□國猶，俟考。

阮濬

阮濬，字季子，安徽懷寧人。《居易録》：季子築草堂於龍山，冬夏惟披一衲，因以自號。性嗜酒，工畫，時携襆被、酒爐、畫具，命一僮肩之，遊散山水間，遇勝處輒流連忘返。謂其友劉鴻儀曰：「死即葬我草堂之側，題曰『酒人阮一衲之墓』。」詩寒瘦，畫筆清絶。入本朝乃卒，亦高士云。

□洧

□洧，俟考。

程林

程林，字雲來，安徽歙縣人。周亮工《印人傳》：林見寇氛日熾，移家武林，得免於黄流之難，人服其有卓識。精醫，時時講性命之學。好爲圖章，又以意爲花卉，悉有生致。

□祖謨

□祖謨，俟考。

西塞山人

西塞山人，案湖北大冶縣道士磯，一名西塞山，即元真子所謂「西塞山前白鷺飛」、李太白所謂「西塞當中路」者。余佺廬相國生長大冶，故以此自號。

篔谷主人

篔谷主人，俟考。

孔毓圻

孔毓圻，字翊宸，號蘭堂，至聖六十七代孫。襲衍聖公，加太子太保，謚恭慤。有《蘭堂遺稿》。陳世倌《恭慤公傳》：公八歲襲封，詣京奏謝，太皇太后召見，奉特旨由中道行，錫予便蕃。歷數十年，恩禮無間。及大行，入臨，卒於京邸。始終蒙恩最渥。

孔貞來

孔貞來，字元起，山東曲阜人。明順德通判，國朝歷官湖州府知府。《曲阜縣志》：貞來以陪祀授順德通判，鼎革改判長沙，籌餉賑飢，具有條理。薦擢真定府丞，累遷湖州守，未抵官，遭耿逆之變，遁迹武夷山中。康親王知之，資遣至京，卒。

孔貞瑄

孔貞瑄，字璧六，號聊園，山東曲阜人。順治十八年會試副榜，官大姚縣知縣。有《大成樂律》《聊園集》《滇記》《黔記》《縮地歌》。《四庫全書總目》：貞瑄少遊江淮，既而官泰安、濟南，繼乃遠宰大姚。所歷山水頗多，炎荒萬里，瑶俗苗境，多所記載，故軼聞逸事，散見於集中。其文則奇逸之氣往往不可控制，而頹唐潦倒之處，亦不一而足云。孔繼汾《闕里文獻考》：貞瑄究心經史。授大姚知縣，滇省鹽法壅滯，前明定按丁派食之法，兵火後，丁亡額缺，請減之，民困以息。黔國公勛莊被土酋所占，上官受賂主之，貞瑄力争不得，遂罷去。

孔貞燦

孔貞燦，號垣三，又號西園季子，山東曲阜人。明給事中聞詩子，諸生。官四氏學學録。有《西園詩》。《山東通志》：貞燦以孝友稱，從子相繼爲世尹，未嘗一至縣庭，其狷介如此。顔懋价曰：「給諫十一子，先生獨有高致。」以千金致名工，穿池築山，極臨眺之勝。宋牧仲爲方伯，嘗先過之，與定交焉。

孔尚任

孔尚任，字季重，號東塘，又號岸塘，自稱云亭山人，山東曲阜人。監生，授國子監博士，歷官户部員外。有《節序同風録》《湖海集》《岸塘文集》《會心録》《桃花扇》《小忽雷傳奇》。

《曲阜縣志》：康熙二十三年，聖祖幸魯，尚任以監生同舉人尚鉝〔二〕充講書官。尚任進講《大學聖經》，尚鉝進講《易經繫辭》，上曰：「孔尚任等陳書講説，克副朕懷，著不拘例議用。」又命尚任、尚鉝同衍聖公毓圻等，導駕遍覽先聖遺迹，迴鑾授尚任等國子監博士。明年，奉命從刑部侍郎孫在豐疏浚黄河海口，還朝遷户部主事，升員外郎。尚任博學有文名，通音律，諳祖庭典故。嘗患舊志未備，廣搜博采，别撰新志二十四卷。《居易録》：東塘博雅好古，丙寅、丁卯間，在江都得漢銅尺一，上有文曰：「慮虒銅尺，建初六年八月十五日造。」後又得一尺，定爲司馬文正公布帛尺。自作《漢銅尺記》《周尺考》《周尺辨》三篇，極精核。《山左詩鈔》：先生以博士奉使維揚，駐節三年，傾貲結納，名流畢集。以漢銅尺較宋布帛尺，確然得周天之準，千古之疑，一朝頓釋，有功於禮樂匪淺。嘗作《闕里志》，修族譜，既成，以名其二子，其風致可想見云。

〔二〕尚鉝：海山仙館刻本孔尚任傳中，尚鉝均誤作「尚鉉」。

孔尚鈜

孔尚鈜，字立之，山東曲阜人。康熙十一年舉人，歷官户部主事。

孔胤陞

孔胤陞，字超宗，山東曲阜人。官壽光教諭。

孔衍樾

孔衍樾，字心一，山東臨清人。順治進士，歷官大名副使道。

孔興詔

孔興詔，字綸錫，山東曲阜人。官雲南糧儲道。有《滇遊集》。

孔胤鈺

孔胤鈺，字泗寰，山東曲阜人。官太常寺博士。《曲阜縣志》：胤鈺弱冠遭賊兵轥汶城，害其祖母及父兄，慟欲赴鬥死。念母暨諸弟幼，潛與避亂。伺寇退，厚葬三親，毁甚。長授太常博士，奉祀虔潔。年五十，事母若孺子慕，母病，親奉湯藥，夜不解帶。撫弟侄，恩誼兼至。

孔興誘

孔興誘，字起正，山東曲阜人。官即墨訓導。

顔鼎受

顔鼎受，字孝嘉，自號初陽子，浙江桐鄉人，諸生。有《嶧山堂》《半樂堂》詩，《漁歌曲》。《槜李詩繫》：鼎受少以孝聞，九歲得句云：「輕風摇翠竹，微雨滴黄花。」遊楚遭亂，避迹爲黄冠。盛百二《漁鼓曲跋》：山人少從念臺劉公遊，又與楊園張子相切劘，旁通符篆。避兵祁陽山中，忽患虎暴，山人以小木書丹篆，置通衢，明日獵者於其下獲二虎一豹，山中以安。

顔堯揆

顔堯揆，字紫崖，又字耐齋，福建永春人，明岷府右長史廷榘孫。官無爲州知州。《江南通志》：堯揆知無爲時，前令佟國貞所築新壩，漸爲江濤所齧；揆自李家祠至王家壩，築壩八百八十丈，闊三丈，高一丈，次年大水，田廬恃以無恙，并和州、含巢二縣皆賴焉。州民勒石於壩上，名之曰「顔公壩」。

顔敏

顔敏，字澹叟，順天宛平人。順治六年進士，歷官廣西布政使。鈕琇《觚賸》：顔方伯裁缺家居，久不得調。康熙十六年，江南藩司缺出，客有以經營之説進者，顔曰：「吾向在西秦，元旦假寐，夢乘官舫，舫中白榜青書，有『月臨波作案，雲倚樹爲屏』之聯；出觀兩岸，紳士稠雜，皆云迎方伯公者，行已至廣西界矣。十年前曾有此兆，他非所望。」閲三載，顔以舊例引見，欽點粤西，竟殁於任。

顔斆

顔斆，字斆五，順天宛平人。順治五年舉人，歷官敘州府知府，祀名宦。《四川通志》：斆守敘州府，時滇寇犯境，戎馬在郊，捍禦多方，民賴以安。後卒於官，郡人思之不已。

顔光南

顔光南，字衡山，江蘇儀徵人。

顔光表

顔光表，字斗涵，浙江仁和人。

顔伯璟

顔伯璟，字子瑩，山東曲阜人，官河間知府，贈光禄寺卿胤紹子，明諸生。朱彝尊《顔公墓表》：河間兵至，中憲公城孤乏援，集家人一室自焚。公暨弟伯玠時家兗州府，兵亦至。公肥不能駛足，伯玠掖以行。公紿弟他顧，自躍城下，伯玠俯視慟哭，矢及身而卒。公伏地，爲邏卒所得，昇告其帥，帥驚，延之坐，留帳前。有被掠者，語曰：「一婦人不肯行，卒反刃擊其臂折，罵不已，殺之墻下，已四日矣，驗其息未絶。」載之還，即朱宜人。中憲公之自焚也，幼子伯珣甫六歲，其僕吕有年抱之出，途中流矢死，伯珣匿民間得免；公既拾父遺骸，訪得，與俱還，同居無間。

顔伯珣

顔伯珣，字石珍，一字季玉，號相叔，伯璟季弟。恩貢生，歷官壽州同知。有《祇芳園集》《舊雨草堂集》。孔貞瑄曰：「相叔早年遊金陵，爲詩風流跌宕。晚年臻平淡静深之境，如數十年面壁老僧，令人驕矜之氣不滌自消。」《山左詩鈔》：先生官壽州日，修復芍陂之利；余署鳳陽府篆，聞其遺愛在泗上。築祇芳園，聚一時名流，唱和其中。

顔伯秀

顔伯秀，字方壺，山東曲阜人。歲貢生，官樂陵訓導。

顔光是

顔光是，字去非，山東曲阜人。康熙二年舉人，歷官邵武府知府。《曲阜縣志》：光是授新野令，邑故歲貢鉛，郡縣吏因緣爲奸，光是痛加滌除；郡守怒，不爲動，上官以爲能。擢户部主事，轉兵部郎中，出爲邵武守，以忠信率屬，獄至立剖，無留者。時有豪民犯大辟，屬私人以金減等，光是曰：「即巨萬，吾判可易乎？」其執法如此。《顔氏族譜》：光是引疾歸，不樂居城市，從仲兄與鄉之父老遊，出則同車連騎，入則聯床共几，陶陶于于者十餘年。痛伯兄早逝，以次子爲之嗣，更給田百畝，戒之曰：「謹奉祀以代養也。」每與仲兄議建家祠，未幾兄卒，瞿然曰：「吾年七十餘，一旦溘然長逝，誰爲此者？」遂買地庀材，夙夜經營；落成日，率三世子孫祭，畢曰：「可報仲兄於九原矣！」

顔光猷

顔光猷，字秩宗，號澹園，伯璟長子。康熙十二年進士，歷官河東運使。有《易經説義》《水明樓詩》。《曲阜縣志》：光猷選庶吉士，充丙辰會試同考官。父憂服除，改行人司正，轉刑部郎中，出守安順府。值提督李芳述部兵激噪，光猷匹馬入其壘，曉以大義，皆投戈受命。芳述曰：「公再生我也。」轉河東運使，時山、陝、河南行引鹽，引尾州縣關防，境壤相錯，跬步罹法。光猷力請通省爲一關防，民以永利。禄俸所積，修復聖廟，繚以石欄。建陋巷坊，置祀田四百六十畝，請以祖胤紹從祀。事母色養，老彌篤。與人質直，見人必勸以善，隨所得淺深，皆得其報。

顔光敩

顔光敩，字學山，伯璟季子。康熙二十七年進士，官檢討。《曲阜縣志》：光敩康熙甲子舉於鄉，其冬天子幸闕里，奠至聖，光敩以助祭，例即宰縣，不就。越三年，成進士，授檢討。講官闕，聖祖憶光敩名，召問其家世及幸魯時事，喜甚，遂補日講官起居注。主浙江鄉試，已，遂提督浙江學政。直隸、江、浙，例差閣部大臣，光敩以檢討承特簡，異數也。光敩益感激，絶請謁，嚴校勘，束芻粒米，不以累有司。積勞嘔血，不少懈。訓士如嚴師慈父，士氣騰踴。所刊試牘，爲八宗師考卷之冠。在官三年，雖舉主不少徇，大逆諸貴人意，往往爲蜚語欲中傷。文吏吹索，不得毫毛，以簿書疵，鐫二級，光敩夷然不介蔕。巡撫線一信來祖送，直入卧室，文籍外無長物，太息而去。抵北新關，榷使假拜謁入舟，見數敝篋，無扃鐍，乃錯愕愧謝。及復命，遂引疾。上嘉其廉慎，特命大學士王熙視疾，傳旨慰留。疾篤，乃得歸，卒於家，年僅四十。光敩有神悟，少學鼓琴，崇朝盡得其妙。習射，不中不歸食，至日昃，發必中。用心甚危苦，至傷生。所撰著皆未成，士人惜之。《浙江通志》：光敩督學浙江，往例提調官薦儒童一二人，無敢以私干者；杭郡代倩特甚，取歲進新生，扃户另試，與原卷迥異者黜之，并黜代倩保結之人。所刻試牘，風行海内垂三十餘年，士林誦習，不異於初。既祀名宦，浙士復念之不已，專祀西湖，春秋致祭。朱彝尊《顔君清德碑》：浙東西就試者至萬餘人，主司之不公，士且攢譏竦誚，有裂榜紙而以瓦礫擊其後者；君來，榜既放，雖見抑者無怨。及聞君再至，各以手加額。君克循祖父忠孝之門風，入稟太夫人之訓，焚膏點筆，靡間晨暮。席門瓮牖、韋帶紃履之士，悉甄綜無遺才。飯藜茹藿，甘之如飴，士皆鼓舞自奮，而君斯瘁矣。

顔肇維

顔肇維，初名肇維，字肅之，又字次雷，號漫翁，自號紅亭老人，光敏子。貢生，歷官行人。有《鍾水堂詩》《莎齋稿》《漫翁編年稿》。牛運震《顔公墓志》：公所與遊，如嶧陽李克敬、歷下[二]王苹等，皆當時名士。其掌臨海龍顧山陽書院，造就尤多。詩長於近體。《曲阜縣志》：

[二] 歷下：海山仙館刻本誤作「歷敬」。

肇維知臨海，以興利革弊爲任，首除里甲闊税徵米改折之累，民情歡服。值江海鬥，泛濫爲災，設粥賑飢者，全活無算。察趙公河故道，三溝六浦，悉鳩工浚之，灌溉有資。建太平橋，增高湯信國備倭五十九城之七。

顔懋僑

顔懋僑，字癡仲，一字幼客，肇維子。恩貢生，官觀城教諭。有《江干》《幼客》《石鏡齋》《蕉園》諸集，《西華行卷》《天文管窺》《摭史》《奈園録》《秋莊小識》《霞城筆記》。《曲阜縣志》：懋僑幼博學强記，隨臨海任，台守張招飲半江樓，酒酣出紙筆，索爲《天台賦》，援筆立就。充萬善殿教習，寶嗇齋二十三王謂曰：「久聞詩人顔幼客，今乃得見耶。」召試瀛臺，天陰欲雪，上得句云：「雪香梅綻蕊。」即對云：「雲響竹留聲。」又賦《望雲思雪紀恩詩》《和御製落葉詩》，悉稱旨。授教諭，嚴祀事簿正頒肉之格。理學地及膳士田之侵於民者，還其舊。顔懋价《幼客行狀》：兄生有異徵，泗水楚家寺僧慧朗將化，與弟子訣云：「投舍曲阜顔考功宅。」詰朝來訪，具言其事，於是人以爲慧朗後身。鞠遜行云：「關中屈服，稱詩都下，高自位置，後進者罕得一見。幼客瞷其在寓，排闥入卧内，竟登其榻，與對坐。久之屈不能耐，詢所自，曰：『我曲阜顔懋僑也，聞君能詩，未知如何，特來訪君一談。』屈已心異之，往復既久，辯若縣河，屈大折服，因謝過，遂訂交焉。」

顔懋倫

顔懋倫，字樂清，號清谷，運使光猷孫。拔貢生，歷官鹿邑知縣。乾隆元年，薦舉博學鴻詞。有《癸乙編》《端虚吟》《什一編》《夷門遊草》。《曲阜縣志》：懋倫擢鹿邑令五年，移疾歸。後發河南候補，捕滑縣蝗甚勤能。署裕州、泌陽、南陽，皆有聲。篤好文學，與滋陽牛運震、晋江何琦相切劘，尤邃於詩。

顔懋价

顔懋价，字介子，號慕如，自稱五梧居士，懋倫弟。拔貢生，官肥城教諭。《曲阜縣志》：

懋价少與懋倫博稽《禮經》，定詳喪制，凡飭柩、井椁、治墓，及墻柳、帷荒、明器、下帷之屬，悉遵古禮。故其執親之喪，必誠必信，勿有悔。書宗顏、柳，詩希杜、韓，有文名。授教諭，痛時俗葬親慢與溻皆非，豐古且靡費，作《正俗説》。新文廟，修禮樂器，遴佾生，習儀容，釐正學田，葺先賢祠，以敦本厲品，期有用學，諄諄課士。

墨跡已佚之部作者姓氏考

馮溥

馮溥，字孔博，號易齋，山東臨朐人，遷益都。順治四年進士，歷官大學士，加太子太傅，謚文毅。有《佳山堂集》。《山東通志》：溥生八歲，授《左氏春秋》暨秦漢以下古文，即能貫串根柢；稍長，窮極經史，凡天文圖緯及兵書地志，罔不博綜。升吏部侍郎，時尚書孫廷銓病目，右侍郎石申亦以事注籍，凡一切推補，溥獨主之，一秉至公，無所曲庇。康熙初年，四大臣秉政，議各省遣大臣二人，巡察督撫，溥力争以爲不可，乃止。升左都御史，有《申嚴職任》暨《省刑薄稅》諸疏。拜大學士時，薦魏象樞、成性，又有《發帑備荒疏》。在閣二載，開誠布公，表裏洞達，既不詭隨，又不矯激。商略大政，或僉謀可用，即庶僚不遺；若義所不可，即貴近交口，而溥必力争改正，總求有益於國，而中無成心。王士禛《漁洋詩話》：馮氏自閭山先生起家進士，以詩名海岱間，四子惟健、惟重、惟敏、惟訥，皆有詩名，兼工詞曲。惟訥纂《古詩紀》《風雅廣逸》諸書，有功藝苑。惟重之孫，文敏公琦也；文毅則惟訥之元孫云。

龔鼎孳

龔鼎孳，字孝升，號芝麓，安徽合肥人。明崇禎七年進士，官兵科給事中。國朝歷官禮部尚書，謚端毅。有《定山集》。《名家詩鈔小傳》：芝麓官蘄水令，以殊尤徵爲御史，坐言事下獄，甫論釋而明社屋。入本朝，用大臣薦，以原官起用，屢起屢仆。卒以才名受世祖之知，嘗謂左右：「龔某下筆千言，如兔起鶻落，真當今才子也。」《湖廣通志》：鼎孳令蘄水，值流寇猖獗，籌畫方略，調度兵餉，修城池，登陴防禦不少休。王士禛《感舊集補傳》：生時庭産紫芝，因自號芝麓。

曹溶

曹溶，字潔躬，號秋岳，自號金陀老圃，浙江秀水人。明崇禎十年進士，官御史。國朝歷官户部侍郎，終山西陽和道。康熙十八年舉博學鴻詞，以憂不赴。有《續徵録》《劉豫事迹》《崇禎五十宰相傳》《學海類編》《金石表》《静惕堂詩文集》。沈季友《檇李詩繫》：溶天性耿直，爲御史，劾輔臣謝陞削籍。熊開元密參周延儒，廷杖，溶疏白其冤。甲申爲流賊所執，拷掠三晝夜，委厩中，得不死。後任副憲，時遇熱審，多平反。居塞上五年，歲饑，力請拯救。生平肆力於文章，諸體雄駿，而尺牘尤多，長箋小幅，人争寶之。其詩源本少陵，蒼老之氣，一洗嫵調。與合肥龔鼎孳齊名，世稱「龔曹」。晚年自號鉏菜翁，築室范蠡湖，顔曰「倦圃」，蒔花種竹，置酒唱和無虚日。愛才若渴，四方之士，倚爲雅宗者四十年。

葉方藹

葉方藹，字子吉，號訒庵，江蘇崑山人。順治十六年進士第三人及第，歷官禮部侍郎，特加禮部尚書，謚文敏。有《讀書齋偶存稿》。《四庫全書總目》：方藹初著有《觚齋集》，後自棄其稿，此集皆入仕以至歸田之作。其詩導源蘇、陸，不及王士禛秀骨天成；而和雅春容，渢渢乎治世之音也。《蘇州府志》：方藹升講讀學士，屢被顧問。賜宴瀛臺，撰《八箴》以進，聖祖善之。撰《太極圖説》，賜貂裘文綺。

高辛允

高辛允，一名辛傳，陝西韓城人。明崇禎十六年進士，官大理評事。國朝歷官工部侍郎。《陝西通志》：辛傳提調順天鄉試，會中使送兩生入闈，辛傳斥之。世祖廉得其事，召對乾清宮，嘉其風節，屢加超擢。韓故小邑，土狹民稠，資食於延綏各路；亂後盜賊出没，辛傳疏請設兵神道嶺，防守有資。邑距潼關三百里，輓運維難，再疏請免。

劉思敬

劉思敬，字純之，江蘇上元人。順治四年進士，歷官參議。有《徹賸八編》。《江南通志》：思敬十歲能文。任刑部郎中，執法無所避。分校禮闈，得士最盛。尋擢參議，乞終養。修《江南省志》。

劉體仁

劉體仁，字公甗，河南潁川衛人。順治十二年進士，歷官吏部考功司郎中。有《蒲庵集》《七頌堂集》《識小録》。《河南通志》：體仁生而英異，目重瞳，五歲，父於膝上授《大學》《中庸》，及就傅，經史一覽成誦。居郎署三年，輦下諸名士争欲識之，體仁尤好獎借寒畯。藏書二萬餘卷，告歸後，日手一編，不問户外事。詩筆一出，人士競傳誦之。居家孝友睦姻，恂恂可接。王士禛《池北偶談》：公甗慷慨任俠，意氣自許。嘗遊睢陽，睢陽守贈遺頗厚，歸經人家墓田，徘徊久之，曰：「此地自佳，惜葬不合法，不急遷，且有奇禍。」因迂道訪其家，爲主人道之；曰：「公誠長者，顧力不能遷，奈何？」劉曰：「是易耳。」盡解橐中裝與之而去。此與《漢書》原涉事頗相類。又云公甗在鳳陽，與其友蘇懋游銘孝廉往龍興寺，與某禪師扣擊竟日，晚歸遂化去。是夜，蘇夢公甗來，微笑頌詩曰：「六十年來一夢醒，飄然四大御風輕。與君昨日龍興寺，猶是拖泥帶水行。」馮仙湜《圖繪寶鑒續纂》：公𢿱性嗜六法，蕭疏曠遠，思筆高妙，乘興寓意，亦自天然。

沈荃

沈荃，字貞蕤，號繹堂，又號位𦬆，又號充齋，江蘇青浦籍，華亭人。順治九年進士第三人及第。官詹事，加禮部侍郎，謚文恪。有《充齋集》《南帆咏》。《江南通志》：荃父紹曾，有至行，聚徒授業。荃爲河南大梁道，有政績。洊歷詹事，學行醇潔，名重館閣。書法尤推獨步，爲聖祖所賞。士以一長來謁者，輒爲噓植。子宗敬，兼工書畫，仕至四譯館卿。《松江府志》：荃爲大梁道副使，殲盜首董天禄、牛充大等，餘黨解散。以他事罣誤，部降同知。召見復四品，仍入翰林。「充齋」者，爲大梁道時，孫夏峰爲講「充實之爲美」數句，有省，遂以自號。在詹事，新例當流者，徙烏喇極北。荃謂烏喇距蒙古三四千里，地不毛，極寒，人畜輒凍死；罪不至死，不應驅之死地。召令畫一，堅持前議，聖祖改容納之。又言山海關、海洲差員宜撤，湖口關宜仍徙九江；有司盜案處分過嚴，反滋諱盜。不果行。

繆彤

繆彤，字歌起，號念齋，江蘇吴縣人。康熙六年進士第一人及第，歷官侍講。《江南通志》：彤以艱歸，淡於宦情，遂專以課後學爲事。巡撫湯斌内召，奏吴中縉紳，以道義自持者，彤爲首。先是彤爲庚戌同考官，所拔如許自俊、郭琇輩，皆知名於世。

徐乾學

徐乾學，字原一，號健菴，江蘇崑山人。康熙九年進士第三人及第，歷官刑部尚書。有《讀禮通考》《資治通鑑後編》《憺園集》。《四庫全書總目》：乾學家富圖籍，所著皆閎通淹貫，確有可傳。集中考辨、議説之類，亦多與傳注相發明。蓋乾學爲顧炎武之甥，而閻若璩等亦多客其家，師友淵源，具有所自，故學問頗有根據。《蘇州府志》：乾學八歲能文，爲顧錫疇所知，十三通五經。主試順天，苦心披閲，拔韓菼於遺卷中，明年，菼遂大魁天下，文體爲之一變。轉禮部侍郎，一切禮制，酌古準今，多所釐正。轉刑部尚書，甫就職，會湖南巡撫張汧以罪被逮，誣乾學通賄，事白，上疏乞歸，上不聽，令解部務，仍領各館總裁。明年，復爲副都御史許三禮所劾，再疏乞歸，命携《一統志》《宋元通鑑》即家編輯。乾學慷慨有大志，生平敦兄弟之好、急朋友之難，尤勤於獎進人物，海内之士，輻凑其門。名既高，而又與有力者不相下，故卒爲所逐。

郝惟訥

郝惟訥，字敏公，直隸霸州人。順治四年進士，歷官吏部尚書，謚恭定，祀鄉賢。有《恭定集》。《畿輔通志》：惟訥性謹慎，操持廉潔。初登進士，與父傑同朝，士大夫多爲欣羡，而惟訥恂恂守儒素風。累官吏部尚書，杜絶請托，奸胥不敢有所上下，銓政以清。王士禛《居易録》：霸州郝氏，自户侍公傑以「學吃虧」三字揭堂額，其子恭定公世守之。恭定弟惟謙，丙戌舉人，監察御史；惟諤，江西布政司參議。惟謙子士鈞，戊辰進士，翰林院庶吉士；弟士錞，舉人。户侍公弟位，舉人；子惟訓，壬辰進士，廬州府推官；惟謨，癸丑進士，内閣中書舍人。都人以爲盛德之報。聞駕至霸州，幸其第，親見之云。

吴元萊

吴元萊，江蘇興化人。明國甡子。貢生，歷官禮部侍郎。